es 1015

edition suhrkamp

Neue Folge Band 15

Dieser »Dokumentenband« legt in seinem Hauptteil Gutachten vor, die William G. Niederland in Wiedergutmachungsprozessen erstattet hat. Es war jeweils die Frage zu beantworten, ob die Minderung der Erwerbsfähigkeit eines Antragstellers – von jüdischen Menschen, die das KZ überlebt hatten: sich, oft jahrelang, versteckt hatten oder geflohen waren – verfolgungsbedingt war oder nicht. Die Gutachten Niederlands, der den Begriff des Überlebenden-Syndroms (survivor syndrom) in die psychiatrische Literatur eingeführt hat, vermitteln nicht nur ein konkretes Bild von den Verfolgungsschäden und deren Erlebnishintergrund, sondern auch davon, wie die Tatsache und die Folgen der Verfolgung verhüllt, verleugnet, verneint, verdrängt wurden.

William G. Niederland, ehemaliger Vorsitzender der Psychoanalytic Association von New York, ist Clinical Professor Emeritus of Psychiatry an der State University von New York, Downstate Medical Center. Von seinen zahlreichen Veröffentlichungen erschien bisher im Suhrkamp Verlag: *Der Fall Schreber. Das psychoanalytische Profil einer paranoiden Persönlichkeit.* (1978)

William G. Niederland

Folgen der Verfolgung: Das Überlebenden-Syndrom Seelenmord

Suhrkamp

edition suhrkamp 1015
Neue Folge Band 15

Erstausgabe.

Satz: LibroSatz, Kriftel.
Druck: Nomos Verlagsgesellschaft, Baden-Baden.
Umschlaggestaltung: Willy Fleckhaus.
Printed in Germany.

Inhalt

Einführung

Wer als Arzt, Historiker, Jurist, Psychologe, Psychiater, Soziologe oder auch einfach als menschlich fühlender Beobachter sich mit den seelischen Folgeerscheinungen der als »Drittes Reich« titulierten Gewaltherrschaft befaßt, gerät unversehens in ein fast unübersehbares Labyrinth von Drangsal, Not und Pein. Die Ereignisse in jener Zeit liegen heute Jahrzehnte zurück. Das durch sie verursachte Leid und die dadurch bedingten schwerwiegenden Leidenszustände aber dauern meist unverändert fort.

Selbst zu dieser an sich kaum schwierigen Erkenntnis zu gelangen, ist vielerorts vermieden worden. Gerade die akademische Wissenschaft, insbesondere die deutsche Medizin und Psychiatrie, hat sich lange und zuweilen hartnäckig gesträubt, ihre veralteten Vorstellungen aufzugeben und den psychisch störenden, nicht selten zerstörenden Folgen der Verfolgung ihre Aufmerksamkeit zuzuwenden. Noch bis in die fünfziger und sechziger Jahre wurde der Mensch weithin als eine Summe von Organen und Organsystemen betrachtet. Den durch die Verfolgung Geschädigten und tief im Innern Verletzten als körperlich-seelisches *Personenganzes* zu verstehen, lag solcher Einstellung fern.

Die sogenannte »herrschende Lehre« im deutschen Raum basierte auf einem Dogma, das kurz gesagt ungefähr so lautete: Streßfaktoren können zwar psychische Störungen zustandebringen; jedoch beim Aufhören oder Nachlassen der Streß-Situation geht eine hierdurch hervorgerufene Gesundheitsstörung bald zu Ende oder verringert sich in solchem Umfang, daß ihr kein Krankheitswert zukommt. Von einer Tiefenwirkung und Weiterwirkung der stattgehabten Verfolgungsmaßnahmen – von Ächtung, Diskriminierung, Diffamierung, Erniedrigung, Verfemung, Vertreibung aus Amt und Würde, um nur einige auf seelischem Gebiet zu nennen – war höchst selten die Rede.

Als praktizierender Nervenarzt und vieljähriger Vertrauensarzt des Generalkonsulats der Bundesrepublik in New York habe ich buchstäblich bei Hunderten erschütternder seelischer Krankheitsbefunde die »herrschende Lehrmeinung« so ausgedrückt gesehen: »kein Krankheitswert«; »nicht verfolgungsbedingt«; »Krankheitswert nicht feststellbar«; »Krankheitswert unter 20%« (im Entschädigungsverfahren bedarf es eines Krankheitswerts von mindestens 25%, um überhaupt eine Entschädigung zugebilligt zu erhalten).

In einem der amtsärztlichen Gutachten – am »grünen Tisch« in einer hessischen Amtsstube verfaßt, ohne daß der »Sachverständige« den Kranken je selbst gesehen oder untersucht hätte – wurde dem ernsten seelischen Gesundheitsschaden eines Verfolgten die »organische Würde« (wörtlich, ärztlich-dokumentarisch so gesagt) abgesprochen, da die vorhandenen Störungen ausschließlich psychischer und nicht körperlicher Art seien. Daß der ehemals Verfolgte an seinem Leiden elendlich zugrundeging, hatte nach Ansicht des Gerichtsgutachters gemäß dessen zusätzlicher Verlautbarung nichts mit der Rassenverfolgung zu tun, sondern mit der »Anlage« des Kranken. Der spätere Tod, so hieß es im amtlichen Text, sei aus »eigengesetzlichen« Gründen erfolgt und »verfolgungs-unabhängig«.

Für viele der seelisch Leidenden, die jahrelang Entbehrung, Mißhandlung und Todesangst in den Konzentrationslagern erduldet hatten, begann mit dem Antrag auf Wiedergutmachung ein dorniger Weg. Wie schon erwähnt, waren sich die Vertreter der sogenannten klassischen Psychiatrie im deutschsprachigen Raum darin einig, daß seelische Belastungen und Erschütterungen, gleich welcher Art, nach dem Ende der Verfolgung abklingen und keine »krankheitswertigen« psychischen Schäden hinterlassen, von Dauerfolgen und etwaigen Spätschäden ganz zu schweigen.

Aber es gab auch rühmliche Ausnahmen, die eben wegen ihrer klaren und voraussehenden Erkenntnis der tiefergehenden Zusammenhänge in dieser Einführung namhaft gemacht seien. So schrieb 1964 der Heidelberger Nervenarzt Walter von Baeyer zur Psychologie der Verfolgungsschäden:

»Es war hier etwas *Neues* in Erscheinung getreten: chronische, äußerst hartnäckige, therapeutisch wenig beeinflußbare Beschwerden, Leistungsmängel, Veränderungen der sozialen Persönlichkeit, die sich bei fehlendem oder gering ausgeprägtem Organbefund, hirnpathologisch nicht erklärbar, in biographischer Kontinuität aus den furchtbaren, leiblich-seelisch-sozialen Schicksalen der Verfolgung entwickelt haben und nur in den wenigsten Fällen den Eindruck einer tendenziösen, rentenneurotischen, übertreibenden, ganz oder halbwegs gewollten Fehleinstellung hinterlassen.«

Etwa um die gleiche Zeit, als von Baeyer über seine grundlegenden Erkenntnisse zur Frage der Entstehungsweise und Tragweite der seelischen Verfolgungsschäden berichtete, erkannte der Göttinger Psychiater Ulrich Venzlaff, daß bei den grausam Diskriminierten, Exilierten und Verfolgten unter bestimmten Umständen ein psychisch tiefgreifender *Persönlichkeitswandel* stattfinden könne, den Venzlaff als erlebnis- und verfolgungsbedingt beschrieb.

Für die Gesamtheit der nazistischen Gewalt- und Mordtaten ist in Amerika schon vor Jahren der Begriff Holocaust geprägt worden, der wohl jetzt auch in Europa Eingang gefunden hat.

Anstatt an dieser Stelle hierauf im einzelnen einzugehen – die im nächsten Kapitel erstmals veröffentlichten Gutachten werden darüber manches kundtun –, sei mit Sicht auf die Folgen der Verfolgung erwähnt, daß die Gesundheitsprobleme der Überlebenden Ärzte, Psychologen, Psychagogen, Fürsorger, Psychiater und mitfühlende Menschen aller Berufe und Stände noch Jahre und wahrscheinlich Jahrzehnte hindurch beschäftigen werden. Die Voraussicht gründet sich im wesentlichen auf Kenntnis jener verfolgungsbedingten Umstände, die am Zustandekommen der vorhandenen Zustands- und Krankheitsbilder beteiligt oder mitbeteiligt waren:

1. Leben in einer Atmosphäre der ständigen Bedrohung und eines anfänglich unverstandenen, namenlosen, dann immer näher rückenden Verhängnisses;
2. hiermit einhergehende leiblich-seelische Zermürbung des Personganzen;
3. häufige akute Todesgefahr und Todesangst;
4. Verunsicherung aller mitmenschlichen Bezüge und Kontakte;
5. schutzloses Dasein in einem Dauerzustand völliger oder nahezu völliger Rechtlosigkeit;
6. Überflutung des geistigen Ich-Gefüges durch den unaufhörlichen Ansturm von öffentlichen und persönlichen Beschimpfungen, Verdächtigungen, Verleumdungen und Anschuldigungen, wiederum ohne Möglichkeit einer Zufluchtnahme zum behördlichen Rechtsschutz.

Hinzuzufügen ist, daß diese destruktiven Faktoren sowohl innerhalb als auch außerhalb der Konzentrationslager wirksam waren. In den Lagern war es natürlich schlimmer. Da war man »weder Mensch noch Tier, sondern nur eine Nummer«, wie es in der Aussage eines ehemaligen KZ-Insassen heißt. Dort war man durch den ständigen Hunger, die erschöpfende Sklavenarbeit, die unentrinnbaren Schläge und gefürchteten Selektionen immer der Vernichtung nahe.

Der italienische Jude Primo Levi schildert in seinem Buch »Überleben in Auschwitz« die Angst- und Schreckerlebnisse der Selektionen folgendermaßen:

»Man fühlt irgendwie, daß die Selektionen sich nähern, und das Wort ›Selektion‹ beherrscht die Atmosphäre im Lager; es verfolgt uns. Man hört das schreckenerregende Wort im Lager überall, auf polnisch, deutsch, jiddisch, italienisch, französisch ... In den Latrinen bereiten wir uns auf die Selektion vor und zeigen uns gegenseitig nackt unsere Körper, Beine, Arme und Hintern – nach Ausdrücken der Zusicherung heischend, daß wir o. k. und ›noch nicht dran‹ sind ... Im (benachbarten) Lager Birkenau raucht der Schornstein des Krematoriums schon seit 10 Tagen. Die jungen Häftlinge sagen den andern jungen, daß nur die älteren Insassen bei der Selektion für die Gasöfen bestimmt werden; die körperlich Gesunden sagen zu den andern Gesunden, daß nur die Kranken an die Reihe kommen werden ...
Am Sonntag kommt die Selektion. Es ist ein kühler Oktobertag. Im Tagesraum, der des Quartiermeisters Amtszimmer ist, geschieht es ... Wir alle müssen aus der Baracke heraus und zum Tagesraum marschieren. Wir sind eine Masse von angstgetriebenen, nackten Leuten. Der SS-Mann, der dort steht, entscheidet mit einem Blick auf unsere Rücken und Gesichter – im Bruchteil einer Sekunde – wer auf die rechte und wer auf die linke Seite gestellt wird, zum Leben oder zum Tod ... Die linke ist die ›schlechte Seite‹. In drei oder vier Minuten wird so unsere Baracke von 200 Männern ›fertig‹ gemacht, und am Nachmittag ist das ganze Lager von 12 000 Leuten gleichfalls ›fertig‹.«

Der Erlebnisbericht Levis ist ausführlicher und schildert die abgrundtiefen Verhältnisse im KZ Auschwitz in seiner Originalsprache weit erschreckender, als ich sie hier in auszugsweiser Übersetzung wiederzugeben vermag. Aber die katastrophalen Konsequenzen der Lagerhaft sind deutlich. Diejenigen Häftlinge, die die systematische Aushungerung und die grausigen, sich in bestimmten Zeitabständen wiederholenden Selektionen nicht überstehen konnten, endeten in den Gasöfen. Bei den Überlebenden wäre es verwunderlich, wenn sie ohne nachhaltige Schäden im emotionalen und somatischen Bereiche wären. Daher mutet es geradezu grotesk an, wenn man in einem vertrauensärztlichen Gutachten diese Zustände als *Unannehmlichkeiten des Konzentrationslagers* beschrieben findet und damit der Wiedergutmachungsantrag eines so geschädigten Menschen abgelehnt wird. Die psychologische Stumpfheit eines derartigen Gutachters erscheint selbst bei Hinnahme des bereits geschilderten Konservativismus der deutschen Psychiatrie unüberbietbar.

Unterschiedlich, jedoch mit Bezug auf die seelische Verfassung nicht immer unähnlich, liegen die Verhältnisse bei denen, die sich durch Versteckthalten oder Auswanderung der Einlieferung in die Konzentrations- und Vernichtungslager entziehen konnten. Gemäß weitverbreiteter Auffassung waren sie die »Glücklichen«, die noch rechtzeitig der politischen und rassischen Verfolgung entkamen. Aber »Glück« habe ich unter den Hunderten der von mir in Amerika Untersuchten niemals gefunden. Ihre persönlichen Erfahrungen waren anders, und sie versuchten unter großem Energieaufwand jegliche Erinnerung daran aus ihrem Gedächtnis zu verbannen – zumeist vergeblich.

Kurt R. Eissler und ich haben, unabhängig voneinander, in der wissenschaftlichen Literatur über Kinder berichtet, die jahrelang mit ihren Eltern in polnischen Kellerverstecken lebten und sich so vor den Deutschen verborgen hielten. Ihr Überleben hing davon ab, daß absolute Stille im finstern Kellergewölbe herrschte. Eissler führt aus: »Wenn die Verfolger nahe am Versteck vorbeikamen, hielt der Vater den Jungen beim Hals, bereit, ihn zu erwürgen, falls er einen Laut von sich geben sollte.« In einem von mir untersuchten Fall geschah das gleiche, aber vielleicht noch schlimmer. Auch hier hatte eine jüdische Familie – Vater, Mutter und Kind – hilfreiche Zuflucht in einem polnischen Bauernhaus gefunden. Der katholische Bauer, der wegen seines Verbergens von Juden selbst in ständiger Lebensgefahr war, getraute sich nur nachts, in den Keller zu kommen, um der darin versteckten Familie Suppe, Kartoffeln und etwas Brot zu bringen. Ferner berichtete er ihnen, daß SS-Patrouillen mit Jagdhunden in der ganzen Umgebung dauernd nach verborgenen Juden fahndeten. Wann immer die Eltern Hunde in der Nähe bellen hörten, warf sich die Mutter mit voller Wucht auf den Körper des Kindes und umklammerte dessen Hals, wobei der Vater gleichzeitig den Mund des schreienden Kindes zudrückte, damit kein Laut nach außen drang. Da der minderjährige unterernährte Junge im Kellerversteck, in dem er sich kaum bewegen konnte, stets an Hunger litt, schrie er oft auf und machte Lärm. Daher mußten die Eltern den lebensrettenden Unterdrükkungsvorgang tagsüber und auch nachts häufig wiederholen – zweieinhalb Jahre hindurch.

Die Folgen? Nach der Befreiung emigrierte die Familie nach Amerika. Jetzt ist der damalige Junge längst ein erwachsener Mann. Viele Jahre hindurch war er völlig arbeitsunfähig, da er nirgends stillhalten oder auch nur ruhig dasitzen konnte. Er fühlte sich verfolgt. Zumeist lief er ziel- und rastlos durch die Straßen New Yorks, tagelang von einem Stadtviertel zum andern eilend und gelegentlich auch eine lärmende Gaststätte betretend, wo er dann bald selber Lärm zu machen begann. Ich behandelte ihn über viele Jahre mit sehr geringem Erfolg. Warum das unablässige Herumlaufen durch alle die Straßen, fragte ich ihn. *Um mir Luft und Bewegung zu schaffen*, war die prompte und im Sinne seiner Verfolgungsgeschichte zutreffende Antwort. Schließlich gelang es mir, psychotherapeutisch eine leichte Besserung seines Zustands zu erreichen und ihm sogar eine *passende* Arbeitsstelle zu verschaffen – als *Laufbursche* einer Handelsgesellschaft.

Dieser Fall ist ein Beispiel für eine gelungene Spätemigration. Doch wievielen unter den Versteckten, Illegalen, Untergetauchten ist sie wirklich geglückt? Wie viele wurden von den fahndenden SS-Streifen, ihren eifrigen Gefolgsleuten und Jagdhunden doch noch aufgespürt, durch Genickschuß schnell beseitigt oder zum Martertod in die Todeslager verschickt? Keiner weiß es mehr zu sagen, weder in Ziffern noch in Namen. Das Lebens- und Todesschicksal der Anne Frank, deren Bild auf heutigen Briefmarken der Bundesrepublik erscheint, ist keine Ausnahme, wie es manche der Täter und Verleugner uns jetzt gern weismachen möchten.

Was in der Frühperiode des Nationalsozialismus die Auswanderungsprobleme der Verfolgten zunehmend erschwerte, gehört zur Soziologie des Terrors, der bald nach der Machtergreifung Hitlers zu wirtschaftlichen, ideologischen und psychosozialen Zwangsmaßnahmen zu schreiten begann. Bereits am 1. April 1933 kam es zum staatlich organisierten Judenboykott; dann zum Verlust der materiellen Existenz und zu willkürlichen Verhaftungen nebst körperlichen Mißhandlungen. Offiziell deklarierte Vermögenserpressung, die als »Reichsfluchtsteuer« getarnt wurde, machte es den Betroffenen kaum mehr möglich, geplante Auswanderungsprojekte zu verwirklichen, vor allem nicht mit ausreichenden finanziellen Vorbereitungen, da Geldmittel nicht mehr mitgenommen werden durften. In der berüchtigten, zentral gesteuerten »Kristallnacht« im November 1938 kam es in ganz Deutschland zu wüsten Ausschreitungen mit staatlich sanktionierter Demolierung jüdischer Ge-

schäfte und Wohnungen, Einäscherung der Synagogen und sonstigen jüdischen Gotteshäuser, Massenverhaftungen von Juden in ihren Wohnstätten, mitunter auch auf offener Straße und auf Plätzen.
Der Einmarsch der deutschen Truppen in Österreich – mitten im Frieden – brachte weitere katastrophale Gegebenheiten für die dortigen Juden mit sich. Der Bericht eines österreichischen Augenzeugen:

»Melancholie und Verzweiflung geben dem jüdischen Leben in Wien das Gepräge. Der höllische Druck steigt, die Hoffnung schwindet. Das Hinaustreiben der Juden aus ihren Wohnungen, das 2 Wochen lang sporadisch vor sich ging, ist nun zu einer dauernden Aktion geworden. Täglich bekommen zahlreiche Familien die Weisung seitens der nazistischen Parteileitung, in wenigen Tagen die Wohnung zu räumen. Plötzlich steht die Familie ohne Dach über dem Kopf da; denn eine neue Wohnung zu erhalten, ist vollkommen unmöglich. Heute schon kampieren mehrere jüdische Familien im Freien oder in Notbaracken, die man nur sehr schwer auftreiben kann ... Niemand traut sich, sich bei einer Behörde zu beschweren, denn das Resultat ist immer: man wird verhaftet und verschwindet in dem Netz der Gefängnisse, Konzentrations- und Arbeitslager, in denen bereits Zehntausende Juden ein unvorstellbar schreckliches Dasein fristen. Die Familien nehmen den Befehl zur Räumung der Wohnungen *wie ein Todesurteil* auf.«

Man wußte schon damals in Wien – und selbstverständlich im »alten Reich« auch –, wie schlecht es den Ausgewanderten ging. Dennoch hatte jeder, der noch den Gedanken an Selbstmord von sich wies, nur den einzigen Wunsch: lieber heute als morgen flüchten. Ja, der Wunsch war vorhanden. Aber wie ihn verwirklichen? Zur Emigration braucht man Geld, Pässe, Ausreise- und Einreisebewilligungen. Tage- und nächtelang, ja wochenlang hat man vor den Ämtern und Konsulaten angestanden, um die Heimat, die zur Hölle geworden war, verlassen zu können. Hatte man dann die Front der Steuerinquisitoren endlich passiert, stand man vor versperrten Grenzen da; denn nur sehr wenige Staaten gaben den Flüchtlingen Visen zur Einreisebewilligung.

Wem trotz aller haarsträubenden Schwierigkeiten die Beschaffung der erforderlichen Dokumente und die Flucht ins Ausland gelang, dem wurde die Beziehungslosigkeit zur sprach-, kultur- und wesensfremden Umwelt zu einer neuen seelischen Belastung. Langwährende *Entwurzelungsdepressionen* stellten sich ein, in deren Gefolge nicht wenige Selbstmord begingen. Viele andere kämpften Jahre hindurch mit *Umstellungsdepressionen*, die ihr Fußfassen in der fremden Umwelt weiter erschwerten und nicht selten die Gründung einer neuen Lebensexistenz unmöglich machten. Der soziale Abstieg, die Trennung von den Angehörigen, die Zerreißung enger Familienbande, das Gefühl der Heimatlosigkeit, die enormen Anpassungsschwierigkeiten innerer und äußerer Art, die keineswegs seltene Notwendigkeit, erstmals im Leben Wohlfahrtseinrichtungen in Anspruch zu nehmen und Almosenempfänger zu werden, schließlich das zunehmende Durchsickern von Nachrichten über Nazigreuel und den Verfolgungstod zurückgelassener naher Verwandter und Freunde – all dies verstärkte die Depressionen und Ängste in so erheblichem Maße, daß sich bei vielen der Ausgewanderten ernste Krankheitszustände seelischer oder psychosomatischer (d. h. leibseelischer) Natur und Herkunft zu entwickeln begannen.

In den im folgenden abgedruckten ärztlichen Gutachten erscheinen diese meist qualvollen und chronischen Gesundheitsstörungen notgedrungen in der blassen, akademisch getönten Sprache des Klinikers und beurteilenden Gutachters: als psychoreaktive Störungsbilder; als neuro-vegetative Dystonie; als chronisch-reaktive Depression; als Affektstörung mit psychosomatischen Begleitsymptomen; als traumatische Neurose; psychogener Angst- und Spannungszustand; erlebnisreaktive Pathologie; nervös-labile Symptomatologie oder Symptomatik usw., usw. Dem Leser sei schon an dieser Stelle gesagt, daß es sich bei aller Unterschiedlichkeit der medizinisch-psychiatrischen Benennung im wesentlichen um *Schmerz, Pein und große innere Drangsal* der an solchen Störungen *leidenden Menschen* handelt, welches auch immer der wissenschaftliche Fachausdruck hierfür sein mag. (Im übrigen sei zur schnellen Orientierung auch auf die am Ende dieses Bandes abgedruckte Erklärung medizinischer Begriffe verwiesen.)

Bevor ich diese Einführung in den Bereich und in die Tragweite der psychischen Verfolgungsschäden beschließe, möchte ich auf die jüngsten Erfahrungen in diesem neuen Wissenszweig wenigstens hinweisen. Da nahezu alle der von mir Untersuchten und Begutachteten langanhaltende und zum Teil tiefgehende Veränderungen des seelischen Gefüges aufweisen – Menschen, die inzwischen oft selber Eltern geworden sind –, ist mit hoher Wahrscheinlichkeit zu erwarten, daß die festgestellten Schäden sich noch weiter in der Eltern–Kind-Beziehung auswirken werden. Zahlreiche Kinder ehemals Verfolgter sind *marked by stress*; der bei ihren Eltern bestehende Streß hat sich auf sie übertragen, und wie die Eltern empfinden sie die Welt als gefährlich und bedrohlich. Anders als die Eltern aber, die das Verfolgungsgeschehen passiv erdulden mußten, tendieren ihre Kinder dazu, sich aktiv zur Wehr zu setzen und beispielsweise neo-nazistischen Aufmärschen oder dergleichen tätigen Widerstand entgegenzusetzen. So etwa erklären sich in erlebnisdynamischer Sicht gewisse Vorgänge in der Bundesrepublik.

Das Aufflammen solcher aktiver Abwehrbezüge ist tiefenpsychologisch unschwer verständlich. Gleichzeitig liegt darin vielleicht die stärkste Tragik des unermeßlich Bösen der Nazi-Zeit, daß sie nämlich im Grunde nicht vergangen ist, sondern nun auch die junge Generation in Mitleidenschaft zieht. »Das eben ist der Fluch der bösen Tat, daß sie fortzeugend immer Böses muß gebären.«

Die für diesen Band ausgewählten Gutachten* geben nicht bloß Auskunft über die festgestellten Verfolgungsschäden und deren Erlebnishintergrund, sondern auch über die unterschiedliche Beurteilung und Bewertung (oder Entwertung) durch die Vorgutachter. Die vorhandene bzw. fehlende Sachkenntnis der verschiedenen Gutachter, ihre Einstellung und wissenschaftliche Orientierung spielen, wie man sehen wird, eine nicht unerhebliche Rolle.

In jenen Gutachten, die ausführliche und ins einzelne gehende Auseinandersetzungen mit den Meinungen von

* Es handelt sich um authentische, im Sinne der Wiedergutmachungsgesetze erstattete Gutachten und Obergutachten. Die Namen der Betroffenen und andere Kennzeichen sind aus ethisch-konfidentiellen Gründen durch Initialen ersetzt worden. Durchgängig ist der formelle Kopf der Gutachten, der in der Regel neben dem Namen und der Adresse des Antragstellers das mit dem Antrag befaßte Gericht, Aktenzeichen usw. enthält, nicht wiedergegeben worden. Um überflüssige Überschneidungen zu vermeiden, sind in einigen Gutachten kurze Stücke weggelassen worden. Alle Fälle sind gerichtlich längst abgeschlossen.
Auszug aus dem die Entschädigung regelnden Gesetz:
»Anspruch auf Entschädigung für Schaden an Leib und Leben besteht, wenn der Verfolgte vorsätzlich oder leichtfertig getötet oder in den Tod getrieben worden ist. Es genügt, daß der ursächliche Zusammenhang zwischen Tod und Verfolgung wahrscheinlich ist.
Der Verfolgte hat Anspruch auf Entschädigung, wenn er an seinem Körper oder an seiner Gesundheit nicht unerheblich geschädigt worden ist. Es genügt, daß der ursächliche Zusammenhang zwischen dem Schaden an Körper oder Gesundheit und der Verfolgung wahrscheinlich ist.
Als unerheblich gilt eine Schädigung, die weder die geistige noch die körperliche Leistungsfähigkeit des Verfolgten nachhaltig beeinträchtigt hat und voraussichtlich auch nicht beeinträchtigen wird.«
»Nachhaltig ist die Beeinträchtigung der Leistungsfähigkeit, wenn mit Wahrscheinlichkeit anzunehmen ist, daß sie nicht nur vorübergehend bestanden hat oder nicht nur vorübergehend bestehen bleiben wird.«

Vorgutachtern enthalten, sind die darin vorkommenden wissenschaftlichen Erörterungen ausdrücklich durch Gerichtsentscheid angefordert worden. In anderen Fällen ergab sich diese Notwendigkeit von selbst.
Es wird dem Leser nicht entgehen, daß die üblichen Abwehrmechanismen in bezug auf das Verfolgungsgeschehen – Verdrängung, Verhüllung, Verleugnung, Verneinung, Sperrung gegen unwillkommene Erkenntnis – auch gutachterlich am Werke sein können. Von ihrem Beitrag zur Rechtsprechung einmal abgesehen, sind die hier veröffentlichten Aktenstücke psychologische und zeitgeschichtliche Dokumente, die sensiblen Menschen manches zu verkraften geben. Was sie aber vor allem dem Leser bieten sollen ist: Kenntnis und Einsicht.

Psychiatrische Gutachten
und Obergutachten

Herr A.
(Gutachten vom 30. November 1965)

Aktenlage

Das mir vorgelegte Aktenmaterial enthält:

1. *Vertrauensärztliches Gutachten des Herrn Dr. P.* vom 4. April 1964, worin die Diagnose »psychoneurotische Reaktion« gestellt wird, und weiter angeführt wird, daß »der Verfolgungstatbestand in diesem Falle ganz unbedeutend (und) ein Zusammenhang mit den Verfolgungsmaßnahmen ganz unwahrscheinlich« ist.

2. *Psychiatrisches Gutachten des Herrn Dr. W.* vom 21. März 1964, das »eine psychoneurotische Reaktion, die anlagebedingt ist« diagnostiziert, und worin ferner mitgeteilt wird, daß diese Reaktion »von den Verfolgungsmaßnahmen nicht ausgelöst noch verursacht wurde«.

3. *Abschließende ärztliche Stellungnahme des Herrn Reg. Med. Rats Dr. D.* vom 6. Mai 1964, die sich den obigen diagnostischen Meinungsäußerungen anschließt und die von Herrn Dr. W. festgestellte psychoneurotische Reaktion »mit größter Wahrscheinlichkeit« als nicht im Zusammenhang mit den Verfolgungsmaßnahmen stehend erklärt.

4. *Attest des Herrn Dr. S.* vom 17. September 1962, das Herrn A. als einen »höchst emotionalen jungen Mann mit erheblichen Schlafstörungen, Zeiten der Niedergeschlagenheit . . . nervös und gespannt« beschreibt und »diese emotionalen Störungen auf seine Erfahrungen im Nazideutschland« zurückführt.

5. *Attest des Herrn Dr. Sch.* vom 1. Oktober 1963, worin ärztlich bescheinigt wird, daß er Herrn A. seit August 1951 wegen multipler nervöser Beschwerden (allgemeine Nervosität, häufige Kopfschmerzen, Verdauungsstörungen, Schlaflosigkeit mit Angstträumen, Weinkrämpfe, Depressionen etc.) behandelt hat und die Diagnose einer »vegetativen Dystonie« zusammengehend mit »depressiver Reaktion mit Angstzuständen« gestellt wird.

6. *Zeugnis des Hern Dr. S.* vom 20. November 1963, worin das Fortbestehen der wesentlich gleichen nervösen Symptome und Beschwerden bestätigt und der Verfolgungszusammenhang derselben bejaht wird.

7. *Zusätzliches Zeugnis des Herrn Dr. S.* vom 8. Juni 1965, worin erneut das Vorhandensein der beschriebenen emotionalen Erscheinungen auf seelisch-nervösem Gebiete, die mehr oder weniger unverändert durch die letzten 12 Jahre hindurch angehalten haben, bescheinigt wird und dieselben als das Resultat von Verfolgungserlebnissen in der Kindheit des Herrn A. erklärt werden.

Zusammenfassend kann somit auf Grund der Prüfung der vorliegenden Gutachten bzw. ärztlichen Meinungsäußerungen gesagt werden, daß bei aller unterschiedlicher Auffassung hinsichtlich der Genese und Bewertung des bei Herrn A. gegebenen Zustandes *sämtliche* Ärzte und Fachärzte im wesentlichen zu der gleichen Diagnose gelangt sind, daß nämlich bei Herrn A. im seelisch-nervösen Bereiche deutliche Störungen bestehen, die – wenn auch unterschiedlich als »psychoneurotische Reaktion«, »angstneurotische Reaktionen« oder »depressive Reaktion«, oder andersgeartete Zustände diagnostisch beurteilt – nichtsdestoweniger übereinstimmend von allen ärztlichen Gutachtern erkannt und diagnostiziert wurden. Gleichzeitig liegen jedoch so erhebliche Meinungsverschiedenheiten mit Bezug auf Differentialdiagnose und Pathogenese vor, daß zum Zwecke gebotener Klarstellung sich für mich als seitens des Klägers hinzugezogenen Gutachter die Notwendigkeit einer tieferen psychiatrischen Exploration und einer zeitlich wie psychologisch eingehenderen Untersuchung des Herrn A. ergeben hat. Ich habe aus diesem Grunde den genannten A. nicht nur einer mehrfach wiederholten psychiatrischen Untersuchung unterzogen, sondern habe auch eine psychologische Testuntersuchung – unabhängig und von den psychiatrischen Untersuchungen gesondert – durch »a New York State certified psychologist«, Dr. H., durchführen lassen. Ich habe ferner auch die Mutter des A. wiederholt und eingehend interviewt bzw. befragt, um auch auf diese Weise Einblick in das damalige Geschehen zu gewinnen. Denn da die gesamte bisherige Exploration, wie aus den vorausgegangenen Gutachten ersichtlich, im wesentlichen am äußeren Geschehensablauf und an den aktuellen Beschwerden haften geblieben ist und gar nicht der Versuch einer klärenden psychologischen Anamnese oder Befundaufnahme, insbesondere mit Sicht auf die *im frühkindlichen Alter* stattgehabten Erlebnisse, unternommen wurde, erschien es im Interesse der Wahrheitsfindung erforderlich, gerade diesen Bezügen im einzelnen nachzugehen, um zu einer möglichst erschöpfenden Klarstellung des Sachverhalts und etwaiger pathogener Zusammenhänge, deren eventuellem Vorhandensein oder deren Ausschließung zu gelangen. In keinem der bisherigen Gutachten ist ein solcher – besonders in diesem Falle vieljähriger nervöser Dauerbeschwerden – angezeigter Versuch gemacht worden, und in den vorausgegangenen, einen Verfolgungszusammenhang bejahenden bzw. verneinenden Beurteilungen ist es bei mutmaßlichen Annahmen geblieben.

Es ist hauptsächlich aus derartigen, gewichtigen Erwägungen heraus, wie ich erläuternd bemerken möchte, daß ich mich zu dieser persönlichen (nicht vertrauensärztlichen) Begutachtung insofern entschlossen habe, als nämlich auf Grund meiner Aktenstudien und der von mir veranlaßten psychologischen Testuntersuchung – durch psychiatrische Untersuchungen und Befundaufnahmen erhärtet – die angeführten Unzulänglichkeiten in den vorausgegangenen Beurteilungen erkenntlich wurden. Als ich mich Anfang des Jahres 1961 zur vertrauensärztlichen psychiatrischen Mitarbeit beim hiesigen Generalkonsulat bereit erklärte, habe ich mir ausdrücklich vorbehalten, in denjenigen Fällen eine privatfachärztliche Begutachtung selektiv abzugeben, in denen sich im Interesse der Wahrheitsfindung die Notwendigkeit einer Revision früherer Beurteilungen als unumgänglich erweisen sollte. Der vorliegende Fall ist als ein in diese Kategorie gehöriger Fall anzusehen, wie sich bereits aus dem Obigen ergeben hat und im Fortgang meiner Erörterungen weiter dargetan werden wird. Die Tatsache insbesondere, daß schädigende Erlebnisse im Kindesalter stattgefunden haben, ist – wie selbst eine summarische Aktenprüfung ergeben hat – vertrauensärztlich kaum gewürdigt worden.

Vorgeschichte

Herr A. wurde im Februar 1931 in Essen als erstes und einziges Kind einer dem gehobenen Mittelstand zugehörigen Bürgerfamilie geboren, und zwar als Kind einer christlich-jüdischen Mischehe. Der Vater ist ein sog. »Arier«, die Mutter eine Volljüdin. A. war somit gemäß der damaligen in Deutschland geltenden Auffassung ein »Mischling«, d. h. er ist seit der nationalsozialistischen

Machtübernahme im Januar 1933 faktisch und später auch rechtlich (wohl seit 1935) als »Halbjude« bzw. »Halbarier« in Deutschland aufgewachsen. Seine dem Säuglingsstadium folgenden frühkindlichen Entwicklungsjahre und entscheidenden, persönlichkeitsformenden (»mind formative«) Lebenseindrücke etwa zwischen dem 2. und 8. Lebensjahr spielten sich demnach im wesentlichen in der speziellen, vom Dritten Reich geschaffenen Atmosphäre wachsender Unruhe und Spannung in der Umwelt sowie im intimen Familienkreise ab. Kinderkrankheiten ernsterer Natur mit Ausnahme eines Scharlachs werden in der Vorgeschichte nicht angegeben, und Erbkrankheiten, familiäre Krankheitszustände, konstitutionelle oder erbliche Leiden werden auf das bestimmteste verneint. Er sei jedoch gemäß seinen Angaben »immer nervös gewesen, soweit meine Erinnerung zurückreicht«, wie er sich wörtlich ausdrückt.

Wegen der politischen Verhältnisse und des auf den Vater seitens der Reichskulturkammer ausgeübten Druckes – der Vater war Gründer und Leiter des damals im ganzen Rheinland bekannten Musikorchesters L., stand zeitweise zwei Musikkapellen vor und wurde bald nach der nationalsozialistischen Machtübernahme, gemäß mir glaubhaft gegebener Schilderungen der Mutter des Patienten, wegen seiner Ehe mit einer Volljüdin unter starken Druck gesetzt – kam es zu erheblichen Spannungen und Schwierigkeiten im Elternhause und schließlich Anfang 1938 zur Ehescheidung, die den Eltern aus rassisch-politischen Gründen durch den fortgesetzten Druck der Reichskulturkammer, Musikverbot, Androhungen, antisemitisches Verhalten der Musiker und der Lokalinhaber, wo die Kapelle tätig war, faktisch aufgezwungen wurde.

Das Kind hatte schon bald nach dem Einsetzen der Rassenverfolgung nicht mehr, wie andere Kinder, ganz

frei spielen und sich nicht auf der Straße, Spielplätzen usw. tummeln können, da er als »Dreckjude« und dergleichen beschimpft und von anderen Kindern abgelehnt wurde. Er wuchs daher praktisch ohne Spielgefährten und allein auf, zum Teil – wegen der Spannungen im Elternhause – unter der Obhut der jüdischen Großeltern mütterlicherseits, denen er in seiner Vereinsamung sich eng anschloß. Diese Großeltern sind im Zuge der nationalsozialistischen Verfolgungsmaßnahmen nebst anderen jüdischen Angehörigen seiner Familie später umgekommen. Der Vater war aus den schon genannten Gründen auch in den der Ehescheidung vorausgegangenen Jahren sehr häufig vom Hause abwesend, hat jedoch das Kind in der berüchtigten »Kristallnacht« – als A. noch in den ersten Schuljahren stand – dadurch in Schutz genommen, daß er ihn in seiner Wohnung in einem Dunkelzimmer für eine Reihe von Tagen oder Wochen allein unterbrachte. Eine genaue Erinnerung an die Zeitdauer des Allein-Aufenthaltes im Dunkelzimmer hat A. nicht. Er weiß nur von der fürchterlichen Angst zu sprechen, die er als Kind allein im abgedunkelten Raume hatte und glaubt, daß er für einige Wochen darin verblieben sei. Die Mutter berichtete, daß nach ihrer Erinnerung der Knabe etwa 10 Tage in einem Dunkelzimmer verborgen gehalten wurde. A. selbst vermag nur über seine entsetzliche Angst in jenem Dunkelzimmer und sein Alleinsein darin zu sprechen; die Zeitdauer seines Aufenthaltes darin vermag er nicht zu bemessen, da sie ihm als Kind in seiner Angst »endlos« erschien, und er spricht verschiedentlich von einigen Wochen, einem Monat (oder darüber) im »Dunkeln«.
Mit der »Kristallnacht« und den darauffolgenden Ereignissen fanden die formelle Schulerziehung des A. und sein Familienleben zunächst ein abruptes Ende. Er wurde aus seinem Versteck in der väterlichen Wohnung

heimlich abgeholt und von bekannten Menschen illegal nach Holland geschafft. Er erinnert sich, in Holland »von Ort zu Ort« gebracht worden zu sein, u. a. auch in ein Waisenhaus, und ein »schwieriges Kind« gewesen zu sein, das furchtsam, verstört und ruhelos war, mit niemandem sprach, auf Fragen nicht antwortete, völlig verängstigt, »bewildered« (verwirrt) und allein unter Fremden. Nach etwa zwei Monaten gelang es der Mutter, ihn in Holland zu erreichen. Ihr erster Versuch, nach der »Kristallnacht« nach Holland zu entkommen, war ihr mißglückt, und erst nach vielen Bemühungen und verzweifeltem Suchen konnten sich Mutter und Kind in Holland wiederfinden. Jedoch war ihnen ein Zusammenleben nicht gestattet, da er inzwischen in einem Sammellager für Flüchtlingskinder untergebracht worden war, wo er sich »krank, vernachlässigt und in ständiger großer Angst« fühlte. In Holland erhielt er keine Schulerziehung. Im April 1939 gelang es der Mutter, auf ein sog. Dienstmädchen-Visum mit ihm nach England zu gehen, wo es für ihn zunächst sehr aufregende und angsterfüllte Schwierigkeiten bei der Einreise gab, da das Domestiken-Permit der Mutter ausschließlich für die Einreise der letzteren und nicht für ihn gültig war.
Nach der Überwindung dieser Schwierigkeiten kam es wiederum zur Trennung von der Mutter, die Dienstmädchenstellungen in England anzunehmen hatte, während er selbst bei fremden Menschen und an verschiedenen Orten, wiederum dauernd »von Ort zu Ort geschoben«, untergebracht werden mußte.
Ende September 1940 erreichten sie beide die USA, wo er nach einiger Zeit die unterbrochene Schulbildung wieder aufnehmen konnte. Jedoch mußte er in den ersten Jahren seines Hierseins auch meistens allein sein, da die Mutter tagsüber zur Arbeit gehen mußte und erst abends von der Arbeit zurückkam. Er hatte häufige

Schulschwierigkeiten und Unterbrechungen im Bildungsgang, wurde und blieb immer ein »schlechter Schüler«.

Er arbeitet heute in dem Geschäft, das sich die Mutter offenbar mit großer Energie und Tatkraft selbst erarbeitet hat, als ihr Assistent und Helfer.

Untersuchungsbefund und Zustandsbild

Herr A. wurde von mir mehrmals in chronologisch ziemlich weit auseinanderliegenden Zeitabständen – und zwar am 20. Juli 1965, 15. September 1965, 1. November und 17. November 1965 – eingehend psychiatrisch untersucht. Am 23. September 1965 wurde ferner eine psychologische Testuntersuchung vorgenommen. Die wiederholte Untersuchung und zeitliche Staffelung war nicht nur aus den bereits eingangs angeführten Gründen zur diagnostischen Klarstellung erforderlich, sondern auch, weil es sich im Laufe der psychiatrischen Exploration selbst herausstellte, daß sein subjektives Erinnerungsvermögen insbesondere im Zusammenhang mit den kindlichen Schreckerlebnissen der Verfolgungszeit ein gestörtes war und bestimmte, damit verbundene Angstereignisse erst allmählich in vollem Umfange zutage traten. Es ist eine häufig zu beobachtende und wissenschaftlich vielfach erwiesene Tatsache, daß gerade das Auftreten schwerer Ängste und angsterfüllter Lebensumstände im Kindesalter in das Unterbewußtsein absinken und dort als tiefwirkender Störungsfaktor weiterbestehend seelische Reifungsprozesse, normale Entwicklungsmöglichkeiten etc. ungünstig beeinflussen bzw. einen nachweislichen Stillstand in der seelisch-geistigen Entwicklung herbeiführen kann. Diese seit über einem halben Jahrhundert in der Kinderpsychologie und Kinderpsychiatrie des In- und Auslands anerkannte Beziehungslage und Pathogenese nervöser Störungen darf insbesondere dann nicht übersehen werden, wenn bei einem erwachsenen Individuum späterhin eine sog. »psychoneurotische Reaktion« von *allen* Gutachtern diagnostiziert wird, dieselbe jedoch von einigen der Gutachter summarisch, ohne Berücksichtigung etwaiger erlittener Entwicklungstraumen, als »anlagebedingt« erklärt wird. Auf diese Beziehungen wird noch des näheren zurückzukommen sein.

Herr A. macht bei der Untersuchung rein äußerlich gesehen den Eindruck eines sehr zurückhaltenden, schweigsamen, gespannten, unausgereiften, jungen Menschen, der sich äußerlich undemonstrativ verhält, wenig oder gar nicht spricht, nur auf Fragen kurze, glaubhafte Antworten gibt und daraufhin meist wieder in lang anhaltendes Schweigen zurückfällt. Er wirkt unbeholfen und unsicher. Es ist schwer, mit ihm in ein Gespräch zu kommen. Es fällt weiter auf, daß er fast ununterbrochen Zigaretten raucht, wobei ihm gelegentlich die Hände zittern und feucht werden; auch daß er sich von Zeit zu Zeit wie hilfesuchend im Konsultationszimmer umblickt oder verstohlene Blicke nach der Türe wirft, als ob von dort jemand zu seiner Unterstützung oder Sicherung hereinkommen sollte (die Mutter?). Er lächelt wenig, äußert kein spontanes Wort, schließt sich kaum auf, sondern sitzt zumeist abwartend und gefügig da, um an ihn gerichtete Fragen einsilbig oder wortkarg zu beantworten. Gewöhnlich aber verhält er sich scheinbar teilnahmslos und uninteressiert. Auch bei der Schilderung seiner Beschwerden ist er sehr zurückhaltend. Er klagt über allgemeine Nervosität, Schlafstörungen, Magenbeschwerden, Ängstlichkeit, große Schreckhaftigkeit, besonders bei Geräuschen – selbst beim Klingeln eines Telefons oder einer Türklingel schrecke er zusammen –,

häufige Unsicherheits- und Angstgefühle des Nachts, gelegentliche Angstträume, Konzentrations- und Gedächtnisschwäche, Neigung zur Niedergeschlagenheit und Ruhelosigkeit. Er könne nur schlafen, wenn das Licht in der Wohnung brenne, und auch dann nur für wenige Stunden. Er kaue sich ständig die Fingernägel – in der Tat sind die Nägel völlig abgebissen – und müsse ständig rauchen, auch nachts, wenn er nach einigen Stunden Schlaf aufwache und unruhig auf- und abgehen müsse. Er raucht etwa 40 Zigaretten täglich, oft auch mehr. Die Magenbeschwerden kämen unabhängig von den Mahlzeiten und seien von Übelkeitsgefühlen mit Erbrechen begleitet. Seit vielen Jahren nehme er Arzneien gegen diese Störungen und viele Beruhigungs- und Schlafmittel, um überhaupt Schlaf finden zu können. Das Nägelkauen käme noch von den Tagen in Holland her, wo es begonnen habe.
Bei der ersten Untersuchung sprach er fast nur in allgemeinen Redewendungen über einiges in seinem Lebensgang und über seine Beschwerden, in knappen und mitunter unvollständigen Sätzen, ohne rechten Affekt, völlig schwunglos, lustlos und apathisch. Bei den weiteren Untersuchungen verblieb er gleichfalls vorwiegend apathisch, wenn auch der ängstliche und gespannte Unterton in der Art eines eingeängstigten Kindes allmählich mehr und mehr in Erscheinung trat. Die auffällige Zurückgezogenheit, erzwungene Ruhe, das äußerlich Gefügige und das unablässige Zigarettenrauchen wurden als transparente Abwehrmechanismen gegen die innere Angst unschwer erkenntlich. Als affektbesetzte erste traumatische Erinnerung sprach er über den »Feuerschein am Himmel«, als er in der »Kristallnacht« in Essen sich mit den jüdischen Großeltern auf einem Dache befand und von dort den Synagogenbrand sah, sich an die Großeltern anklammernd. Dann kamen ihm die

Erinnerungen an das nächtliche Erscheinen des Vaters; die Mitnahme in dessen Wohnung; der lange, ihm noch heute zeitlich endlos erscheinende Aufenthalt im Dunkelzimmer. Mit etwas stärkerem Affekt und in hilflosverzagter Weise sprach er von seiner schrecklichen Angst beim Grenzübertritt nach Holland, vom Schreien und Weinen der Mutter, dem Aufenthalt in Holland, der Trennung von der Mutter und allem ihm Vertrauten, der ständigen Furcht dort. Er kam sich wie ein »Spielball« vor, der hin- und hergeworfen wurde und der irgendwo unbeachtet verenden würde. Auch in Essen hatte er schon das Gefühl, ein »Spielball« zu sein, als es zur Scheidung der Eltern kam und er nicht wußte, wo er hingehörte. Zum Vater? Zur Mutter? Zu den Juden? Zu den Christen? In England hatte er die gleichen Ängste und widerstreitenden Gefühle, dazu die gleiche Hilflosigkeit und Unruhe.

Alles dies berichtet er in verhaltener, einsilbiger, obschon willig-gefügiger Weise, wobei er sichtlich nicht übertreibt, sondern seine multiplen Beschwerden und Erlebnisse eher im Tone und Gebaren von »understatements« hervorbringt, durchwegs undemonstrativ und zumeist affektarm-resigniert bleibt. Auch die oben mitgeteilten anamnestischen Aussagen und Vorgänge kamen nur stockend und bruchstückhaft im Laufe der mehrmaligen ärztlichen Gespräche klar heraus, ohne Schwungkraft oder Spontaneität. So ließen sich die wesentlichen Bezüge des psychiatrischen Zustandsbildes erst nach und nach ermitteln, daß er nämlich in wesentlich passiver Abhängigkeit von der Mutter lebt, an einem ausgesprochenen Mangel an Initiative und Selbstvertrauen leidet und im seelisch-nervösen Bereiche einen nicht unerheblichen Entwicklungsrückstand aufweist. Der letztere bezieht sich hauptsächlich auf die geistige und emotionelle Entwicklungssphäre, nicht auf die körperliche. Die Einschränkung seiner Persönlichkeit kommt u. a. darin zum Ausdruck, daß alle seine Versuche, selbständig zu werden, z. B. als musikalisch begabter junger Mann Musiker zu werden, fehlgeschlagen sind und er heute im Geschäft der Mutter arbeitet, wo er als Sohn der »Chefin« zwar nominell den Posten eines Geschäftsführers innehat, in Wirklichkeit jedoch als »Helper« der Mutter tätig ist und sich auch – hauptsächlich als deren Hilfskraft im Geschäftsbetrieb mit dem Packen und Versand von Paketen und Stückausteilen im Betriebe befaßt – dementsprechend fühlt. Die Anlehnungsbedürftigkeit an und weitgehende Abhängigkeit von der Mutter zeigen sich ferner in der Tatsache, daß er trotz harmonischer Ehe mit einer jungen deutschen Frau im Hause der Mutter lebt, mit ihr zusammen morgens ins Geschäft geht, dort den ganzen Tag mit ihr und um sie ist, und am Abend mit ihr unter das gleiche Dach zurückkehrt. Er fühlt sich ganz auf sie angewiesen und ist sich bewußt, daß er ohne die Mutter sich nicht ernähren noch selbständig erhalten könnte. Er ist seelisch, beruflich und sozial von ihr abhängig.

Diese außerordentliche Abhängigkeit, mit entsprechender restriktiver Einengung der allgemein menschlichen und sozialen Bezüge, geistigen Interessen und des individuellen Initiativevermögens einhergehend, ist bei dem heute in der Mitte der dreißiger Jahre stehenden jungen Mann zu einem Dauerzustand geworden, der als chronischer Störungs- und Belastungsfaktor im seelisch-nervösen Bereiche angesehen werden muß. Dieser Befund wird durch die Ergebnisse der psychologischen Testuntersuchung nicht nur erhärtet, sondern auch in aufschlußreicher Weise verständlich gemacht.

Danach bestehen bei heute durchschnittlicher Intelligenz neben einem deutlichen Lern- und Wissenschaftsdefizit, wie aus dem beiliegenden psychologischen Bericht von Dr. H. hervorgeht, erhebliche Dauerbeeinträchtigungen im Affektleben: »Low tolerance for anxiety . . . his only wish is to do as little as possible and to be minimally involved. He restricts his range of affective and intellectual experiences to an absolute minimum so as not to raise his anxiety level in any way . . .« (Ins Deutsche übertragen: »Niedrige Angsttoleranz . . . sein vorherrschendes Streben ist, so wenig wie möglich zu tun und möglichst wenig ›involved‹ zu sein. Er schränkt die persönliche Teilnahme (Spielbreite) seines affektiven und geistigen Erlebens auf ein absolutes Minimum ein, um in keiner Weise sein Angstniveau zu steigern . . .«) An einer anderen Stelle heißt es im psychologischen Bericht: »It is readily apparent that his human contacts have been very adversely affected by his early experiences. He has never, because of the traumatic separations enforced on him, been able to effect an adequate separation from his mother. His dependency needs are quite intense and he looks to her as a constant source of support and nurturance . . . he has not been able to achieve an adequate identity as a male.« Ins Deutsche übertragen: »Es ist ohne weiteres erkenntlich, daß seine mitmenschlichen Beziehungen sehr ungünstig durch seine frühen Erlebnisse beeinflußt wurden; wegen der ihm auferzwungenen traumatischen Trennungen ist er (später) niemals fähig gewesen, sich ausreichend von seiner Mutter zu trennen. Seine Abhängigkeitsbedürfnisse sind sehr beträchtlich, und er blickt auf sie als eine ständige Quelle der Hilfe und des Erhaltenwerdens . . . er hat (in seiner seelischen Entwicklung) keine hinreichende Selbstidentität als Mann erreichen können.«

Aus diesen Befunden geht überzeugend hervor, daß bei A. Anzeichen einer deutlichen Entwicklungsstörung bzw. seelischen Fehlentwicklung vorhanden sind; daß es auf Grund einer solchen Fehlentwicklung zu einer Persönlichkeitsverformung in Richtung einer wohl körperlich ausgereiften, jedoch seelisch und geistig eingeschränkten bzw. unausgereiften Persönlichkeitsbildung gekommen ist, die alles spontane Ausdrucksvermögen unterdrückt und jede Initiative oder Spontaneität nahezu im Keime ersticken läßt und ihn auf beruflich-intellektuellem Gebiet zum »underachiever« macht; daß schließlich die relativ sekundären Erscheinungen im Vegetativum (Schwitzen, feuchte Handflächen, gelegentlicher manueller Tremor, erhöhte Reflexe) als vegetative Begleiterscheinungen einer wesentlich im Affektiven sich auswirkenden Entwicklungsstörung aufzufassen sind.

Damit komme ich zur psychiatrischen und wenigstens annähernden Präzisierung des vorliegenden chronischen Zustands- und Beschwerdebildes. Bei allen seit Juli 1965 durchgeführten psychiatrischen Untersuchungen, einschließlich der unabhängig davon vorgenommenen psychologischen Testuntersuchung, hat sich stets das gleiche Bild hinsichtlich Persönlichkeitsstruktur, Verhalten, Symptomatik und Reaktionsweise ergeben:

Eine entmutigte, initiativ- und kontaktarme, unfrohe Grundhaltung mit ausgesprochenem Mangel an Selbstvertrauen. (Der im psychologischen Bericht gebrauchte englische Ausdruck »picture of listlessness« – ein Bild der Lustlosigkeit – gibt diese Grundhaltung wohl am besten wieder.)

Eine erniedrigte Angst- und Frustrationstoleranz mit ständiger, intensiver Angstbereitschaft, Verunsicherung der menschlichen und mitmenschlichen Bezüge, affektarmer, sozialrestriktiver Einengung im persönlichen und beruflichen Bereiche; mäßiger Entwicklungsrückstand auch auf intellektuellem Gebiete.

Weitgehende innere und äußere Abhängigkeit im Sinne einer psychologischen Fixierung an die helfende und

rettende Mutter, wobei zu bemerken ist, daß die letztere in der Tat *die* rettende und helfende Muttergestalt in seinen frühen Lebenskrisen gewesen und es erlebnisdynamisch ebenso wie faktisch bis heute im wesentlichen unverändert geblieben ist.
Eine eigentliche schwere Depression besteht nicht; in der Gemütslage überwiegen vielmehr die seelischen Faktoren des lustlosen Verzagtseins, des Unfrohen und Unbeholfenen, des Unsicheren, die dem Charakterbild ein kindlich-unausgereiftes Gepräge verleihen.
Die neurotische Symptomatik (Schlafstörungen, gastrointestinale Beschwerden, ängstliche Reaktionen bei Geräuschen, Nägelkauen usw.) sowie die vegetativen Manifestationen sind insofern nichts Ungewöhnliches, als sie häufige Begleitsymptome von im Kindesalter entstandenen seelischen Entwicklungsstörungen sind, die sich nicht nur im Persönlichkeitsbereiche selbst als permanente Charakterstörung, sondern auch im Affektleben ebenso wie im Vegetativum in Form nervöser Symptombildung auswirken.
Von Belang ist ferner, daß die Symptomatik bestimmte Rückschlüsse auf die Entstehungsperiode und damit auf die Pathogenese der neurotischen Struktur und Reaktionen gestattet. Wenn wir glaubwürdig erfahren, daß etwa das permanente Nägelkauen des A. während seiner traumatischen Zeit des Verlassenseins in Holland – nach den Erlebnissen der »Kristallnacht«, des furchterfüllten Aufenthalts im Essener Dunkelzimmer, der heimlichen Abschiebung über die Grenze, der Verbringung in ein sprachfremdes Land und Waisenhaus – entstanden ist, so wird man kaum fehlgehen, darin eine eindeutig regressive Entwicklung des damals fast achtjährigen Knaben zurück zur Oralität, d. h. zu einer sehr frühkindlichen Entwicklungsphase, zu erkennen und dieses heute noch unverändert fortbestehende Symptom hierauf zu-

rückzuführen. Oder wenn man die späteren Schulschwierigkeiten und das bestehende Lerndefizit ins Auge faßt und gleichzeitig berücksichtigt, daß die psychologische Testierung eine potentiell höhere Funktionsfähigkeit im intellektuellen Bereiche hat erkennen lassen, so wird man ebenfalls nicht fehlgehen, in der bleibenden Beeinträchtigung dieser Bezüge eine nachhaltige Folgeerscheinung der bei A. damals verursachten geistigen Schäden zu sehen.

Beurteilung

Man kann bei der starken Arbeitsüberlastung vertrauensärztlicher Gutachter allenfalls verstehen, daß das Gesamtbild der hier vorhandenen seelisch-nervösen Veränderungen in recht vereinfachter Weise generell als »psychoneurotische Reaktion« (Dr. P., Dr. W.) beurteilt wird. Man kann jedoch angesichts des Verfolgungstatbestandes nicht zustimmen, wenn vertrauensärztlich gesagt wird, daß »ein Zusammenhang mit den Verfolgungsmaßnahmen ganz unwahrscheinlich« ist (Dr. P., 4. April 1964) und daß »eine psychoneurotische Reaktion ... anlagebedingt ist« (Dr. W., 21. März 1964). Hier geht die genannte Vereinfachung tatsächlich so weit, daß sie weder dem vorliegenden Sachverhalt noch den wissenschaftlichen Erkenntnissen der heutigen Psychiatrie gerecht wird. Es scheint den vertrauensärztlichen »Sachverständigen« entgangen zu sein, daß es sich um traumatische Vorgänge handelt, die A. *in entscheidenden Phasen des kindlichen Entwicklungsalters* trafen und nach allem, was wir von ihm wissen, in seiner *Kernstruktur* nachhaltig beeinflußten.

Die heute gültige Auffassung der Neurose als einer aus der Lebensgeschichte, insbesondere den zwischenmenschlichen Erfahrungen der Kindheit entstandenen seelischen »Fehlhaltung« (Bodechtel, von Baeyer, Häfner, Kisker u. a.) – eine für die psychiatrische Gutachterpraxis heutzutage verbindliche Auffassung – ist in den vorgenannten Gutachten gänzlich *unbeachtet* geblieben. Ebenso unbeachtet geblieben ist die in der Kinderpsychologie allgemein anerkannte Tatsache, daß die Angst des Kindes eine schwere seelische Belastung darstellt und daß diese Angst, wenn das Kind sich seelisch und geistig entwickeln soll, überwunden werden muß. Das ist in diesem Falle nicht geschehen. Es ist in diesem Falle nicht zu einem Schwinden der Angstsymptomatik gekommen, da die veränderten Umweltverhältnisse und die sich noch über Jahre hinziehende Entwurzelung auch nach dem Aufhören der unmittelbaren Verfolgungserlebnisse auf das Gefühlsleben weiterhin schädigend einwirkten und es nur zu einer ungenügend psychischen Verarbeitung derselben gekommen ist. Die im Zuge der Verfolgung bei A. entstandene Lebensangst hat offenkundig angedauert, die kindlichen Abhängigkeitsgefühle sind verblieben, und das Bewußtsein, ein *Spielball* widerstreitender Kräfte zu sein, hat im wesentlichen unverändert fortgewirkt.

Wie ist dies bei A. im einzelnen zu erklären? Man muß hier auf die komplexen, aus seiner Frühgeschichte uns bekannten biographischen Verhältnisse zurückgreifen, um zu einer Klarstellung der pathogenetischen Zusammenhänge zu gelangen. In der Familienanamnese und persönlichen Vorgeschichte sind wesentliche, psychodynamisch wirksame Faktoren gegeben:

1. A. entstammt einer christlich-jüdischen *Mischehe* des gehobenen, künstlerisch-musikalischen Mittelstandes.

2. Er war beim Beginn der nationalsozialistischen Rassenverfolgung ca. zwei Jahre alt und blieb bis weit in das achte Lebensjahr der direkten, von dann ab noch auf

Jahre der indirekten Einwirkung der Rassenverfolgung ausgesetzt.

3. Unter der direkten Einwirkung dieser Verfolgung kam es noch während seiner frühkindlichen Entwicklungsjahre zu einer durch Angst und Spannung veränderten Familienatmosphäre, einem frühzeitig einsetzenden zwiespältigen und verwirrenden Dasein als sog. *Mischling.* Er wurde, nach den Angaben der Mutter, als Protestant getauft und erzogen, erfuhr jedoch bereits etwa im 4. Lebensjahr, daß er eine jüdische Mutter hatte und selbst Halbjude war, eine Tatsache allein, die zusammen mit Beschimpfungen als *»Dreckjude«* etc. frühe Verwirrung und Verstörtheit in ein empfindliches Kindergemüt hineinzutragen geeignet erscheint.

4. Ebenfalls unter der direkten Einwirkung der Verfolgung kam es zwischen seinem 6. bis 8. Lebensjahr zur bleibenden Störung der Familienintegrität, zur häufigen Abwesenheit des Vaters und schließlich zur Ehescheidung der Eltern. Damit verlor A., der als *Einzelkind* aufgewachsen war, einen großen Teil des zur ungestörten Kindheitsentwicklung gerade in jenen stürmischen Jahren notwendigen Haltes in der eigenen Familie und unmittelbaren Umgebung.

5. In dem Zeitraum zwischen der sog. »Kristallnacht« (November 1938) und der Einwanderung in die USA (September 1940) war er plötzlichen und intensiven traumatischen Einwirkungen ausgesetzt mit abrupt sich folgenden Verbringungen in fremde Länder und Plätze, Heimatlosigkeit, mehrmaligen Trennungen von der Mutter und totaler Entwurzelung. Dies hatte fernerhin die Unterbrechung seiner Schulerziehung zur Folge.

6. Auch die Einwanderung in die USA führte auf Jahre hinaus keine wesentliche Änderung herbei. Obwohl von dann ab in äußerer Hinsicht auf sicherem Boden befindlich, wurde der schon vorhandene unsichere Zustand

gefördert durch die tägliche Abwesenheit der Mutter, die auf Arbeit gehen mußte; sein überwiegendes Alleinsein ging weiter. Daß die Entwurzelung, die Vereinsamung und Anpassungsschwierigkeiten auch im neuen Einwanderungsland sich fortsetzten, geht schon aus dem Umstand hervor, daß trotz genügender Intelligenz hier beträchtliche Schulschwierigkeiten auftraten und er andauernd »ein schlechter Schüler« blieb. Ebenso setzten sich die neurotischen Symptome fort (Ängste, Schlafstörungen, Schreckhaftigkeit, Nägelkauen etc.), die sich im Laufe der Zeit zur heutigen Dauersymptomatik verdichteten.

7. Eine Abschirmung der schädigenden Ereignisse durch das Elternhaus, wie wir sie zuweilen bei jugendlich Verfolgten als nützliche Gegenwirkung gegen eine traumatisierende Situation beobachtet haben, konnte in diesem Falle nicht in genügendem Maße erfolgen, wohl wegen der Scheidung der Eltern schon in Essen und der sich dann überstürzenden traumatischen Fluchtereignisse. In kurzer Zeitfolge ist A. in drei verschiedene Länder (Holland, England, USA) und an so zahlreiche Flüchtlingsorte gebracht worden, daß er für viele dieser Orte (»von Ort zu Ort geschoben«) heute nur ein schattenhaftes, nichtsdestoweniger angsterfülltes Erinnerungsvermögen besitzt.

8. In psychologischer Sicht ist das hier Geschehene als eine Kombination von »Schock-Trauma« (Kris, Krystal, Niederland) und »Stress-Trauma« (Selye), wie es in der angelsächsischen Literatur genannt wird, bzw. Kombination eines akuten und chronischen Belastungssyndroms (Venzlaff) zu würdigen. Wenn man die damaligen Vorgänge unter dem Gesichtspunkt ihrer direkten und indirekten Einwirkung betrachtet, so war A. zunächst in Deutschland den Schock-Traumen der Ehescheidung, der »Kristallnacht« und den sich daran an-

schließenden Ereignissen des Verstecktwerdens im Dunkelzimmer, der plötzlichen Trennung von der Mutter, der Flucht über die Grenze, usw. ausgesetzt. Daran schloß sich die mehrjährige Streß-Periode der wechselnden Aufenthalte in Holland, England, USA an, zusammen mit den damit verbundenen Veränderungen, Unsicherheitserlebnissen, Ängsten und der weitgehenden Verunsicherung aller menschlichen Bezüge.

Es ist doch recht befremdlich in dem vertrauensärztlichen Gutachten des Herrn Dr. P., angesichts eines solchen Sachverhaltes, zu lesen, daß »der Verfolgungstatbestand in diesem Falle ganz unbedeutend« sei. Dem Gutachter mögen vielleicht vergleichsweise KZ-Aufenthalte und ähnliche Stätten des Grauens vorgeschwebt haben. Bei A. waren es nicht derartige Stätten extremer Verfolgungsbelastung, sondern der Umstand, daß er in Essen, Holland und England in eine Atmosphäre der Angst eingeschlossen war, seine Spontaneität aufgeben mußte, in den sprachfremden Ländern keine emotionelle Sicherheit fand und durch den Verlust des Vaters in starke Abhängigkeit von dem einzigen Menschen, der ihm noch als seelische Stütze verblieben war – der Mutter – geriet. In psychodynamischer Sicht muß die Ehescheidung, die als solche ebenfalls durch die Rassenverfolgung verursacht wurde, und der dadurch entstandene Verlust des Vaters als ein belangvoller Faktor gewertet werden, da der Knabe A. hierdurch das positive Leitbild für eine gerade während jener Altersspanne (7. bis 12. Jahr) maßgebliche maskuline Identifikation mit dem Vater verlor. Wie intensiv dieser Verlust auch in der Folgezeit auf ihn wirkte, wird u. a. daraus erkenntlich, daß er sich als Adoleszent sehr bemühte, ein Musiker – wie der Vater – zu werden, z. T. wohl auf Grund vorhandener Begabung, z. T. jedoch auch aus vergeblichem Bestreben nach maskuliner Identifizierung mit dem maskulinen Leitbild, nämlich dem Vater.

Hand in Hand mit den positiven, obschon frustranen Identifizierungsbestrebungen mit dem Vater gehen starke negative und feindselige, jedoch verdrängte Gefühlstendenzen gegen ihn, auf die u. a. ebenfalls im psychologischen Bericht verwiesen wurde. Von Interesse sind mit Hinblick hierauf die neueren Studien an der Universität von Washington über Schul- und Lernschwierigkeiten im Kindes- und Jugendalter. Die Befunde sind hier eindeutig und besagen: »Pathologically repressed hostility blocks the learning process in the child – pathologisch verdrängte Feindseligkeit blockiert den Lernprozeß im Kinde« (L. V. Rabkin, in »Exceptional Child«, 1965, 32:1–3).

Auf meine Fragen betreffs dieser Lernschwierigkeiten und des Aufgebens seiner Musikerlaufbahn antwortet A.: »I never could finish anything – ich konnte niemals etwas zu Ende führen.« Erikson, Prof. der Psychiatrie an der Harvard Universität, spricht in diesem Zusammenhang ebenfalls von den Folgeerscheinungen gestörter feindlicher Identitätsbeziehungen und führt diese spezifisch auf eine meist traumatische Entwicklungsstörung in der zweiten Hälfte des ersten Lebensjahrzehnts zurück, mithin auf eine Entwicklungsstörung innerhalb jener Zeitspanne, in der das noch unfertige Ich-Gefüge des jugendlichen A. unter die direkten, traumatischen Einwirkungen der Verfolgung kam. Auch sein späterer Armeedienst zeigt dieses »Unfertige«. Er wurde mehrmals vom Armeedienst zurückgewiesen, und als er schließlich eingezogen wurde, war er »on limited service« – »für beschränkten Dienst« nur verwendbar und tat, wie er aussagt, hauptsächlich Dienst bei der Postsortierung, Postablieferung u. dergl.

Man könnte eventuell den Einwand erheben, daß ja sehr

vielen Knaben der Vater, der etwa zum Kriegsdienst eingezogen wurde, in gleicher Weise auf Jahre hinaus und nicht selten auch für immer genommen wurde. Gewöhnlich ist jedoch unter solchen Umständen die psychologische Situation durchaus andersgeartet: Der zum Kriegsdienst eingezogene Vater wird in den Augen des jugendlichen Sohnes ein großer Held, wie er ja auch für die Umwelt der geachtete und geehrte Vaterlandsverteidiger wird, und wenn er gar mit Orden und Ehrenzeichen aus dem Felde zurückkehrt, so ist seine Stellung als Objekt der Bewunderung gewährleistet. Selbst der im Kriege als Soldat gefallene Vater bleibt dem Sohne als psychisches Erinnerungs- und Leitbild ein Positivum für die späteren maskulinen Identifikationen. Mit dem Verlust des Vaters durch die erzwungene Trennung und Scheidung war eine solche positive Weiterentwicklung im vorliegenden Falle jedoch nicht möglich.

Hinsichtlich schädigender psychischer Einwirkungen im unausgereiften Knabenalter ist die Literatur der letzten Jahre speziell reichhaltig. Nach Prof. W. Villinger (1955) ist vor allem bei Jugendlichen und Heranwachsenden »die volle Berücksichtigung der Umweltbedingungen« für das Verständnis späterer abnormer Verhaltungsweisen unumgänglich. Auf Grund meiner eigenen Beobachtungen sind neben einer von Furcht und Angst durchsetzten Familienatmosphäre das plötzliche und wiederholte Herausgerissenwerden des Kindes aus einem Milieu und sein Herausgestoßenwerden in ein anderes, ihm nicht vertrautes Milieu, das häufige Wechseln »von Ort zu Ort« und die schockartige, selbst zeitlich begrenzte Trennung von der Mutter als pathogene Belastungssituationen im Kindesalter zu werten.

Nach P. H. Bresser (1960) spielen bei Kindern die »ungenügende Ausformung der Persönlichkeit, Hilflosigkeit, starke Anlehnungsbedürftigkeit« usw. eine sehr erhebliche Rolle, und diese »charakteristischen jugendtümlichen Züge« sind bei der Beurteilung der späteren Psychopathologie in besonderem Maße zu berücksichtigen. Mutschler (1956) weist darauf hin, daß im Kindesalter die Entwicklung völlig im Gange ist, und in einer wissenschaftlichen Studie aus der Universitätsnervenklinik der Charité (1960) wird hervorgehoben, daß die »Umwelt eine erhebliche Rolle für die Entstehung und den Verlauf von psychiatrischen Krankheitszuständen spielt«. In dieser Arbeit wird weiter ausgeführt, daß bei sehr jugendlichen Menschen »die Unmöglichkeit, sich sozial zu binden und auszuwirken« zu den oft schwersten Formen von seelischen Dauerverbiegungen führen kann.

Die Tatsache, daß traumatische, insbesonders schockartige Erlebniseinwirkungen als schädigende äußere Faktoren bei der kindlichen Fehlentwicklung ätiologisch eine große Rolle spielen, ist heute allgemein bekannt. Wiederholt rekurrierende Belastungssituationen sind jedoch häufig nicht weniger belangvoll in ihrem prägenden, oft nachhaltig deformierenden Einfluß auf die seelische Struktur eines mitten im Reifungsprozeß stehenden, unausgeformten Knaben. Für die Beurteilung im vorliegenden Falle ist maßgebend, daß A. während seiner Schulkindheit und Vorpubertät beträchtlichen Belastungssituationen unterworfen war, die durch traumatisch bedingte Änderungen der Umwelt und der mitmenschlich-persönlich-familiären Bezüge charakterisiert waren.

Wir verdanken keinem Geringeren als E. Kretzschmer und seiner Schule die Kenntnis über die hohe neurosenpsychologische Bedeutung der Kindes- und Vorpubertätsjahre, womit in psychodynamischer Hinsicht nicht bloß die Zeitspanne der biologischen Kindheitsentwicklung gemeint ist, sondern das ganze, einen weit größeren

Zeitraum umfassende System der psychischen Entwicklung mit Übergang des Kleinkindes aus der Geborgenheit der intimen Familiensphäre in die Position des Pubertierenden und Adoleszenten. Wir wissen heute, daß besonders dieser Lebensabschnitt von grundlegender Bedeutung für die Formung (in ungünstigen Fällen: Verformung) der Gesamtpersönlichkeit ist. Nun fallen gerade in diesen Lebensabschnitt die traumatisierenden Ereignisse und deren Nachwirkungen, denen A. ausgesetzt war.

Mit Bezug auf die sog. Anlagebedingtheit, die im Gutachten des Herrn Dr. W. ohne irgendwelche Begründung angeführt wird, muß auf die Schwierigkeit, ja Unmöglichkeit hingewiesen werden, eventuell mitbeteiligte konstitutionelle Faktoren ätiologisch zu beurteilen, da der Anteil eines möglicherweise mitwirkenden Anlagefaktors in wissenschaftlicher Sicht kaum zu erfassen und die Annahme Dr. W.s eine rein mutmaßliche ist. Die traumatischen Vorgänge in der Kindheitsentwicklung des A. sind uns im Großen und Ganzen hinreichend bekannt; seine individuelle Anlage ist uns, wie bei allen derartigen Fällen, immer noch terra incognita. Falls man allenfalls eine morbide Veranlagung annehmen würde, so müßte man speziell die traumatischen Erlebnisse mit besonderem Nachdruck in Betracht ziehen. Denn es ist als unumgänglich anzusehen, daß eine traumatisierende Situation einen eventuell vorher schon morbid veranlagten Menschen im Kindesalter naturgemäß erheblich schwerer, schneller und nachhaltiger schädigen wird als einen nicht dergestalt veranlagten Knaben. Der destruktive Einfluß der traumatischen Erlebnisse wird notwendigerweise um so größer sein, wenn diese Erlebnisse von einem überempfindlichen, konstitutionsschwachen oder in sonstiger Weise prämorbiden oder prädisponierten Kind erlitten werden, das naturgemäß auf Grund seiner Veranlagung des elterlichen Schutzes und besonderer Sorgfalt in Erziehung, Geborgensein im Heim usw. bedarf. Bei solchen Kindern wirkt sich vor allem »the precipitous change of environment – die sturzweise Änderung des Milieus« als hochpathogener Faktor aus, wie ich dies in meinen wissenschaftlichen Arbeiten (Journal of Hillside Hospital, 1961; Journal of Nervous and Mental Disease, 1964; Psyche, 1965) dargetan habe und wie dies von anderen Autoren ebenfalls gefunden wurde.

Hier muß der objektive Gutachter auf die klarstellenden Entscheidungen des BGH zurückgreifen und das psychiatrische Zustandsbild einer im Kindesalter im Zusammenhang mit der Verfolgung zustande gekommenen oder begonnenen Entwicklungsstörung als ein mit Wahrscheinlichkeit verfolgungsbedingtes Leiden im Sinne der wesentlichen Mitverursachung bzw. richtunggebenden Verschlimmerung diagnostizieren. Auch die scheinbar kurze Zeitdauer der Verfolgung ist eben nur eine scheinbare, denn bei eingehender Prüfung ergibt sich, daß faktisch der größere Teil der Kindheitsjahre unter dem Einfluß des wachsenden Verfolgungsdruckes und zunehmender verfolgungsbedingter familiärer Spannungen durchlebt wurden, die sich dann i. J. 1938/39 zu akuten konkreten Verfolgungsereignissen verdichteten und sich im zweiten und dritten Einwandelungsland im Sinne einer verfolgungsbedingten Entwurzelung jahrelang fortsetzten.

Zusammenfassend ist festzustellen, daß bei A. unabweisbare Anzeichen einer *psychischen Fehlentwicklung im Kindesalter* gegeben sind, die sich in weitgehender Abhängigkeit und mangelnder emotioneller Ausreifung mit neurotischer Symptomatik, herabgesetzter Leistungskapazität (»underachiever«) und multiplen nervösen Erscheinungen manifestiert. Auf Grund wiederholter psychiatrischer und psychologischer Untersuchungen ergibt sich, daß ein nicht unerheblicher Anteil des Zustandsbildes als verfolgungsbedingt im Sinne der wesentlichen Mitverursachung bzw. richtunggebenden Verschlimmerung anzusehen ist. Ich betrachte den verfolgungsbedingten Anteil an der vorhandenen seelischen Entwicklungsstörung und an dem damit einhergehenden Beschwerdebild als einen persönlichkeitsbeeinträchtigenden Faktor, der die Funktions- und Leistungsfähigkeit des A. nachhaltig ungünstig beeinflußt, und schätze die hierdurch entstandene verfolgungsbedingte MdE [Minderung der Erwerbsfähigkeit] auf durchschnittlich 30%.

Frau J.
(Obergutachten vom 5. Juli 1966)

Aktenlage und Vorgeschichte

Das mir durch das Generalkonsulat übermittelte Aktenmaterial enthält die folgenden ärztlichen Gutachten und Meinungsäußerungen, die hier gemäß Sachinhalt und Beurteilung kurz und auszugsweise wiedergegeben seien:

1. Nervenfachärztliches Gutachten des Herrn Prof. Dr. S. vom 27. Juli 1960, worin ausgeführt wird, »daß es sich hier um eine gemischte Neurose handelt, die *nicht verfolgungsbedingt* ist«. In dem dieser Beurteilung vorausgehenden Text findet es der genannte Gutachter »schwer, die Form ihrer Neurose in eine der üblichen Diagnosen einzureihen«, und führt weiter aus, daß man mit Sicht auf »die Zeichen einer reaktiven Depression . . . eigentlich von einer normalen depressiven Reaktion mehr als von einer krankhaften reaktiven Depression sprechen sollte«. Im gleichen Zusammenhang wird seitens dieses Gutachters ausgeführt: »Es sind Züge einer leichten Angstneurose vorhanden mit Angst um das Ergehen der Kinder. Weiterhin bestehen Züge von leichter reaktiver Depression mit Gedanken an die Vergangenheit und den Verlust ihrer Familie, begleitet von entsprechenden Träumen . . . (daß jedoch) die jetzigen nervösen Beschwerden die Reaktion einer entsprechend veranlagten Person auf augenblickliche Umstände darstellen und nicht eine Folge der Verfolgungsmaßnahmen selbst (sind).«

2. Vertrauensärztliches Gutachten des Herrn Dr. W. vom 9. Okt. 1960, das im nervenärztlichen Bereiche die

von Herrn Prof. Dr. S. gestellte Diagnose in toto übernimmt. Herr Dr. W. führt aus: »Die Erlebnisse der Untersuchten gingen mit Ereignissen von Schrecken und Erregungen einher. Die damit im Zusammenhang stehenden vorübergehenden Depressionen sind natürlich . . . Sie bringen gelegentlich Störungen des Vegetativum mit sich, die jedoch bei Freisein von diesen Depressionen ausgeglichen sind . . . Meßbare Erwerbsbeschränkungen bestehen nicht«.

3. Ärztliches Attest des Herrn Dr. B. vom 24. Januar 1960, das bescheinigt, daß Frau J. seit dem Juli 1946 bei ihm in Behandlung steht und daß sie an einer »schweren nervösen Störung« (severe nerve disturbance) mit starken Kopfschmerzen, Depressionszuständen, Schreikrämpfen, Schlaflosigkeit und gastrointestinalen Beschwerden mit Erbrechen und Nausea leidet. Dieser Arzt führt ihren krankhaften Zustand auf die Verfolgung zurück.

4. Röntgenbericht des Radiologen Dr. B. vom 22. Juli 1960, worin keine Pathologie am Magen-Darmkanal nachgewiesen wird, worin jedoch Veränderungen an der Wirbelsäule im Sinne einer Spondylarthrose und eine mäßige rechtsseitige Skoliose der oberen dorsalen Wirbelsäulengegend, ferner Muskelspasmen im Bereiche der Halswirbelsäule gefunden werden.

5. Gutachten des Herrn Dr. W. vom 24. Januar 1962, wonach bei Frau J. »eine Affektstörung einer jugendlich Inhaftierten, die als verfolgungsbedingter Dauerschaden anzusprechen« ist, besteht und wofür eine noch immer 30%ige MdE angenommen wird.

6. Psychiatrisch-neurologisches Obergutachten des Herrn Priv. Doz. Dr. K. vom 10. Sept. 1963, das einen leib-seelischen Erschöpfungszustand, verfolgungsbedingt im Sinne der Entstehung, bei Frau J. begutachtet, welcher für die Zeit bis Ablauf des Jahres 1945

eine verfolgungsbedingte MdE von 60%, bis Ablauf des Jahres 1946 eine solche von 40%, bis Ablauf des Jahres 1948 eine solche von 30% bedingt. Ab 1. 1. 1949 bestand weiter »eine mäßig stark ausgeprägte ängstliche Fehlhaltung, welche ebenfalls im Sinne der Entstehung durch Verfolgungsbelastungen verursacht wurde. Die durch das letztgenannte Leiden bedingte verfolgungsabhängige Erwerbsminderung liegt unter 25%«.

7. Zusätzliche Gutachten des Herrn Dr. W. vom 25. Nov. 1963, worin zu den verschiedenen Vorgutachten Stellung genommen und an der ursprünglichen Beurteilung in toto festgehalten wird.

Die im Mai 1923 in Opatow (Polen) geborene Frau J. ist vom September 1939 bis Mai 1945, d. h. von der im Jahre 1939 erfolgten Besetzung durch die Deutschen bis zu ihrer Befreiung i. J. 1945 durch die Russen, einem insgesamt nicht ganz sechsjährigen Verfolgungsdruck ausgesetzt gewesen. Während dieser Zeitspanne ist sie durch eine Reihe von Verfolgungsstätten – zunächst Ghetto in Opatow bis 1942, danach Zwangsarbeit im Lager (ZAL und KZ?) Czenstochau, letzteres bis zum Winter 1944/45, danach Zwangsarbeit in einem Munitionsbetrieb in Leipzig, dazwischen mörderische Fußmärsche, denen viele ihrer Mithäftlinge erlagen – und den damit verbundenen Strapazen und Unbilden gegangen.

Sie war beim Einsetzen der Verfolgung ca. 16 Jahre und 3 Monate alt und hatte bei der Befreiung gerade das Alter von 22 Jahren erreicht, ist demnach von der Mitte ihrer Adoleszenz an bis zu deren Ende und in ihr beginnendes Erwachsenenalter hinein dauernd der Rassenverfolgung und ihren Härten (nebst Lebensgefahren) ausgesetzt gewesen.

Sie hat während dieser Zeit im Zuge der nationalsozialistischen Gewaltmaßnahmen einen totalen Familienverlust erlitten. Die Eltern und ihre zwei Geschwister – sie ist die älteste unter ursprünglich drei Geschwistern – wurden bei einer der bereits 1941 durchgeführten Judenrazzien auf der Straße vor ihren Augen erschossen, und sie mußte zusammen mit anderen Überlebenden die Leichen der Getöteten einsammeln.

Sie hat durch die Verfolgung nicht nur ihre engere Familie eingebüßt, sondern ihren gesamten Familienkreis, der nach meinen zusätzlich bei der Untersuchung vorgenommenen anamnestischen Erhebungen mit ihren Großeltern (die damals noch lebten), Onkeln, Tanten, deren Kindern und anderen nahen Angehörigen einen Personenkreis von mehr als 60 Personen umfaßte, verloren. Sie ist die einzige Überlebende dieses ganzen Familienkreises.

Sie gibt an, vor der Verfolgung niemals ernstlich krank gewesen zu sein, die Volksschule regelmäßig und störungslos besucht zu haben und im elterlichen Geschäft und Haushalt aktiv mitgeholfen zu haben. Sie berichtete, daß der Vater als Inhaber eines gutgehenden Geschäftes und Talmudgelehrter – die Familie gehörte gemäß ihren Angaben einer traditionsgetreuen, streng religiös ausgerichteten jüdischen Gemeinde an – das Geschäft am Samstag und den sonstigen jüdischen Feiertagen geschlossen hielt und daß er einer der »Honoratioren« ihres Heimatorts war. Die Eltern sprachen polnisch, französisch, russisch und deutsch, und die Leute des Ortes kamen zu ihnen, wenn sie Briefe aus dem Ausland erhielten, Rat benötigten, Übersetzungen zu machen hatten etc. Frau J. als die älteste Tochter kümmerte sich indessen um die Kinder, die jünger waren als sie und denen sie bei den Schularbeiten, Verrichtungen usw. half.

Sie hat gemäß ihren glaubhaften Angaben den Verlust

der Eltern und jüngeren Geschwister niemals überwinden können, und obgleich sie weiß, daß von den ca. 6000 damals in Opatow ansässigen Juden nur eine sehr kleine Zahl am Leben geblieben ist, kann sie nicht über den Verlust ihrer Familie hinwegkommen.
Sie selbst wurde von den Verfolgern als zur Arbeit tauglich befunden und hat Mißhandlungen, Hunger, Schwerarbeit und nach ihren Angaben auch einen Typhus überstanden, den sie in Czenstochau i. J. 1943 oder 1944 hatte – sie weiß das Jahr nicht genau anzugeben, worauf ich noch bei der Mitteilung meiner Untersuchungsbefunde zurückkommen werde.
Sie verneint Erbkrankheiten, konstitutionelle Krankheits- oder Schwächezustände und Nervenleiden in der Familie und betont im Gegenteil das Stetige, Selbstbewußte und Selbstsichere in ihrer Familie und bei sich selbst, eine Selbstsicherheit und aufrechte Haltung, die nach ihrer Schilderung den Eltern das Leben kostete, da sie sich weigerten mitzugehen, als die Juden auf dem Sammelplatz wie Vieh zusammengetrieben wurden und dann zusammen mit den Kindern und anderen Juden kaltblütig niedergeschossen wurden.

Untersuchungsergebnisse

Schon beim Eintreten in das Konsultationszimmer fällt auf, daß Frau J. ihrer äußeren Erscheinung nach eher dem nordischen oder arischen Typus ähnelt als dem sog. jüdischen. Sie ist blond, blauäugig, mehr als mittelgroß, von etwas grobknochigem, äußerlich robust und kräftig wirkendem Körperbau, hell-häutig und breit-schultrig, und es ist nicht von der Hand zu weisen, daß ihr dieser von Haus aus konstitutionell robuste Körperbau und ihre arische Erscheinungsart zur Zeit der Rassenverfolgung möglicherweise physisch zustatten kamen, die körperlichen Belastungen und Härten der Verfolgung überhaupt zu überstehen. Das phänomenologisch scheinbar Robuste mag bis zu einem gewissen Grade auch dazu beitragen, einen oberflächlichen Beobachter über das tiefere, hauptsächlich im Affektleben der Frau J. wurzelnde Gestörtsein mehr oder weniger hinwegsehen zu lassen und im rein Phänomenologischen haften zu bleiben.

Denn bei der psychiatrischen Exploration treten die seelische Unausgeglichenheit, Ängstlichkeit, Unruhe, Schreckhaftigkeit und der labile, gespannte, zumeist bedrückte und depressiv getönte Gemütszustand sehr bald zutage. Die jetzt 43-jährige Frau macht einen jüngeren, fast kindlichen, zeitweise nahezu hilf- und mutlosen Gesamteindruck. Sie ist in ihrem Verhalten ausgesprochen gespannt, ängstlich und unruhig, ungelenk, scheu und verstimmt. Die Gemütslage schwankt zwischen subdepressiv-verzagt und ängstlich-unruhig. Sie zeigt deutliche Anzeichen dessen, was in der hiesigen Psychiatrie als »anxious expectancy« (ängstliche Erwartungsvorstellungen) bezeichnet wird: Bei der Untersuchung am 1. Juli sprach sie in furchtsamer Weise von dem kommenden 4. Juli, dem amerikanischen Unabhängigkeitsfeiertag, an dem im Laufe der Festlichkeiten gewohnheitsmäßig Feuerwerk und Böllerschüsse in der Stadt losgelassen werden. Sie fürchtete sich schon mehrere Tage vorher vor diesen »shootings« – Schießereien, wie sie es nannte –, die sie nicht aushalten könne, da sie bei allen Geräuschen schreckhaft werde und sie nicht vertragen könne. Sie erkennt diese populären Feuerwerksgeräusche rational als harmlos und fürchtet sich doch so sehr vor ihnen, daß sie sich am liebsten verkriechen wolle und alle Fenster und Türen an diesem Festtag verschließen werde. (Es ist daran zu erinnern, daß ihre

Eltern in ihrem Beisein durch Gewehrschüsse getötet wurden. Obwohl dies vor nahezu 25 Jahren geschah, ist das subjektive Erleben jenes Mordes psychodynamisch noch so intensiv nach- und fortwirkend, daß es als kaum veränderter und psychisch fast gänzlich unverarbeiteter Erlebnisinhalt seelisch fixiert geblieben ist.) Dem entspricht ihre glaubhafte Schilderung, daß sie ihre Kinder zu Hause nicht laut sprechen läßt und vor Angst zu zittern und schluchzen beginnt, wenn ihre Kinder – heute 19 und 15 Jahre alt – sich gelegentlich beim Heimkommen verspäten. Sie wird dann ganz erregt und verstört, schreit die Kinder an, schlägt auf sie ein und ist tief beschämt, daß sie sich nicht beherrschen kann und bittet dann ihre Kinder verschämt um Verzeihung. Sie fürchtet sich vor Polizisten und uniformierten Menschen auf der Straße, erschrickt bei jedem stärkeren Laut draußen und bleibt am liebsten bei sich zu Hause.

Sie anerkennt auch dies alles als irrationales Verhalten ihrerseits, »but cannot help it« – es stellt sich zwangsläufig gegen ihren Willen bei ihr ein. Ebenso zwangsläufig ist ihr Brüten und häufiges Weinen tagsüber. Sie denke täglich über die Vergangenheit nach und kommt nicht von dem Gedanken los, daß sie vielleicht doch nicht alles getan habe, um ihren Bruder zu retten. Als älteste der Geschwister hätte sie die Pflicht gehabt, wenigstens das eine ihrer Geschwister zu retten, wenigstens den jungen Bruder, aber sie habe nur sich retten können. Das verursache ihr den tiefsten Schmerz. Es sei im Winter gewesen, als man die Eltern und Geschwister ums Leben gebracht habe, und jedes Mal, wenn jetzt der Winter käme, dann sei es besonders schlecht um sie bestellt, in jedem Winter. Dann verstärkten sich ihre Beschwerden und sie weine dann tage- und wochenlang, werde schwindlig und hinfällig und gehe für lange Zeiten überhaupt nicht aus dem Hause, außer zu stundenweisen Arbeiten.

Was das sonstige Symptomen- und Beschwerdebild betrifft, so klagt sie über Kopfschmerzen, Rückenschmerzen, Magenbeschwerden und Magen-Darmkrämpfe, die unabhängig von den Mahlzeiten auftreten, Müdigkeit, Schwäche, Erregtheit, Ruhelosigkeit und allgemeine Nervosität. Sie hat noch heute gelegentlich Angst- und Alpträume, aus denen sie in Schrecken und schweißgebadet erwache, auch oft danach längere Zeit nicht wisse, ob sie sich hier in Amerika oder »dort« in den Stätten der Verfolgung befände. In der Nacht nach meiner ersten Untersuchung – berichtet sie unter Tränen während der zweiten Exploration – habe sie wieder einen solchen Angsttraum gehabt, in dem sie sich von Leichen umgeben sah und dann von Uniformierten gejagt und gehetzt wurde. Sie wachte in Terror und im Glauben, daß sie wieder im Lager sei, aus dem Alp auf, und ihr Ehemann mußte sie in der Wohnung an der Hand herumführen, um ihr zu zeigen, daß sie nicht in Czenstochau oder Leipzig, sondern in Amerika sei. Sie habe oft Anfälle von Herzklopfen und Herzjagen und sei daher noch immer in ärztlicher Behandlung. Der Arzt verschreibe ihr »tranquillizers«, die etwas helfen, aber nach einiger Zeit ihre Wirkung verlieren.

Alles dies kommt schnell, stoßhaft, gewissermaßen jagend und sehr erregt aus ihr heraus, oft von verhaltenem Schluchzen und Weinen unterbrochen. Man kann sie auch zeitweilig ablenken und sogar gelegentlich zu einem kurzen Lächeln bringen, das inmitten des grausigen Schilderns der Ereignisse wie ein kindlich abbittendes, verstörtes Suchen nach Hilfe und Verstehen aussieht und die affektgestörte Gemütslage besonders scharf, ja in grotesker Weise enthüllt. Die seelische Unausgeglichenheit kam darin ebenso prägnant zum Ausdruck wie in ihrem häufigen Weinen, das sich mitunter minutenlang beim Aufkommen affektbesetzter Erlebnisse einstellte, in ihren überschnell hingeworfenen Sätzen und zuweilen lallenden Worten, gefolgt von betretenem Schweigen und ängstlich-scheuem Zuwarten, das nicht selten wie das Verhalten eines erschrockenen Kindes anmutete, das um Vergebung für seine Sünden bittet. Aus diesem Verhalten und auch aus den Äußerungen über ihr eigenes Am-Leben-Bleiben, während die anderen zugrunde gingen, muß in erlebnisdynamischer Sicht auf das Vorhandensein schwerer innerer Schuldgefühle (»Überlebensschuld«) geschlossen werden.

Im intellektuellen Bereiche finden sich keine gröberen Störungen mit Ausnahme des erwartungsgemäßen Wissens- und Lerndefizits, welches bei einem im Adoleszentenalter für 6 Jahre aus dem normalen Entwicklungs- und Erziehungsgang herausgerissenen Mädchen zu erwarten ist. Dagegen zeigte sich bei der psychiatrischen Exploration eine erhebliche Störung des Zeitsinnes. Sie wußte nicht genau anzugeben, ob sie i. J. 1943 oder 1944 an Typhus erkrankt gewesen ist. Sie kam zu der ersten Untersuchung im Juni mit fast halbstündiger Verspätung und konnte nicht erklären, wie dies zustande kam. Auf Befragen sagte sie hierzu, daß sie seit der Befreiung schon immer viel »trouble« mit der Zeit-Wahrnehmung habe. Als plastisches Beispiel erwähnte sie: »Wenn ich ein Ei für 3 Minuten koche, weiß ich danach nicht, ob ich es 3 Minuten oder 3 Stunden lang gekocht habe.« Zur zweiten Untersuchung kam sie zwar zur richtigen Zeit, irrte jedoch nach Beendigung der Untersuchung und nach ihrem Weggehen – ich ließ sie durch meine Sprechstundenhilfe, von der Patientin unbemerkt, noch weiter beobachten – längere Zeit weinend im Hauseingang und auf der Straße umher, als ob sie wenigstens zeitweilig den Zeit- und Ortssinn verloren hätte und wie benommen wäre. Ich habe diese Erscheinung des öfteren bei Überlebenden der Rassenverfolgung klinisch beobachtet und sie in meiner Arbeit als eine permanente Störung des Ich-Gefüges (s. »Psychiatric Disorders among Persecution Victims«, Journal of Nervous and Mental Disease, 1964 No. 5) wissenschaftlich beschrieben. Auch diese Störung bei Frau J. ist als eine Teilerscheinung der bei ihr gegebenen Verfolgungspathologie im seelisch-nervösen Bereiche, insbesondere ihres gestörten Affektlebens, anzusehen.

Eine in den gleichen Formenkreis gehörige Störung ergab sich bei der Exploration ihres Sexuallebens. Sie beschreibt ihre Ehe als eine harmonische und ihren Ehemann als gut. Es ist ihr jedoch unmöglich, das Geschlechtsleben zu genießen. Sie wird bei der diesbezüglichen Befragung noch tiefer deprimiert und sagt unter Tränen und in starker Verschämung flüsternd, daß sie nur ganz selten etwas beim Geschlechtsverkehr empfinde, da sie nichts empfinden dürfe, wenn doch ihre Familie umgekommen und sie am Leben geblieben sei. Es sei unrecht, nach all dem Geschehenen Lebens- oder Geschlechtsgenuß zu haben. Auch hierin wird demnach die beträchtliche Beeinflussung des Affektlebens und die restriktive Verunsicherung der mitmenschlichen Beziehungen in der intim-persönlichen Gefühlssphäre deutlich.

Die neurologische Untersuchung ergab lokale Muskelspasmen in der Rückenmuskulatur, vor allem in der Zervicalgegend und oberen Dorsalregion. Es zeigte sich Gesichtsröte abwechselnd mit Blässe, Schwitzen am ganzen Körper und Feuchtwerden der Handflächen bei beiden Untersuchungen. Die Sehnenreflexe waren seitengleich und lebhaft, die Hautschrift von großer Intensität mit lange anhaltender Nachrötung und flächenhaft sich ausdehnender Verbreiterung nach allen Seiten. Die Pulsrate war durchwegs beschleunigt, 88–98 im Durchschnitt, stieg jedoch beim Anschneiden von affektbesetzten Themen – Verfolgungserlebnissen, schreckhaften Erinnerungen, hypermnestisch festgehaltenen Schreckbildern der Verfolgungszeit – auf 120 bis 124. Die Zunge war stark belegt. Keine sonstigen Abweichungen von der Norm. Keine psychotischen Anzeichen und keine Anhaltspunkte für organische Veränderungen des Zentralnervensystems.

Von Belang sind schließlich die von mir eruierten Versuche der Frau J., sich ein persönliches und berufliches Vorwärtskommen nach ihrer Einwanderung in die USA zu gestalten. Da sie einer wohlsituierten Kaufmannsfamilie entstammt, versuchte sie gemäß ihrer glaubwürdigen Schilderung »at first to learn a trade in America« – zunächst eine Berufslaufbahn einzuschlagen – und sie wollte sich als Sekretärin ausbilden, um ihr Einkommen in einer Handels- oder Geschäftsfirma zu finden. Dies mißlang ihr, da sie zum Erlernen eines richtigen Berufs weder die Ruhe noch die Konzentrationsfähigkeit und innere Sicherheit aufbringen konnte. Sie arbeitete dann einige Monate in einer Kleiderfabrik als Näherin und mußte auch dies nach relativ kurzer Zeit wieder aufgeben. Jahre hindurch konnte sie nichts tun, als mit Mühe ihren Haushalt versorgen. Zur Zeit arbeitet sie wieder »part time«, d. h. 3-4 Stunden täglich, in einer ihrer Wohnung nahegelegenen Fabrik als Näherin und sagt, daß sie dies nur tun kann, weil ihre Arbeitsstätte ganz nahe ihrer Wohngegend ist. Sie fürchtet sich noch immer vor »crowds« – Menschenanhäufungen – und vor Fortsein vom Hause. Menschenanhäufungen erwecken in ihr angsterfüllte Vorstellungen des Judensammelplatzes, wo ihre Eltern erschossen wurden, und anderer Verfolgungsereignisse.

Psychiatrische Diagnose

Auf Grund wiederholter persönlicher Untersuchung der Klägerin und eingehender diagnostischer wie differential-diagnostischer Erwägungen komme ich zu dem Schlusse, daß bei Frau J. im seelisch-nervösen Bereiche eine chronische Affektstörung erheblichen Grades, *verfolgungsbedingt im Sinne der Entstehung* und mit depressiven, psychosomatischen und sonstigen nervösen Manifestationen einhergehend, gegeben ist.
Diese chronische Affektstörung ist als ein durch die Verfolgung zustandegekommener psychischer Dauerschaden zu betrachten. Sie bewirkt auf seelisch-nervösem Gebiete seit der Befreiung weiterlaufend eine verfolgungsbedingte MdE von mindestens 35% durchschnittlich.

Beurteilung

Die seelische Unausgeglichenheit mit ihren typischen vegetativen Begleiterscheinungen, das Beschwerdebild und dessen im Verfolgungsgeschehen weitgehend fixierte Thematik, die ängstlich-nervöse, subdepressiv bis depressiv getönte Symptomatik und das gesamte psychiatrische Zustandsbild, das sich hauptsächlich in der gestörten Affektivität der Klägerin manifestiert, sind unter Berücksichtigung der Vor- und Verfolgungsgeschichte als psychoreaktive, mit überwiegender Wahrscheinlichkeit irreversible Folgeerscheinungen der traumatischen Verfolgungserlebnisse aufzufassen. Es ist wenig wahrscheinlich, daß eine derart affektgestörte, etwa schon von Haus aus anbrüchige oder nervös geschwächte Persönlichkeit eine nahezu sechsjährige Verfolgungsdauer hätte überleben können. Allein die persönliche Durchstehung eines belastenden Verfolgungsschicksals, das für Frau J. jahrelange Bedrohungen ihres eigenen Lebens, die Zerstörung des gesamten Familiengefüges, den Verfolgungstod von Eltern und Geschwistern vor ihren Augen einschloß und sie zur einzigen Überlebenden ihrer ganzen Familiensippe machte – das Überstehen derartiger Belastungen allein auf seelischem Gebiete, von den hinzukommenden körperlichen Belastungen (Hunger, Zwangsarbeit, Typhus etc.) ganz zu schweigen –, spricht für das ursprüngliche Vorhandensein einer robusten, psychisch und physisch intakten Konstitution, wie bereits bei der Beschreibung des Phänotypus im Abschnitt II dieses Gutachtens kurz dargetan. Damit fällt der beispielsweise von Herrn Med. Rat Dr. L. angeführte Faktor der Persönlichkeitsbedingtheit versus Verfolgungsbedingtheit aus dem Kreise seriöser wissenschaftlicher Erwägungen hinsichtlich der Pathogenese des heutigen psychiatrischen Zustandsbildes fort. Angesichts der Härte und Dauer des Verfolgungsschicksals kommt es in psychodynamischer Sicht, etwa für die seelischen Nachwirkungen des unmittelbar miterlebten Verfolgungstodes von Eltern und Geschwistern, auch kaum so sehr darauf an, ob dieses oder jenes Lager ein KZ oder ZAL gewesen ist, obwohl dies in rein juristischem Sinne natürlich seine unterscheidende Bedeutung dem Wortlaut des Schlußgesetzes gemäß haben mag.

In differential-diagnostischer Hinsicht muß in der Tat mit Beziehung auf das jugendliche Alter an eine seelische Fehlentwicklung und bleibende Persönlichkeitsverformung im Gefolge der Verfolgung gedacht werden. Wenn auch gewisse unausgereifte und jugendtümliche Züge, z. B. das Kindlich-Scheue und Ängstliche, bei ihr bis zu einem gewissen Grade für eine solche Annahme sprechen mögen, d. h. für eine im empfindsamen Entwicklungsalter eingetretene seelische Entwicklungsstörung mit Entwicklungsrückstand, mangelnder Ausreifung, Verunsicherung der mitmenschlichen Bezüge etc., so scheint doch im psychiatrischen Gesamtbild die chronische Affektstörung zu überwiegen, und da durch die letztere im wesentlichen die Gefühlssphäre, auch durch die mit ihr einhergehenden nervösen, psychosomatischen und vegetativen Erscheinungen, im Sinne einer erlebnisbedingten seelischen Unausgeglichenheit chronisch affiziert wird, so stehe ich nicht an, diese chronische Affektstörung als die wesentliche verfolgungsbedingte Störung auf psychischem Gebiete bei Frau J. zu bezeichnen.

Der Senat hat mir u. a. aufgegeben, zu den in den Akten enthaltenen Vorgutachten Stellung zu nehmen. Wie ersichtlich, stammen die beiden vertrauensärztlichen Gutachten (Dr. W., Prof. Dr. S.) aus dem Jahre 1960, also aus einer Zeit, als manche der in den letzten Jahren in der Verfolgungspathologie gewonnenen Erkenntnisse noch nicht allgemein unter den Vertrauensärzten bekannt geworden waren. Zu einem beträchtlichen Teil orientieren sich diese Begutachtungen fernerhin an einem Schema, das etwa um die Zeit des ersten Weltkriegs Geltung hatte und daher den heutigen Erkenntnissen und Gegebenheiten auf dem Gebiete der Verfolgungspathologie kaum gerecht wird, insbesondere mit Sicht auf die uns hier beschäftigenden Probleme der massiven psychischen Traumatisierung und Erlebnisdynamik. Herr Prof. Dr. S. hat an einer Stelle selbst anerkannt, daß es »schwer (ist), die Form ihrer Neurose in eine der üblichen Diagnosen einzureihen«, hat es jedoch unterlassen, aus dieser an sich richtigen Beobachtung die unabweisbare Schlußfolgerung zu ziehen, daß es sich hier nicht um eine der üblichen im Zivilleben auftretenden Neurosen handelt, sondern eben um etwas Neues, früher nicht Bekanntes bzw. nicht Beachtetes, nämlich um ein typisches psychiatrisches Zustandsbild im Gefolge einer langjährigen seelischen Dauerbelastung durch die Verfolgung. Ich zitiere hierzu aus dem heute maßgeblichen Standardwerk »Psychiatrie der Verfolgten« von v. Baeyer, Häfner u. Kisker (Springer Verlag, 1964):

». . . Dabei wurde es immer deutlicher, daß die in der neuropsychiatrischen Wissenschaft bisher erarbeiteten Beurteilungsmaßstäbe und gutachtlichen Richtlinien nicht voll ausreichten, um *die Entstehungsweise und Tragweite der in diesem Fachgebiete liegenden Gesundheitsschäden der Verfolgten zu erfassen.* Es war hier etwas *Neues* in Erscheinung getreten: *Chronische, äußerst hartnäckige, therapeutisch wenig beeinflußbare Beschwerden*, Leistungsmängel, Veränderungen der sozialen Persönlichkeit, die sich bei fehlendem oder gering ausgeprägtem Organbefund, hirnpathologisch nicht erklärbar, *in biographischer Kontinuität* aus den furchtbaren, leiblich-seelisch-sozialen Schicksalen der Verfolgung *entwickelt haben* und in den wenigsten Fällen den Eindruck einer tendenziösen, übertreibenden, ganz oder halbwegs gewollten Fehleinstellung hinterlassen.«

(Hervorhebungen durch Kursivierung von mir.)

Im vorstehenden Zitat ist der bei Frau J. gegebene psychopathologische und psychogenetische Sachverhalt im Grunde wortgetreu wiedergegeben, woran auch gewisse spekulative und etwas gekünstelt anmutende Ausführungen im vorausgegangenen nervenärztlichen Gutachten, daß man »eigentlich von einer normalen depressiven Reaktion mehr als von einer krankhaften reaktiven Depression sprechen sollte«, leider nichts ändern können. Herr Prof. Dr. S. ist auf die erheblichen Störungen in den mitmenschlichen Bezügen der Frau J., bei seiner Untersuchung erst in der Mitte der dreißiger Jahre stehend, z. B. auf die Störungen in der Sexualsphäre, *überhaupt nicht eingegangen.* Seine apodiktisch abgegebene

Feststellung, daß »dic jetzigen nervösen Beschwerden die Reaktion einer entsprechend veranlagten Person auf augenblickliche Umstände darstellen und nicht eine Folge der Verfolgungsmaßnahmen selbst« seien, ist im Lichte der modernen Verfolgungspathologie und Verfolgungspsychiatrie als *wissenschaftlich unhaltbar* zu bezeichnen.

Die an sich wissenschaftlich durchgeführte Begutachtung des Herrn Priv. Doz. Dr. K. ist ausschließlich auf Grund der Akten vorgenommen worden und stützt sich im wesentlichen auf die Ausführungen des Herrn Prof. S., wozu bereits umstehend und auch bereits in den beiden Gutachten des Herrn Dr. W. das Notwendige gesagt wurde. Herr Prof. Dr. von Baeyer hat bereits i. J. 1958 mit Nachdruck auf die Notwendigkeit von persönlichen Untersuchungen bei Begutachtungen von ehemals Verfolgten hingewiesen, um den kommunikativen Eindruck der Echtheit und elementaren Betroffenheit zu bekommen und sich nicht durch Urteile vom »grünen Tisch aus« irreführen zu lassen (Deutsche Med. Woch. 1958 No. 52). Dies gilt vor allem bei seelischen Störungen, die »tiefer im leiblich-seelisch-sozialen Personganzen wurzeln als dies bei tendenzneurotischen Verhaltungsweisen der Fall ist (und) auch physiognomisch echter, elementarer sind als diese« (von Baeyer in »Der Nervenarzt«, 1961 H. 12). Da der hier beschriebene Sachverhalt wiederum auf den bei Frau J. gegebenen zutrifft, kann dem Akten-Obergutachten des Herrn Dr. K. keine ausschlaggebende praktische Bedeutung in der Beurteilung dieses Verfolgungsschadens zugesprochen werden, zumal er sich selbst zugestandenermaßen auf die Betrachtungsweise von Herrn Prof. Dr. S. beruft.

Herr Y.

(Gutachten vom 22. September 1970)

Vorgeschichte

Y. entstammt gemäß seinen Angaben einer vielköpfigen, in einer polnischen Landgegend angesiedelten jüdischen Familie, die viel mit der Bauernbevölkerung zu tun hatte und selbst z. T. landwirtschaftlich tätig war. Der Vater betrieb einen Obst- und Gemüsehandel, kaufte laut seinen Angaben diese landwirtschaftlichen Produkte bei den Bauern auf und vertrieb sie in dem oben genannten Heimatort sowie in der Umgebung. Y. als ältester Sohn in der Geschwisterreihe half dem Vater von Jugend an bei dieser Tätigkeit und hat sich auch nach Beendigung der regulären Volksschule im väterlichen Geschäft betätigt, das er ausbauen und weiterentwickeln half. Es ging ihnen wirtschaftlich und persönlich gut, und i. J. 1938/39 heiratete er in erster Ehe, aus welcher ein Kind hervorging. (Diese Frau und das Kind sind später im Zuge der nationalsozialistischen Verfolgungsmaßnahmen ums Leben gekommen; ebenso die Eltern und mehrere der Geschwister.) Vorkommen familiärer bzw. konstitutioneller Krankheiten, Schwächezustände, Erbleiden, nervöser Zustände oder sonstiger Abnormitäten in der Aszendenz und im Familienkreis werden verneint. Das frühe Familienleben, Kindheit und Jugend werden als harmonisch geschildert, und er selbst sei früher niemals ernstlich krank gewesen.

Mit der Besetzung Polens i. J. 1939 durch die Deutschen änderte sich die Situation völlig; er wurde ins Ghetto gebracht, wo er bis 1943 verblieb und viel unter Hunger zu leiden gehabt habe. Die Flucht aus dem damals unter Vernichtungsbefehl gestandenen Ghetto sei ihm mit Hilfe eines edlen deutschen Soldaten geglückt, der ihm bei der Auflösung des Ghettos »verschwinde! verschwinde!« zugeflüstert und ihm den rettenden Ausweg aus dem Ghetto heimlich gewiesen habe. Er wurde aber dann später doch erwischt und in das Lager Falenti eingeliefert, wo er mißhandelt worden sei, mit Peitschenhieben und Kolbenschlägen, und wo er, wie er glaubt, auf 90 Pfund oder so abgemagert gewesen sei. Trotzdem sei ihm auch dort die Flucht gelungen, und er sei dann bei einem polnischen Bauern bzw. in dessen Kuh- und Schweinestall ca. 16-18 Monate versteckt gewesen.

Ich bin bei meinen anamnestischen Erhebungen diesen Bezügen im einzelnen nachgegangen und habe zusätzlich zu den in den Akten niedergelegten Vorgängen hierzu noch Folgendes ermitteln können: Er habe diesen Bauern noch von seiner früheren landwirtschaftlichen Beschäftigung gut gekannt und auch gewußt, daß dieser Bauer ein gläubiger Katholik und anständiger Mensch war. Der Bauer habe aber zunächst abgelehnt, mit Hinweis auf die ihm selbst und seiner Familie drohende Gefahr, ihn zu verbergen. Daraufhin habe Y. mit Selbstmord gedroht und sich in Anwesenheit des Bauern mit einem Strick aufhängen wollen. Dies habe den Bauern veranlaßt, für ihn im Stall eine Grube zu graben, die ich mir von ihm genau habe beschreiben lassen. Die Grube sei eine sargähnliche Vertiefung am Rande des Stalles gewesen, in die er sich nur habe hineinlassen können, weil er völlig abgemagert gewesen sei und in der er sich weder bewegen noch herumdrehen habe können. Auf die Grube habe der Bauer Erde und Mist gelegt, mit einigen Luftlöchern versehen und habe ihm nachts – drei oder vier Male wöchentlich – Kartoffel und warme

Suppe gebracht und ihn damit am Leben erhalten. Wenn der Bauer nachts gekommen sei, habe er ihn aus der Grube herausheben müssen, da er – Y. – wegen der Enge der Grube und auch wegen seiner eigenen Körperschwäche hierzu nicht imstande gewesen sei. Das Bedecken der Grube mit Mist und Erde sei notwendig gewesen, da des öfteren fahndende SS-Streifen das Gehöft des Bauern absuchten. In der Nähe desselben sei ein SS-Quartier gewesen, und der Bauer selbst habe eine halbwüchsige Tochter gehabt, auf die wohl manche der jungen SS-Männer es abgesehen haben mochten, da sie öfters auch zu später Stunde auf Besuch gekommen seien. Auch seien die SS-Streifen häufig von Polizeihunden begleitet gewesen, so daß die von Mist und Erde bedeckte Stallgrube gegen den auf Menschengeruch trainierten Entdeckersinn der Hunde ein Schutz gewesen sei. Seine eigene Notdurft habe er auch in der Grube verrichtet, außer an den Nächten, wenn der Bauer kam und ihn aus der Grube heraushob.

Es schien geboten, auf diese Bezüge hier etwas genauer einzugehen als es in den bisherigen anamnestischen, aktenmäßig enthaltenen Berichten zur Vorgeschichte der Fall gewesen ist, da es ja bei der Beurteilung etwaiger psychiatrischer Erscheinungen bzw. Folgezustände u. a. vor allem auf die *Ausgangslage* und deren möglichst vollständige Erfassung ankommt. Die weiteren vorgeschichtlichen Bezüge sind aus den Akten hinreichend bekannt (Befreiung, Schweden, Auswanderung nach den USA usw.). Zur Zeit ist Y. seit einigen Monaten, nachdem er mehrere Jahre hindurch nicht gearbeitet oder auch gelegentlich hausiert hat, als Helfer in einem jüdischen Krankenhaus in Brooklyn (Kingsbrook Jewish Medical Center) beschäftigt, wo er mit Reinigungsarbeiten und Abwaschen von Laboratoriumsgegenständen zu tun hat. Wie ich bei meinen Erhebungen erfuhr, hat er diese Stelle mit Hilfe eines Rabbiners in Brooklyn bekommen; es handelt sich wohl um einen sog. »Rachmonaus«-Job, d. i. eine Arbeitsstelle, auf der man ihn aus Barmherzigkeit und Mitleid hält und ihm etwas zu tun gibt. Nach seiner Angabe bekommt er dort einen Wochenlohn von ca. 40 $, mitunter etwas mehr und mitunter auch weniger, und er sagt, daß die »Herren Doktoren« dort gut zu ihm seien und wenig Arbeit von ihm verlangten.

Untersuchungsbefunde und Beschwerdebild

Y. macht einen in toto recht kümmerlichen, vorgealterten, fast *greisenhaften* Eindruck. Er sieht erheblich älter aus, als es seinem tatsächlichen Alter – 57 Jahre – entsprechen würde, und er bewegt sich, setzt oder erhebt sich bzw. verhält sich im ganzen eher wie ein angegrauter Greis als ein heute noch, chronologisch betrachtet, im mittleren Mannesalter stehendes Individuum. Er ist ein untersetzter, stämmig gebauter Mann, und der äußerlich kräftig wirkende Körperbau steht in eigenartigem Gegensatz zu der unfrohen, verhärmten und vorzeitig vergreisten Gesamterscheinung des Mannes.
Soweit das rein Phänomenologische, das bereits beim Eintreten des Y. in das Konsultationszimmer auffällt und das sich im Fortgang der Untersuchung bzw. Exploration noch weiter verstärkt. Dabei zeigt sich nämlich, daß er zwar höflich ist und sichtlich sich bemüht, auf alle Fragen prompt und klar zu antworten, aber daß ihm dies nicht immer gelingt bzw. daß der unterzeichnende Gutachter – obgleich mit der deutschen, englischen und jüdisch-östlichen Sprachwelt, z. T. auch mit polnischen Ausdrücken wohlvertraut – erhebliche Schwierigkeiten hat, den Y. genau zu verstehen. Er

spricht nämlich nicht nur vorwiegend in einer bedrückt-tonlosen, zeitweilig kaum hörbaren Sprechweise, sondern auch mit einem gelegentlich lallenden oder ächzenden Unterton, der an sich schon das Verzagte und Verstörte im Psychischen des Mannes erkennen läßt, jedoch für den Untersucher das Verstehen der verbalen Äußerungen erschwert. Aus diesem Grunde zog sich die Exploration erheblich in die Länge und die oben berichteten anamnestischen Angaben waren nur schwer und zögernd aus ihm herauszubekommen, d. h. in der hier dargestellten zusammenhängenden Form überhaupt nicht, sondern bruchstückhaft und wenig kohärent mit zunehmender Verstörtheit und sich steigernder Niedergeschlagenheit des Y. Dabei zeigten sich charakteristische, *hypermnestisch* festgehaltene Erinnerungsvorstellungen und Schreckbilder an die Terrorzeit, z. B. die körperlichen Mißhandlungen im Lager Falenti und die erzwungene Immobilität in der Stallgrube, während für andere Erlebnisse jener Zeit – etwa das Dasein im Ghetto – deutliche *Hypomnesien* bestehen mit charakteristisch unscharfen, wenig deutlichen Erinnerungsbildern. So konnte er sich beispielsweise sogar noch an den Rang und Namen eines Hauptscharführers im Lager Falenti erinnern, der ihn mit Peitschenhieben traktiert hatte und der gemäß seiner Angabe Petzold hieß, hochgewachsen und schlank war etc., auch an einen Rottenführer im Lager und den deutschen Soldaten, mit dessen heimlicher Hilfe ihm die Flucht aus dem Ghetto gelang – bei der Schilderung dieser Episode wurden Y. die Augen feucht, und er konnte lange hier überhaupt nicht weitersprechen. Die gleiche Affektgestörtheit trat bei der Exploration seines Lebens in der versteckten Stallgrube zutage, der häufigen Selbstmordgedanken, die er in diesem Schlupfwinkel hatte, des Familienverlusts etc.

Im ganzen überwiegt jedoch eine adynamisch-resignierte Grundhaltung. Die Gemütslage ist subdepressiv-verzagt, unruhig, alternierend apathisch und leicht agitiert. Übertreibungen, tendenziöse oder simulatorische Prozesse wurden nicht beobachtet; vielmehr besteht eine Tendenz zur Affektabwehr mit subjektiven Verkleinerungsstrebungen und primitiven Somatisierungsprozessen, d. i. das Affektgestörte dadurch zu verringern, daß es somatisiert und so »in das Körperinnere« geschlagen wird. Dem entspricht u. a. a. das subjektive Beschwerdebild: Kopf-, Brust- und Gliederschmerzen, Schwindelgefühle, allgemeine Körperschwäche, Müdigkeit, Schmerzen am linken Fuß, Gehschwierigkeiten, Hinfälligkeit, schwere Schlafstörungen. Über die letzteren befragt, berichtet er glaubhaft, daß er dauernd Schlaf- und Beruhigungsmittel einnehme und trotzdem des Nachts keine Ruhe fände. Er wandere in der Wohnung nachts stundenlang umher, und wenn er endlich zu schlafen beginne, schrecke er mit Schreien oder Stöhnen aus dem Schlaf auf und wandere dann wiederum ruhelos herum. Auch stellten sich ihm nachts »Bilder« der umgekommenen Familienangehörigen vor, und er ist sich nicht völlig klar darüber, ob dies im Wachen oder im Traume geschehe. In diesem Zusammenhang sagte er tonlos-resigniert: »Ich hätte nicht am Leben bleiben sollen. Ich hätte damals sterben sollen, wie die Eltern, die Schwestern, die Frau und mein kleines Kind . . .« Über seine jetzige (zweite) Ehe befragt, sagt er, daß sie gut und doch wieder nicht gut sei. Es ergibt sich bei der Exploration ferner, daß er fast völlig isoliert lebt, niemals ins Kino oder Theater geht – er sei zu müde und zu schwach dafür – und auch niemals zu einer Erholungsstätte gehe. Sein in Brooklyn lebender Bruder sei seine ganze »Gesellschaft«, die er pflege. Er lese aber oft die Zeitung und auch gelegentlich ein jüdisches Buch.

Die Intelligenz- und Gedächtnisprüfung ergibt Ausfälle im Konzentrations- und Gedächtnisvermögen im Sinne der bereits erwähnten Hypomnesien, eine gewisse Primitivierung und Einschränkung der Denkprozesse mit erhalten gebliebener Durchschnittsintelligenz und mißtrauisch getönter Lebenseinstellung.
Die neurologische Untersuchung ergab mit Ausnahme eines erhöhten Dermographismus und der bereits beschriebenen sprachlichen Schwierigkeiten keine nennenswerten Abweichungen von der Norm. Es besteht eine allgemeine Muskelschwäche i. S. weitgehender muskulöser Schlaffheit. Ober- und Unterkiefer sind zahnlos, jedoch mit relativ gutsitzenden Prothesen versehen. Das Gesicht ist blaß. Er ist wenig animiert. Grobe psychiatrische Veränderungen i. S. von Wahnideen usw. sind nicht vorhanden.Das Beschwerdebild im seelisch-nervösen Bereiche schließt jedoch eine Reihe weiterer subjektiver Beschwerden und Klagen ein: Depressionen, Gefühle der Unsicherheit und Vereinsamung, mitmenschlicher Kontaktmangel, Unfähigkeit, von den traurigen Erlebnissen und Erinnerungsvorstellungen loszukommen, häufige Magenbeschwerden, allgemeine Freudlosigkeit und Nervosität.
Am linken Fußrücken findet sich lateral eine längere, reizlose Narbe und eine kleinere, ebenfalls reizlose Narbe an der Stirn-Haargrenze rechts. Als Psychiater habe ich von einer eingehenden körperlichen Untersuchung abgesehen und mich auf die Befundaufnahme in meinem Fachgebiete beschränkt; jedoch besteht laut seiner Angabe, die auch akteninhaltlich bestätigt ist, bei Y. auf dem Gebiete der inneren Medizin ein langjähriger Diabetes.

Psychiatrische Beurteilung

Die bei Y. vorgefundenen Veränderungen seelisch-nervöser Art deuten im Zusammenhang mit der Ausgangslage, der Vor- und Verfolgungsgeschichte, der Symptomatik und Chronizität des Zustandsbildes mit großer Wahrscheinlichkeit auf das Bestehen einer chronischen Affektstörung, die mit vegetativen und psychosomatischen Begleiterscheinungen einhergeht, hin. Hierfür spricht vor allem der gesamte Komplex von Beschwerden, Schmerzen, psychischen wie physischen Mißempfindungen, depressiven bzw. subdepressiven Verstimmungen etc., nicht nur wie sie von Y. in glaubhafter Weise subjektiv geschildert wurden, sondern auch in der Art, in welcher sie bei der gründlichen psychiatrischen Untersuchung und Exploration zutage traten. Differential-diagnostisch könnte man mit Sicht auf die vorwiegend depressiv getönte Gemütslage auch an einen chronisch-reaktiven Depressionszustand denken, und in der Tat hat das psychische Zustandsbild viel mit dem von Venzlaff beschriebenen Bild der adynamisch-depressiven Verstimmung gemein. Jedoch möchte ich mich diagnostisch nicht ausschließlich auf das Vorhandensein einer Depression bei Y. beschränken, da im Verlaufe der Untersuchung neben den überwiegend depressiven Gemütserscheinungen auch sonstige Erscheinungen (Unruhe, Unsicherheit, leichte Agitiertheit, deutliche Verstörtheit etc.) zutage traten, d. h. Symptome, die zwar häufig als psychoneurotisch anzusehen sind, aber im Zusammenhang mit dem hier vorhandenen Gesamtbild als Teilerscheinungen einer chronischen Affektstörung aufgefaßt werden müssen.

Mit Sicht auf die Genese dieser psychischen Veränderungen müssen natürlich zunächst die ebenfalls hier gegebenen organischen Prozesse – Diabetes, Alter, natürliche Abbau- und Verschleißprozesse – ins Auge gefaßt werden. Obschon diesen organischen Vorgängen sicherlich eine gewisse Rolle zuzusprechen ist, muß jedoch darauf hingewiesen werden, daß der Vertrauensarzt Dr. P. bereits i. J. 1958 – also bereits vor 12 Jahren – einen »verworrenen« psychischen Zustand und »seelisch abartige Reaktionen« bei Y. vorgefunden hat. Als Nicht-Psychiater und i. J. 1958 wohl noch in erheblicher Unkenntnis verfolgungsbedingter psychischer Schäden, hat der damalige Vertrauensarzt begreiflicherweise zu jener Zeit seinen eigenen psychischen Befunden kaum Beachtung geschenkt bzw. sie damals bagatellisiert. Heute wissen wir aber aus den Forschungsergebnissen der Verfolgungspsychiatrie und Verfolgungspathologie, wie sie etwa in dem deutschen Standardwerk »Psychiatrie der Verfolgten« von v. Baeyer, Häfner u. Kisker (1964) und auch in den sonstigen einschlägigen Arbeiten von Venzlaff, Kolle, Matussek, Ruffin, Eitinger, Minkowski, Weitbrecht u. a. m. wissenschaftlich niedergelegt sind, daß gerade der bei Y. vorhandene seelische Leidenszustand eine typische psychische Dauerschädigung verfolgungsbedingter Art und Genese darstellt.

Damit soll der etwaigen Mitwirkung sonstiger Faktoren einschließlich solcher konstitutioneller bzw. anlagebedingter Provenienz keineswegs Abbruch getan werden. Man würde jedoch, falls man die psychischen Störungen bei Y. hauptsächlich auf derartige Faktoren beziehen würde, an den massiven Einwirkungen einer mehr als 5-jährigen Verfolgungsperiode vorbeisehen, einer Zeitperiode, die für Y. neben den damit verbundenen üblichen Belastungen den im Kammerbeschluß erwähnten (u. von mir jetzt eingehend explorierten) vielmonatigen, tierähnlichen Aufenthalt in der unterirdischen, engen Stallgrube einschloß. Daß eine dergestaltige Reduzierung eines wahrscheinlich schon damals durch mehrjährige Ghettohaft, Terroreinwirkung usw. traumatisierten Menschen zu einer erheblichen Regression zum Primitiven hin mit psychischen Folgen (Einschränkung des gesamten inneren Lebens, Affekt- und Sprachstörung, völligem Kontaktmangel, Verunsicherung aller menschlichen Bezüge) nachhaltig beigetragen haben muß, ist aus der Sicht des Psychiaters klar verständlich. Hierauf weisen u. a. die bei Y. ausgeprägten Veränderungen der Affektsphäre, das simultane Vorhandensein von ausgesprochen hypermnestischen und hypomnestischen Denkprozessen – jene Periode betreffend – und die Primitivierung der gesamten Lebensgestaltung mit sozial-restriktiver, depressiv getönter Grundhaltung auch heute noch hin. Daß Y., aus einem einfachen Milieu stammend und in einer ländlich-bäuerlichen Umgebung aufgewachsen, wahrscheinlich auch früher nicht zu dem Kreis geistig hochstehender Menschen gehörte, muß ohne weiteres unterstellt werden. (Wenn dies der Fall gewesen wäre, hätte er wohl kaum die 16-18 Monate in der Stallgrube *inter Faeces et Urinas* überdauern können.) Gerade das Überstehen solcher Verhältnisse deutet auf eine von Haus aus konstitutionell und nervlich intakte, ja robuste Persönlichkeitsstruktur hin. Auch der Umstand, daß ihm die Flucht gelang und daß er den polnischen Bauern nach dessen anfänglichem Zögern überzeugen konnte, das rettende Versteck zu bieten, spricht im gleichen Sinne einer ursprünglich un-neurotischen, realitätsbewußten seelischen Grundhaltung.

Diese psychiatrischen Erwägungen klären m. E. die ursächlichen Beziehungen des gegenwärtigen psychischen Leidenszustands zur Verfolgungssituation weitgehend auf. Auch die bei Y. zweifellos vorhandene Voralterung bzw. vorzeitige Vergreisung mag im gleichen Sinne sprechen; sie ist von vielen maßgeblichen Autoren bei Überlebenden der Rassenverfolgung beschrieben worden und war vor einiger Zeit Gegenstand eines wissenschaftlichen Kongresses über diese Fragen. Da jedoch bei Y. gleichzeitig eine diabetische Erkrankung gegeben ist, lasse ich diesen in das Gebiet der inneren Medizin gehörigen Fragenkomplex als Psychiater offen.

Damit komme ich zur Beantwortung der seitens des Landgerichts an mich gestellten Fragen:

a) Diabetes mit frühzeitiger Vergreisung und damit einhergehenden Alters- und Abbauprozessen; chronisch psychoreaktive Affektstörung mit depressiven, vegetativen und psychosomatischen Äquivalenten.

b) Die psychische Schädigung (chronische Affektstörung) ist zweifelsohne verfolgungsbedingt; es ist unwahrscheinlich, daß die genannte psychische Schädigung anlagebedingt ist. Es sprechen mehr Gründe für als gegen die Annahme eines Kausalzusammenhangs mit der Verfolgung. Hingegen können etwaige con-kausale Beziehungen zur vorhandenen Voralterung nicht völlig ausgeschlossen werden, obgleich auch diese Voralterung wahrscheinlich mit den Folgen der Verfolgung zusammenhängt.

c) Sämtliche Gesundheitsstörungen bewirken eine durchschnittliche Minderung der Erwerbsfähigkeit von ca. 50%; die mit großer Wahrscheinlichkeit verfolgungsbedingten psychischen Gesundheitsstörungen bewirken seit dem 1. 1. 1949 eine durchschnittliche Minderung der Erwerbsfähigkeit von 35%. Eine Staffelung nach Zeiträumen ist nach so langer Zeit wissenschaftlich nicht mehr möglich.

Frau B.

(Obergutachten vom 22. September 1967)

Vorgeschichte

Ihren Angaben gemäß wurde Frau B. im April 1931 geboren und entstammt einer wohlhabenden, jüdischen, religiös-traditionell ausgerichteten Familie, die in dem damals zur Tschechoslowakei gehörigen Landesteil »Karpatenland« bzw. »Karpatengebiet« ansässig war. Ihr Vater war Haus- und Fabrikbesitzer, betrieb ein Sägewerk mit dazugehöriger Holzhandlung, besaß Waldbestand; die Familie befand sich in gehobenen wirtschaftlichen wie sozialen Verhältnissen, die ihr selbst nach der Übernahme dieses Landesteils durch die Ungarn im Gefolge des Münchner Abkommens und auch nach dem später erfolgenden Einmarsch deutscher Truppen gesichert erschienen. Der Vater war Vorsitzender der jüdischen Gemeinde und wurde nach dem Einsetzen der antijüdischen Gewaltmaßnahmen durch die Gestapo in den dortigen Judenrat eingesetzt. Eine Zeitlang war auch ein höherer Offizier der deutschen Besatzungsarmee – nach ihrer Schilderung ein deutscher Oberst – in ihrem Hause einquartiert, mit dem sich der Vater und ihre Mutter in ungestörter Weise unterhielten, des Abends Wein tranken etc. Dadurch fühlten sie sich gesichert und dies zu einer Zeit (1943/44), als bereits viele jüdische Glaubens- und Schicksalsgenossen im dortigen Landes- und Stadtgebiet der Rassenverfolgung zum Opfer gefallen waren.

Im April 1944, als sie gerade 13 Jahre alt geworden war, oder einige Wochen vorher – sie ist sich der genauen

Daten nicht ganz sicher – wurde sie mit ihrer Familie ins Ghetto der Stadt (Clust) gebracht und einige Wochen danach von dort in das KZ Auschwitz deportiert. Bei der Ankunft in Auschwitz wurde sie sofort von der Familie getrennt, und sie rettete sich bei der Selektion dadurch das Leben, daß sie auf die Frage nach ihrem Alter in geistesgegenwärtiger Weise – den letzten ihr gegebenen Rat des Vaters befolgend – ihr Alter mit 17 Jahren (nicht 13, wie es tatsächlich der Fall war) angab und infolgedessen bei der Selektion auf die »rechte Seite« gestellt wurde, d. h. arbeitstauglich befunden wurde. Die anderen Familienangehörigen, darunter ihre beiden Brüder, die Mutter, viele weitere Angehörige mit deren jungen Kindern usw. wurden auf die »linke Seite« gestellt und kamen in den Gasöfen ums Leben. Eine Tante jedoch – d. i. eine jüngere Schwester des Vaters – blieb mit ihr zunächst in der Lagerbaracke zusammen, und diese Tante gab ihr einige Zeit täglich ihre eigene kärgliche Nahrungsration, so daß sie etwas bei Kräften blieb und die vielfachen Zählappelle, erneuten Selektionen und sonstigen Strapazen in Auschwitz überstehen konnte. Die Tante, die sich durch eigenen Nahrungsenthalt in solcher Weise für die 13jährige Nichte aufopferte, ist dann selbst von Kräften gekommen und wurde im KZ Auschwitz vergast.

Sie selbst überstand die wiederholten todesbringenden Selektionen in Auschwitz, wo sie ca. 5 bis 6 Monate verblieb, des öfteren beim Appell mißhandelt wurde, viel unter Kälte und Hunger litt, häufige Todesängste bekam etc. Bei der letzten Selektion in Auschwitz im Oktober 1944 wurde sie als arbeitstauglich in einem Munitionsbetrieb befunden und in ein Zwangsarbeitslager bei Leipzig (Heimichen oder Hainichen?) eingebracht. Dort arbeitete sie täglich 12 Stunden oder so als Zwangsarbeiterin, mußte Maschinenteile bearbeiten, auch oft nachts tätig sein, wurde einmal so geschlagen, daß sie zwei Tage im Krankenrevier liegen mußte. Gegen Ende März 1945 wurde die ganze Belegschaft der Zwangsarbeiter für fünf Tage auf einen Fußmarsch durch viele ihr unbekannte Gegenden und Orte geführt, und es verbreitete sich das Gerücht unter den mühsam und hungernd Marschierenden, daß man sie so lange marschieren lassen werde, bis alle tot sein würden. Am sechsten Tage wurden sie jedoch in einer Station auf offene Viehwaggons verladen und kamen nach weiteren Tagen im KZ Theresienstadt an.

Während des tagelangen Fußmarsches hatte sie wegen ihres ständigen Hungerns das Gras vom Wegesrande bei den gelegentlichen Rastperioden verschlungen. In Theresienstadt bekam sie daraufhin schwerste Diarrhoeen und hatte 20 bis 30 Darmentleerungen täglich. Sie glaubt, damals am Bauchtyphus erkrankt gewesen zu sein. Die Befreiung in Theresienstadt durch die Russen erfolgte am 8. Mai 1945. Sie wurde kurz danach gewogen und erinnert sich noch heute an das damals festgestellte Gewicht, das nach ihren Angaben 33 ½ kg betrug.

Zu ihrer medizinischen Vorgeschichte sagte Frau B. aus, daß sie im ganzen ein gesundes, aufgewecktes und aktives Kind gewesen sei. Sie glaubt, die üblichen Kinderkrankheiten gehabt und gut überstanden zu haben. Sie schilderte ihre Familie als durchaus gesund, frei von Erbleiden und konstitutionellen Krankheiten. Nervöse oder Schwächezustände in der Familie und bei sich selbst werden für früher, d. i. *vor* der Verfolgung, auf das bestimmteste verneint; jedoch ist das Erinnerungsvermögen für jene Zeit deutlich herabgesetzt. Sie kann sich z. B. nicht mehr an das Gesicht ihrer Mutter erinnern, worauf noch des näheren im Fortgang meiner Begutachtung einzugehen sein wird.

Untersuchungsbefunde

Frau B. macht einen intelligenten, wenn auch gespannten und nervös-unruhigen Gesamteindruck. Sie hat ein fast kindhaftes Aussehen, ein zartes und blasses, leicht verhärmt wirkendes Gesicht, und man kann ihr wohl glauben, daß sie einer sozial gehobenen Gesellschaftsschicht entstammt. Sie gibt auf Fragen prompt und bereitwillig Auskunft, ist klar und geläufig in der Sprach- und Ausdrucksweise, übertreibt nicht, ist völlig undemonstrativ im Vorbringen ihrer Lebens- und Verfolgungsgeschichte einschließlich der brutalsten Verfolgungsvorgänge, des totalen Familienverlustes und ihrer Beschwerden. Was phänomenologisch dem objektiven Beobachter auffällt, ist das bereits erwähnte Kindlich-Unruhige, Unausgereifte sowohl in ihrer Erscheinungs- und Wesensart als auch in ihrem Gebaren, das selbst äußerlich in einem gewissen Widerspruch zu ihrem chronologischen Alter (36 Jahre) und zu ihrem intellektuellen Leistungsvermögen steht. Wenn man ihr aufmerksam zuhört und sie längere Zeit unter unauffälliger Beobachtung hält, hat man nicht den Eindruck, daß man es mit einer voll ausgereiften Frau und Mutter – sie ist die Mutter von zwei Kindern im Alter von 8 bzw. 6½ Jahren – zu tun hat, sondern eher mit einer emotionell nicht ganz erwachsenen, seelisch nicht völlig ausgereiften Person etwa im Adoleszentenalter. Dieser Eindruck bezieht sich nicht auf das Intellektuelle, das sich im ärztlichen Gespräch und auch mit Sicht auf die darin angeschnittenen Themen als durchaus adäquat erweist, sondern hauptsächlich auf die emotionale Sphäre und die persönliche Verhaltensweise, die schon erscheinungs- und verhaltensmäßig die Frage eines gewissen

Entwicklungsrückstands im Emotionellen aufkommen lassen. Soweit das rein Phänomenologische.

Frau B. klagt über erhebliche Ängste, Erregungszustände, allgemeine Nervosität, Unruhegefühle, Schlafstörungen mit Angstträumen, Depressionszustände, die in unregelmäßigen Abständen und ohne äußere Ursache wiederkehren, Kopfschmerzen und depressive Grübeleien (über die Vergangenheit, das damals Geschehene, die Zwecklosigkeit des Lebens etc.), durch die sie sich subjektiv stark gequält und gepeinigt fühle. Zu anderen Zeiten beginne ihr »mind to race«, d. i., es fange in ihr »zu rasen« an, sie mache sich fürchterliche Ängste um ihre Kinder, daß ihnen etwas Schlimmes widerfahren sei oder ihnen Böses zustoßen würde, beispielsweise ein Unfall, oder Unglück oder sonstwie zerstörende Ereignisse und gefahrbringende Geschehnisse. Sie fühle sich durch solche Ängste dauernd unter Druck und Spannung gehalten und obwohl sie deren Irrationalität erkenne und sie sich der Unbegründetheit ihrer Sorgen gewahr sei, könne sie sich trotzdem nicht von ihnen freimachen und seelisch nicht von ihnen loskommen. Diese Ängste seien im Gegenteil in den letzten Jahren – mit dem Heranwachsen ihrer beiden Kinder – noch stärker geworden und träten jetzt noch häufiger und quälender auf als früher. Sie erreichten des öfteren den Grad und das Ausmaß eines überwältigenden Angst- und Furchtzustandes.

Wenn man nach den Hintergründen dieser Ängste forscht, so ergibt sich, daß in der Tat ihre Gedanken- und Gefühlswelt von tiefgehenden, z. T. im Unterbewußtsein verankerten Angst- und Schuldgefühlen besetzt ist. Auf die Frage nach Erinnerungsvorstellungen über ihre beiden (durch die Verfolgung umgekommenen) Brüder antwortet sie, daß nicht sie, sondern der ältere Bruder, der »viel größer und stärker und besser als ich« war, die Verfolgung hätte überleben sollen. Im Laufe des ärztlichen Gesprächs ergeben sich ferner neben typischen, hypermnestisch festgehaltenen Schreck- und Angstbildern an bestimmte Verfolgungsvorgänge, etwa den erwähnten Fußmarsch oder die letzten Mahnworte des Vaters, nicht unbeträchtliche Hypomnesien und Gedächtnisausfälle für andere Verfolgungsereignisse und insbesondere für die Zeitabfolge und gewisse, gerade im Lebensabschnitt der beginnenden Pubertät belangvolle Persönlichkeiten vor der Verfolgung und auch nach dem Einsetzen derselben. Bei der tiefenpsychologischen Durchforschung des subjektiven Unvermögens, sich an das Gesicht ihrer eigenen Mutter zu erinnern – sie war damals schließlich schon 13 Jahre alt –, stellt sich mit großer Wahrscheinlichkeit heraus, daß dieses Unvermögen auf tiefliegenden Gefühlen des Enttäuschtseins über das elterliche (vor allem mütterliche) damalige »Versagen«, ihr Beistand und Schutz zu bieten, beruht. Während ihr der Vater durch seinen vorsorglichen und verständigen Rat, ihr Alter bei der Ankunft in Auschwitz als das einer 17jährigen zu benennen, wohl das Leben rettete – ging sie kurz nach dem Einsetzen der Verfolgung all jener Fürsorge und mütterlichen Betreuung verlustig, auf die eine gerade in das Pubertätsalter eintretende Tochter berechtigten Anspruch zu haben glaubt und unter normalen Verhältnissen auch zweifellos hat.

Bei der Exploration traten diese tiefenpsychologischen Bezüge zum Teil recht klar zutage, u. a. a. bei der Durchforschung ihres Traumlebens, das von Ängsten erfüllt ist und in dem sie die tote Mutter, tote Kinder im KZ Auschwitz und sonstige angstdurchsetzte Schreck- und Terrorepisoden wiedererlebt, zum Teil blieben selbst bei meiner eingehenden Exploration viele der inneren seelischen Vorgänge bei Frau B. noch unerforscht, und man müßte zu deren vollständigen Erfassung und Aufhellung sie einer Reihe von psychotherapeutischen Sitzungen, sich über eine Zeitdauer von mehreren Wochen erstreckend, unterziehen. Davon konnte jedoch abgesehen werden, da die erhobenen Befunde den psychiatrischen Sachverhalt zur Genüge – wenn auch nicht zur Gänze – darzustellen vermögen.

Die Gemütslage ist depressiv-verzagt. Die Ängste treten zumeist in Form von krisenhaft anschwellenden, intensiven Angstzuständen auf, wobei die Furchtvorstellungen hauptsächlich um das Wohl und Wehe ihrer eigenen Kinder heute kreisen, vermeintliche akute Gefahren für die Kinder antizipiert bzw. durchlebt werden, ihre Gedanken unkontrollierbar zu »rasen« beginnen und dergleichen mehr. Auch hier hat die psychiatrische Exploration ergeben, daß die häufigen Ängste und ständigen Sorgen um ihre heranwachsenden beiden Kinder die psychisch noch immer unverarbeiteten Angst- und Schuldvorstellungen hinsichtlich der zwei im heranwachsenden Alter umgekommenen Brüder reflektieren. Der jüngere dieser Brüder war beim Erleiden des Verfolgungstodes 8 Jahre alt; das ältere Kind der Frau B. wurde gemäß ihren Angaben gerade jetzt 8 Jahre alt.

Die deutliche und heute noch fortbestehende Hypermnesie, die bei Frau B. für bestimmte, mit der Verfolgung verknüpfte traumatische Ereignisse vorhanden ist und bei der Exploration ihres Status psychicus zutage trat, geht wohl am klarsten aus ihrer eigenen Schilderung hervor, die sie mir über den Todesmarsch nach Theresienstadt gab und die daher hier verbatim wiedergegeben sei:

»Ungefähr in der dritten Märzwoche (1945) wurden wir alle früh am Morgen aus unseren Baracken herausgetrieben. Es war noch sehr dunkel draußen. Wir wurden gezählt, nämlich abgezählt, und jede von uns erhielt drei Scheibchen Brot. Dann begann der Marsch. Wir wußten nicht, wohin es ging.

Wir marschierten jeden Tag von frühmorgens bis nachts, 5 Tage lang, 5 Tage hindurch. Wir schliefen im Freien, auf den Feldern. Wenn wir durch einen Ort marschierten, dann schauten und starrten uns die Menschen von hinter ihren Fenstern an . . . ich glaube, ich sah keine Menschen auf den Straßen . . . Wir waren alle entsetzlich hungrig, und am dritten Tag verbreitete sich unter uns ein Gerücht, daß man uns so lange marschieren lassen würde bis wir alle fertig und tot sein würden . . . Aber am sechsten Tag (des Marsches) wurden wir in offene Viehwaggons verfrachtet, und wir begannen wieder ein wenig zu hoffen. Doch dann wurde ich krank. Ich hatte auf den Feldern vor Hunger Gras und Wurzeln gegessen, und ich bekam Diarrhoe. Ich konnte den Stuhl nicht halten, und der Kot lief mir oft die Beine herunter . . .«

(An dieser Stelle konnte Frau B. lange Zeit nicht weitersprechen; sie fühlte sich übel, und die Befragung mußte unterbrochen werden. Nachdem sie die Fassung wieder zurückgewonnen hatte, wurde die Exploration fortgesetzt und sie konnte weiterberichten.)

»Wir blieben drei Tage in diesem Zug. Der Zug fuhr nur des Nachts. Wir litten furchtbar an Hunger, und es war kalt und naß. Ich weiß nicht, wie viele Menschen starben. Als wir endlich ankamen, mußten wir noch mehrere Stunden erneut marschieren, bis wir an eine hohe Mauer kamen. Ich war sehr schwach und von dem eigenen Kot verschmiert, der mir wegen meiner dauernden Diarrhoen an den Beinen herunterlief. Wir wurden an die Mauer gestellt und uns gegenüber standen ungefähr 10 bewaffnete SS-Männer . . . Plötzlich hieß es, daß sie jede Dritte von uns erschießen würden und viele Frauen fingen zu schreien und zu toben an, und sie begannen wild herumzustoßen und sich hintereinander und untereinander zu schieben, um nicht erschossen zu werden. Ich erinnere mich, einfach an dem Platze, wo ich stand, stehen geblieben zu sein; denn ich war sicher, daß ich sterben würde . . .

Nachdem ich so zwei oder drei Stunden an der Wand gestanden hatte, wurden plötzlich Tore geöffnet und wir wurden zum Marsch durch diese Tore befohlen. Wir bemerkten erst dann, daß wir eine richtige Stadt mit Straßen und Baulichkeiten betreten hatten. Wir hatten Theresienstadt erreicht und die meisten von uns begannen zu zittern und weinen . . .«

Sie berichtete dann weiter über Theresienstadt und daß sie, als sie einige Scheiben roher Kartoffeln zum Essen erhalten habe, gelacht habe, »wie köstlich und gut« doch diese rohen Kartoffelstücke seien. Auch nach der Befreiung in Theresienstadt habe sie noch viele Wochen lang an Diarrhoen gelitten und sei in einer Baracke für Typhuskranke gehalten worden.

Im Vorstehenden habe ich den mir gegebenen Verbatim-Bericht der Klägerin in deutscher Übersetzung mitgeteilt (ihre Kenntnis des Deutschen ist recht fragmentarisch und Obiges wurde von mir aus dem Englischen übertragen), damit die Kammer selbst einen Einblick in das von dieser Frau traumatisch Erlebte nehmen und sich ein Urteil hierüber bilden kann, wobei zu berücksichtigen ist, daß es sich bei den geschilderten Vorgängen nur um einen kleinen Teil des traumatischen Geschehens handelt. Vom psychiatrischen Standpunkt aus ist nicht nur der traumatische Sachverhalt als solcher als pathogen zu betrachten, sintemalen bei einer damals kaum 14jährigen Jugendlichen, sondern auch die hypermnestische, alle Einzelheiten festhaltende Verankerung im Seelenleben der Patientin. Wie bereits erwähnt, habe ich bei ihr mit diesen Hypermnesien gleichzeitig mitbestehende Hypomnesien bzw. Amnesien feststellen können, wie dies für das psychodynamische Nachwirken traumatisch entstandener Verfolgungsschäden auf seelisch-nervösem Gebiete nicht selten charakteristisch ist. Auch die Art, wie diese Vorgänge von ihr berichtet werden, ist von Belang: Obwohl sie hierbei alternierend erregt, unruhig und bedrückt wurde, blieb sie im ganzen undemonstrativ und glaubwürdig, zeigte keine Tendenz

zum Übertreiben und verhielt sich mit Ausnahme einiger krisenhaft auftretender Erregungszeichen bei der Beschreibung ihrer Erlebnisse (spontan auftretende Rötungen [Flush] der Halspartien und unteren Gesichtshälfte, plötzliches Abbrechen im Satze, unruhig-nervöses gespanntes Verhalten) mir gegenüber kooperativ.
Die neurologische Untersuchung ergab sehr lebhafte Sehnenreflexe und erhöhten Dermographismus, wobei bei diesen Manifestationen die obere Grenze des Normalen erreicht, jedoch nicht überschritten wird. Es besteht ein leichter manueller Tremor. Pathologische Reflexe wurden nicht beobachtet. Auch das Sensorium erscheint frei von pathologischen Veränderungen.
Grobe psychiatrische Veränderungen im Sinne von Halluzinationen, Wahnvorstellungen, Sinnestäuschungen sind nicht vorhanden. Die festgestellten Störungen im seelisch-nervösen Bereiche betreffen in der Hauptsache das Affektleben bei Frau B., zum Teile auch das Vegetativum. Die Veränderungen in der emotionell-affektiven Sphäre (Gemüts- und Gefühlssphäre) sind von außerordentlich komplexer Art und bedürfen einer näheren wissenschaftlichen Erörterung.

Psychiatrische Beurteilung

Aufgrund der Vorgeschichte, Symptomatik, Thematik und Persistenz des vorhandenen Zustandsbildes steht es außer Frage, daß es sich bei Frau B. um ein erlebnisreaktives Syndrom nach schwerer Verfolgungsbelastung, die im empfindsamen Jugendalter (Pubertätsalter) stattgefunden und Dauerveränderungen im seelisch-nervösen Bereiche hinterlassen hat, handelt. Darüber sind sich auch alle Vorgutachter einig, und der vertrauensärztliche Psychiater des Generalkonsulats sagt im ganzen mit Recht hierüber:

»Die Erkrankung auf psychischem Gebiete ist eine psychoreaktive Störung, die sich durch Angst- und Spannungszustände äußert. Diese Erkrankung ist verfolgungsbedingt im Sinne des ursächlichen Zusammenhangs.«

Dennoch stößt die Beurteilung, wenn man an eine wissenschaftlich begründete Differentialdiagnose des vorliegenden psychoreaktiven Störungszustandes herantreten will, auf nicht unerhebliche Schwierigkeiten. Wie bereits mehrfach in meinen Ausführungen erwähnt wurde, drücken sich die bei Frau B. festgestellten Veränderungen im wesentlichen in ihrem Affektleben, z. T. auch im Vegetativum aus, während die Intellektualität und Wahrnehmungsfunktionen intakt geblieben sind. Allerdings zeigt eine genauere Prüfung des gesamten Zustandsbildes, daß von der gestörten Affektivität ausgehend offenbar auch Einbrüche in die intellektuelle Sphäre und in die Gedankenwelt erfolgt sind. Bei der Exploration der letzteren wurde als eine sehr wahrscheinliche Ursache der krisenhaft anschwellenden Angst- und Schreckzustände über das Schicksal ihrer Kinder das psychodynamische Nachwirken jener traumatischen Terrorerlebnisse ermittelt, die sich während der Rassenverfolgung zum großen Teil ebenfalls auf gefährdete Kinder – nämlich auf ihre beiden jungen Geschwister und sie selbst – erlebnisdynamisch bezogen. Die Prüfung der an sich intakten (möglicherweise sogar kompensatorisch hypertrophischen) Intellektualität ergab auffallende Gedächtnislücken und Leistungsschwächen gerade auf denjenigen Gebieten, die direkt oder indirekt mit der Verfolgungssituation in Beziehung stehen. Der klar definierbare Belastungsfaktor der gewaltsamen Trennung von der Mutter bei der Ankunft in Auschwitz hat hier zunächst ein psychisches »Auslöschen« des Mutterbildes aus dem Bewußtsein der Patientin über Jahre hindurch bewirkt, und erst als sie selbst Mutter wurde, kehrte unter zunehmender Angst- und Spannungssymptomatik das Vorstellungsbild der eigenen (in Auschwitz ums Leben gekommenen) Mutter allmählich wieder in ihr Bewußtsein zurück, jedoch bisher nur in isolierter und sporadisch-fragmentarischer Form, z. B. in ihrem Traumleben, ohne klares Erinnerungsvermögen für das Gesicht der Mutter. Auf diese Bezüge beim Zustandekommen erlebnisreaktiver Syndrome bei ehemals verfolgten Kindern und Jugendlichen ist in dem einschlägigen deutschen Standardwerk der Verfolgungspathologie und Verfolgungspsychiatrie erschöpfend von den Autoren v. Baeyer, Häfner und Kisker (»Psychiatrie der Verfolgten«, 1964) eingegangen worden, und es sei hierzu auf das aufschlußreiche Kapitel darin (S. 224-252) verwiesen. Selbstverständlich ist der vorgenannte Belastungsfaktor »Trennung von der Mutter« nur einer der zu berücksichtigenden Belastungsfaktoren, denen Frau B. als Jugendliche ausgesetzt war und die bei der psychiatrischen Beurteilung des Sachverhalts der traumatischen Ein- und Nachwirkungen, angefangen von der sozialen Degradierung der Eltern über eine von Angst und Furcht durchsetzte Familienatmosphäre (im Ghetto) bis zum Totalverlust der Familie und den persönlichen Gefährdungen, Strapazen und sonstigen traumatisierenden Erlebnissen (im KZ und Arbeitslager), in Betracht gezogen werden müssen.

Von ausschlaggebender Bedeutung ist die altersspezifische Situation beim Einsetzen der Verfolgung. Wir verdanken ja keinem Geringeren als dem vor wenigen Jahren verstorbenen großen deutschen Psychiater Ernst Kretzschmer und seiner Schule (Marburg, Tübingen) die Erkenntnis über die entwicklungspsychologische Bedeutung der Pubertätsjahre, womit in psychodynami-

scher Sicht nicht bloß der Zeitpunkt der biologischen Pubertätsentwicklung gemeint ist, sondern das ganze einen weit größeren Zeitraum umfassende System der psychischen Reifung mit Übergang des Kindes aus der Geborgenheit der Familiensphäre in die Position des Erwachsenenseins. Wir wissen heute, daß – neben der frühkindlichen Phase – insbesondere der genannte Lebensabschnitt von grundlegendem Einfluß auf die Formung (in ungünstigen Fällen: die *Verformung*) der Gesamtpersönlichkeit ist. Nun fallen gerade in diesen Lebensabschnitt die Mehrzahl der schädigenden Verfolgungsereignisse, denen Frau B. als Jugendliche über ein Jahr ausgesetzt gewesen ist.
Wie eingangs ausgeführt, finden sich bei Frau B. selbst in rein phänomenologischer Sicht unverkennbare Anzeichen eines emotionellen Entwicklungsrückstandes. Das bei ihr von allen ärztlichen Gutachtern und auch von mir vorgefundene Erscheinungsbild einer verfolgungsbedingten psychoreaktiven Störung des Affektlebens mit dessen angstneurotischen, subdepressiven und sonstigen Manifestationen weist auf eine im jugendlichen Alter zustandegekommene seelische Fehlentwicklung hin, wie wir sie häufig nach extremen Verfolgungsbelastungen bei ehemals jugendlichen Verfolgten beobachten. Tatsächlich fallen die Hauptbelastungen bei Frau B. in diejenige Entwicklungsphase, die gemäß den Erkenntnissen der heutigen Jugendpsychiatrie die stärkste psychologische Bedeutung besitzt, wenn man von den frühkindlichen Entwicklungsstadien absieht. Darüber hinaus haben wir zusätzlich der beweiskräftigen Feststellungen der Tübinger Schule auch wissenschaftliche Berichte der Universitätsnervenklinik Köln, wonach bei Jugendlichen die »ungenügende Ausformung der Persönlichkeit, Hilflosigkeit, starke Anlehnungsbedürftigkeit« bei der jetzigen Beurteilung ihrer Psycho-

pathologie in besonderem Maße zu berücksichtigen sei, um hier nur einige wenige Beispiele aus dem einschlägigen Schrifttum in der nervenfachärztlichen Literatur zu zitieren.
Selbstverständlich hat endlich auch die deutsche Rechtsprechung auf dem Wiedergutmachungsgebiet diesen Erkenntnissen Rechnung getragen. In dem maßgeblichen Sachverständigen-Gutachten (Mustergutachten) des ärztlichen Sachverständigenbeirats beim Bundesministerium für Arbeit und Sozialordnung heißt es mit Bezug auf die psychiatrische Beurteilung von psychischen Verfolgungsschäden bei ehemals im jugendlichen Alter verfolgten Personen:

»Es versteht sich von selbst, daß hierbei *in erster Linie* (d. h. bei der psychopathologischen Beurteilung früherer KZ-Häftlinge) *jene Fälle zu berücksichtigen sind, in denen die schädigenden Erlebnisse einen seelisch noch unausgereiften jugendlichen Menschen* betrafen und zu einer schweren seelischen Entwicklungsstörung geführt haben.« (Schriftenreihe des Bundesversorgungsblatts, Bonn 1960 H. 1, S. 5)

Hinsichtlich der Beurteilung der Schwere einer Entwicklungsstörung können natürlich verschiedene Gutachter verschiedenartiger Meinung sein (und sie sind es gewöhnlich auch). Im vorliegenden Falle ist jedoch der Verlauf aufschlußreich, und wir können aus ihm ebenso wie aus der vorhandenen Symptomatik bestimmte Rückschlüsse ziehen. Der Verlauf von der Zeit nach der Befreiung bis zum heutigen Tage zeigt nämlich bei Frau B., daß der geistige und körperliche Entwicklungsrückstand im ganzen aufgeholt wurde, *nicht aber der emotionelle.* Auch hierzu findet sich im Standardwerk der Verfolgungspsychiatrie von v. Baeyer, Häfner u. Kisker (S. 233 ff.) kasuistisches Belegmaterial, das in vielem Ähnlichkeit zu den im vorliegenden Fall gegebenen ätiologischen und psychopathologischen Bezügen aufweist. Bei Frau B. deutet allein das Faktum, daß bis heute ihre Ängste und excessiven Alarmreaktionen über das Ergehen ihrer Kinder mit den Jahren an Intensität zugenommen haben, auf eine tieferliegende Störung hin, nämlich auf eine psychische Fehlentwicklung bzw. Persönlichkeitsverformung, auf der sich die beschriebene Angstsymptomatik mit ihren typischen, krisenhaft anschwellenden akuten Erscheinungen usw. aufbaut. Auch die mehr das Vegetativum affizierenden Symptome, z. B. die beim Anschneiden affektbesetzter Erinnerungsvorstellungen spontan auftretenden Hautrötungen (Flush) und der erhöhte Dermographismus, sprechen wohl im gleichen Sinne, wie dies ebenfalls von anderen Klinikern und Gutachtern beschrieben worden ist:

»Diagnostisch hilfreich sind Beobachtungen vegetativer Krisen und Störungen, die in Verbindung mit emotionell stark belasteten Erinnerungen während der Exploration auftreten. Nicht selten kommt es dabei zu einer starken Röte des Gesichts und der Halspartien . . . In solchen Fällen darf der Zusammenhang der vegetativen Symptome mit den Verfolgungserlebnissen und ihren psychischen Nachwirkungen als belegt gelten.« (»Psychiatrie der Verfolgten«, 1964, S. 188)

Man könnte den Einwand erheben, daß wenn das seelisch-nervöse Zustandsbild bei Frau B. nicht abklang, sondern eher im Laufe der Jahre bei ihr an Intensität und gesamtstörender Einwirkung zunahm, dies nicht auf die damaligen Verfolgungsbelastungen zurückzuführen sei, sondern auf etwaige anlagebedingte Faktoren oder auch auf gegenwärtige Umwelteinflüsse oder Schwierigkeiten, die die Symptomatik förderten und unterhielten. Ich bin diesen Möglichkeiten bei meiner Exploration in jeder Weise nachgegangen, habe jedoch keine Anhaltspunkte für eine derartige Annahme finden können. Sie

lebt in der kleinen, ruhigen Stadt Englewood, New Jersey, weit draußen, außerhalb von New York, eine Kleinstadt, die am Hudson liegt und ca. 28 000 Einwohner zählt. Meine nach der ärztlichen Untersuchung am 16. März zusätzlich gemachten Erhebungen haben ergeben, daß es dort, wo sie lebt, recht ruhig, gesittet und gelassen zugeht. Hinsichtlich ihrer Ehe- und persönlichen Verhältnisse hat Frau B. den früheren Gutachtern, den Vertrauensärzten und auch jetzt mir gegenüber glaubhaft versichert, daß sie in harmonischen Eheverhältnissen lebt. So erscheint es weitgehend gesichert, daß aus den gegenwärtigen Milieuverhältnissen ihre psychiatrischen Zustände und Symptome nicht erklärbar sind.
Mit Sicht auf etwaige Anlagefaktoren ist einzuräumen, daß es Persönlichkeiten gibt, die auf Grund ihres konstitutionell bedingten seelischen Gefüges auf Umwelteinflüsse neurotisch reagieren. Im Falle der Frau B. würde man jedoch, wollte man ihre seelisch-nervösen Störungen auf derartige unerwiesene Faktoren beziehen, an den hochgradig schädigenden Ereignissen der Verfolgung vorbeisehen. Man könnte von einer anlagebedingten seelischen Störung nur dann sprechen und einen Verfolgungszusammenhang ablehnen, wenn man mit ausreichender Wahrscheinlichkeit nachweisen könnte, daß die Klägerin auch ohne die Verfolgung heute an den vorgefundenen psychischen und vegetativen Veränderungen leiden würde. Dieser Nachweis ist nicht zu erbringen. Es ist im Gegenteil anzunehmen, daß sie bei etwa schon früher bestandener Symptomatik kaum die Verfolgung hätte überstehen können. Ein von Haus aus schon nervöses 13jähriges Kind hätte beispielsweise bei der lebensbedrohlichen Selektion in Auschwitz schwerlich die innere Kraft und Geistesgegenwart aufbringen können, sich als 17jährige auszugeben und sich hier-

durch das Leben retten können. Auch das Überstehen aller weiteren Strapazen und Todesgefahren (einschließlich des Typhus oder typhus-ähnlichen Erkrankung) während des harten Verfolgungsjahres spricht für eine von Haus aus robuste und gesunde Veranlagung, ebenso wie die Tatsache, daß sie nach ihrer Emigration in die USA den Beruf einer Krankenschwester für sich wählte. In der Tat hatte sie ursprünglich den Ärztinnenberuf ergreifen wollen, was ihr jedoch wegen der sich einstellenden Angst- und Spannungszustände, Konzentrationsschwierigkeiten, Depressionen und sonstigen nervösen Beschwerden nicht gelang. Differential-diagnostisch können nunmehr die vorausgegangenen Beurteilungen durch die Vertrauensärzte Dr. K. und Dr. W. dahingehend präzisiert werden, daß es sich bei den von sämtlichen Sachverständigen übereinstimmend festgestellten Veränderungen im Status psychicus der Klägerin mit sehr großer Wahrscheinlichkeit um Ausdrucksphänomene einer durch die Verfolgung zustande gekommenen psychischen Dauerschädigung handelt. Die gleichfalls von allen vorausgegangenen Gutachtern und Nervenärzten beobachteten bzw. beschriebenen Störungen im seelisch-nervösen Bereiche haben sich auf Basis dieser psychischen Dauerschädigung, die als eine durch die Verfolgung verursachte seelische Fehlentwicklung bei einer jugendlich Verfolgten anzusprechen ist, entwickelt. Obgleich von Zeit zu Zeit spontane Besserungen eintreten mögen und zu anderen Zeiten ebenso spontan einsetzende Verschlimmerungen das subjektive Zustandsbild beeinflussen mögen, kann man nicht annehmen, daß die tiefer liegende Schädigung, nämlich die im empfindsamen Pubertäts- und Nachpubertätsalter entstandene Entwicklungsstörung seelischer Natur und Provenienz, ohne systematisch und lange fortgesetzte Psychotherapie sich in nennenswerter

Weise bessern wird. Die hierdurch verursachte Minderung der Erwerbsfähigkeit wird auf 30% geschätzt.
Die im Kammerbeschluß vom 6. März 1967 gestellten Fragen werden wie folgt beantwortet:
1. a) Die Klägerin leidet zur Zeit an einer Reihe von Gesundheitsstörungen im seelisch-nervösen Bereiche, die in der Hauptsache ihr Affektleben ungünstig beeinflussen und psychopathogenetisch als psychoreaktive Krankheitserscheinungen auf dem Boden einer im Jugendalter zustande gekommenen seelischen Fehlentwicklung anzusehen sind.
b) Die vorgenannte seelische Fehlentwicklung hat mit großer Wahrscheinlichkeit mit dem Einsetzen der Verfolgung (April 1944) begonnen.
2. Durchschnittlich 30%ige Minderung der Erwerbsfähigkeit.
3. Keine Anhaltspunkte für vor der Verfolgung bestehende Krankheiten. Das Überstehen eines vollen Verfolgungsjahres im unausgereiften Entwicklungsalter von 13-14 Jahren macht eine eventuelle Anfälligkeit durch etwaige frühere Leiden recht unwahrscheinlich.
4. Gemäß der Vorgeschichte und dem Verfolgungstatbestand bestanden zwischen April 1944 und Mai 1945 zunehmender Kräfteverfall und Abmagerung durch Hungern, zuletzt schwerste Diarrhoen i. S. eines Bauchtyphus oder einer typhusähnlichen Erkrankung. Der weitgehende Erschöpfungszustand beim Zeitpunkt der Befreiung wird durch die damalige Gewichtsfeststellung – 33 ½ kg – genügend charakterisiert. Die vorgefundenen Leiden sind in ihrer Gänze, d. i. jetzt ebenso wie früher, als verfolgungsbedingt anzusehen.
5. Obgleich das Vorhandensein etwaiger Anlagefaktoren nach unserem heutigen Wissensstand nicht mit Sicherheit ausgeschlossen werden kann, besteht keine Wahrscheinlichkeit für die Annahme, daß solche (un-

erwicsene) Anlagefaktoren eine Rolle bei der Verursachung der seelischen Fehlentwicklung und der darauf basierenden bzw. auf solcher Grundlage zustande gekommenen Symptomenbildung gespielt haben.

Frau P.
(Obergutachten vom 25. Juni 1962)

Anamnestisch muß zunächst erwähnt werden, daß Frau P. nach ihren Angaben bei meiner Untersuchung sowie nach den übereinstimmenden anamnestischen Befundaufnahmen der Vorgutachter einer offenbar erbgesunden, konstitutionell und erblich unbelasteten Familie aus dem mittelständischen Handwerkerkreise entstammt. Beide Eltern, selbst der Verfolgung ausgesetzt und mit ihr mit dem Leben davongekommen, leben heute noch – was sicherlich auf eine ursprünglich gesunde Konstitution und intakte Erbanlage hindeutet –, und beide Großelternpaare sind nach ihren Angaben erst im Laufe der Verfolgung selbst durch nationalsozialistische Gewaltmaßnahmen ums Leben gekommen. Das gleiche Schicksal widerfuhr ihrem einige Jahre älteren Bruder sowie mehreren Onkeln und Tanten (und deren Kindern) väterlicher- und mütterlicherseits. Sie selbst war mit Ausnahme von Masern in der Kindheit niemals ernstlich krank gewesen, war lebhaft und aktiven, lebensfrohen Tätigkeiten (Spiel, Sport) als Kind zugetan, besuchte regelmäßig die Schule, kam gut darin mit, sang im Schülerchor, entwickelte sich gesund und kräftig (begann bereits mit 11 Jahren regelmäßige Menses zu entwickeln) in ein heranwachsendes, normales und, nach allem, was wir von ihr wissen, durchaus gesundes junges Mädchen.

Sie berichtet: »Als die Deutschen kamen, war ich 13 Jahre alt. Sie schlugen meinen Bruder vor meinen Augen blutig, meine Mutter versuchte, ihn zu beschützen, ich schrie und weinte, sie schlugen weiter auf ihn ein und nahmen ihn von uns weg. Ich habe ihn nie mehr wieder gesehen. Das letzte Mal, daß ich ihn sah, war er über und über mit Blut bedeckt, und sie schlugen und stießen mit Kolbenhieben weiter auf ihn ein, trieben ihn auf die Straße. Uns und viele andere steckten sie ins Ghetto. Es war im Jahre 1941, daß die Deutschen nach Wilno kamen und die Verfolgungen begannen. Eines ihrer ersten Opfer war mein Bruder. Ich hatte nur den einen Bruder. Ich kann ihn nicht vergessen, auch heute nicht.«

Dann kamen die »Aktionen«, bei denen diejenigen, die den Verfolgern gesund und arbeitstauglich unter den Ghettoinsassen erscheinen konnten, von den als arbeitsuntauglich und damit zum Tode Bestimmten ausgesiebt wurden. Diese todesbringenden »Aktionen« wiederholten sich in ziemlich regelmäßigen Zeitabständen, und sie und ihre Eltern entgingen ihnen eine Zeitlang nur dadurch, daß ihr Vater – ein Maurer – einen verborgenen Verschlag unter der Toilette, nächtlich daran arbeitend, konstruierte, und sie sich darin bei den Such- und Auswahlaktionen (die in Wirklichkeit Menschenjagden waren) versteckt hielten. Im Jahre 1943 wurden sie bei einer dieser Jagden gefaßt und nach Kaiserwald in der Gegend von Riga geschafft. Dem Vater gelang es, bei dem Transport nach Kaiserwald im Wirrwarr und Tumult des Abtransports zu entfliehen, während sie und ihre Mutter nach Kaiserwald kamen und dort zu Erd- und Kanalarbeiten herangezogen wurden.

Beim Transport, in Kaiserwald und bei den Kanalisierungsarbeiten lebte sie in ständiger Todesangst nicht nur für sich, sondern auch für ihre Mutter, da sie innerlich fühlte und wußte – wie sie sagt –, »daß der Tod oder selbst die Trennung von meiner Mutter meinen eigenen Tod herbeigeführt haben würde«. (Diese erlebnisdynamisch aufschlußreiche Bemerkung, auf deren psychopa-

thogenetische Bedeutung ich später noch zurückkommen werde, verdient bereits an dieser Stelle festgehalten zu werden, da sie neben der hier gegebenen erheblichen Traumatisierung einer Jugendlichen auf eine weitere Tatsache hinweist, die ich bei meinen häufigen Untersuchungen ehemaliger KZ-Insassen immer wieder konstatieren konnte: daß nämlich viele unter ihnen und insbesondere die Jugendlichen darunter schwerlich die Haftzeit und Zwangsarbeit überlebt hätten, wenn ihnen nicht eine ältere, gereiftere Person (Mutter, ältere Schwester oder dergleichen) in ihrer Todesangst und Hilflosigkeit fürsorglich-mütterlich zur Seite gestanden hätte.)
Im Jahre 1944 wurden sie und ihre Mutter in das KZ Stutthof gebracht. Sie berichtet: »Das war das Schrecklichste von allen ... das Frieren, das Hungern, die Mißhandlungen, die Appelle ... jeden Morgen hingen Frauen tot an den elektrischen Drähten.« Sie hatte dort Typhus, wurde in einem Block gehalten, wo viele Tote und Sterbende sich befanden. Dort sah sie eine Frau, die einer Toten den Bauch aufschlitzte, die Därme und Eingeweide aus dem Bauch der Toten herausriß, um davon zu essen. Einer ebenfalls in Stutthof befindlichen Tante (Schwester des Vaters) wurden unmittelbar nach deren Hungertode vor den Augen der Patientin, die an dieser Tante mit besonderer Liebe gehangen hatte, die Goldzähne ausgebrochen. Beim Fußmarsch aus dem Lager im März 1945, als die Russen nahten, ging es furchtbar zu; sie erhielt nur einmal täglich ein paar Kartoffeln zu essen, und als sie vor Schwäche nicht mehr weitermarschieren konnte und zur Nachzüglerin beim Marsch wurde, überlebte sie die Strapazen nur, weil ihr die Mutter ermutigend und stützend half, wofür ihre Mutter von den begleitenden Wachmannschaften auf den Kopf geschlagen wurde. Ein anderes Mal, noch im KZ Stutt-

hof, wurde ihre Mutter vor ihren Augen brutal mit Hieben und Schlägen mißhandelt, weil sie gegen die Winterkälte Handschuhe, die sie irgendwie aufgetrieben hatte, getragen hatte.

Zum Verständnis der hier vorliegenden psychodynamischen und psychopathogenetischen Zusammenhänge war es geboten, einige der für die Beurteilung des psychiatrischen Zustandbildes wesentlichen traumatischen Erlebnisse während der Verfolgungsära in aller Kürze zu umreißen, um Einblick in die durch die Verfolgung gesetzten psychischen Schädigungen zu gewinnen. Wie aus den ärztlichen Berichten und ihren eigenen Angaben übereinstimmend hervorgeht, hat sie sich nach der Befreiung nicht mehr voll erholen können, und bereits i. J. 1949, wenige Monate nach ihrer Ankunft in den USA, mußte bei ihr eine subtotale Thyreodektomie wegen schwerer thyreotoxischer Störungen (mit erheblichem Gewichtsverlust, erneutem Kräfteverfall, nervösen Symptomen etc.) durchgeführt werden. Obwohl die Operation eine Besserung des Allgemeinzustandes in körperlicher Hinsicht herbeiführte, sind die nervösen Symptome im wesentlichen geblieben, und sie steht seit der Befreiung aus dem KZ – nach den anamnestischen Daten zu urteilen – fortwährend in ärztlicher Behandlung.

Aus dem Studium der anamnestischen Angaben und Daten ergeben sich somit eine Reihe für die Beurteilung bedeutsamer Befunde, die folgendermaßen zusammengefaßt werden können:

1. Die Klägerin entstammt einer erbgesunden, aller Wahrscheinlichkeit nach physisch und psychisch robusten Handwerkerfamilie – ihr Vater war Maurer, was allein schon auf körperliche Robustheit hindeutet – und war selbst *vor* der Verfolgung niemals ernstlich krank gewesen.

2. Sie wurde als Jugendliche, kaum 13 Jahre alt, von der nazistischen Verfolgung betroffen und war im halbwüchsigen Entwicklungsalter einer Anzahl harter Verfolgungsmaßnahmen ausgesetzt.
3. Im Zuge dieser Gewaltmaßnahmen verbrachte sie vier Jahre lang unter Verfolgungsbedingungen (Ghetto, Zwangsarbeit, KZ Kaiserwald, KZ Stutthof) und den damit verbundenen Strapazen, in ständiger Lebensgefahr sowie Unterernährung, Schutzlosigkeit gegen Witterung und sonstigem Mangel an Hygiene, Erziehung, körperlicher und seelischer Geborgenheit ausgesetzt.
4. *Nach* der Befreiung ist sie eigentlich nie völlig beschwerdefrei geworden und leidet noch heute an Störungen, auf deren Genese und Art im Folgenden noch des näheren eingegangen werden wird.

Untersuchungsergebnisse

Frau P. wurde von mir einer eingehenden nervenärztlichen Untersuchung unterzogen, in deren Verlauf ich neben den oben angeführten anamnestischen Daten eine Reihe der nachstehend niedergelegten Befunde aufnehmen konnte.

Gesamteindruck: Bei der Untersuchung macht die Patientin einen auffallend kindlichen, fast hilflosen, körperlich und psychisch nicht voll ausgereiften Gesamteindruck. Sie ist mittlerer Größe, von feingliedrigem und etwas zurückgebliebenem Körperbau, Muskulatur ist wenig entwickelt, und trotz ihres chronologischen Alters (Mitte der dreißiger Jahre) sieht sie im ganzen eher wie Anfang oder Mitte zwanzig aus. Sie klagt über Müdigkeit, tägliche nachhaltige Kopfschmerzen, Unruhe, Schlaflosigkeit, leichte Erregbarkeit, Ängstlichkeit, Schulter- und Hüftschmerzen, häufiges Erwachen aus

Angstträumen und nächtlichen Alperlebnissen, allgemeine Nervosität, Schwäche- und Schwindelgefühle, Depressionen und Müdigkeitsanfälle. Sie äußert diese Beschwerden nicht in klagsamer oder gereizter Art, sondern eher faktisch und gelassen, ja unwillig, über ihre vergangenen Erlebnisse zu sprechen. Sie muß hierzu wiederholt ermutigt werden, und erst dann beginnt sie bruchstückweise und stockend zu berichten, wobei sie wiederholt in verhaltenes Weinen und Schluchzen gerät. Jedoch bleibt sie auch hierbei undemonstrativ, undramatisch und macht einen glaubwürdigen, verläßlichen, wenn auch infantilen Eindruck. Es scheint mir, daß auf diesen Infantilismus auch die von dem Vorgutachter Prof. H. erhobene Feststellung »wenn sie von ihren früheren Erlebnissen spricht, fängt sie immer wieder zu weinen an, läßt sich jedoch relativ leicht beruhigen« zurückzuführen ist. Ähnliches habe ich auch bei meiner Untersuchung gefunden, bin aber nicht geneigt, darin Indikationen des Klagsamen und Empfindlichen zu sehen. Ich sehe vielmehr darin typische Manifestationen des Kindlich-Infantilen, d. h. Indikationen einer psychisch-physischen Fehlentwicklung, die bei dieser von der Verfolgung im Pubertäts- und Adoleszentenalter erheblich traumatisierten Patientin in der vielleicht wesentlichsten Entwicklungsphase (zwischen 13 und 17 Jahren, Übergang vom Kindes- zum Erwachsenenalter) eingetreten ist und ihre weitere Entwicklung gehemmt hat.

Die psychische Fehlentwicklung tritt am klarsten bei der Untersuchung ihrer Gedanken- und Gefühlswelt zutage.

Status psychicus: Sie ist geordnet und zeitlich wie örtlich orientiert, aber durchweg scheu, unsicher und ängstlich. Sie gibt auf Fragen prompt Auskunft, schaut sich aber dabei wiederholt furchtsam und mit ängstlichem Gesichtsausdruck im Untersuchungszimmer um, als ob sie befürchte, Schläge oder Beschimpfungen zu empfangen, bleibt selbst auf Ermunterungen ängstlich und verzagt wie ein furchtsames, noch heute unter Bedrohungen sich duckendes Kind. Es stellt sich heraus, daß ihre prompten Antworten auf Fragen, ihr gelegentliches wehes, fast bittendes Lächeln und ihre ganze scheue, überängstliche Verhaltungsweise Symptome ihrer inneren Unsicherheit und ihrer im Kindlich-Infantilen verankert gebliebenen seelischen Fehlentwicklung sind. Wenn man nach dem Hintergrund dieser Manifestationen forscht, dann ergibt sich das folgende psychische Bild:

Ihre Gesundheit ist von ängstlichen Erwartungsvorstellungen und gänzlich unverarbeiteten, sie subjektiv quälenden Schreckerinnerungen beherrscht. Sie sieht noch immer, wie ihr Bruder blutbedeckt weggeführt wurde; sie hört das Wimmern und Schreien kleiner Kinder, denen man die Eltern wegnimmt; sie hat das Bild der Mitgefangenen vor Augen, die gierig und hungrig die Eingeweide der toten Frau im KZ aufreißt und verschlingt; sie klammert sich in Gedanken an ihre Mutter, während Schläge und Hiebe die letztere auf Kopf und Rücken treffen; sie weilt in Gedanken immer noch unter den Toten und Sterbenden in Stutthof und auf dem Todesmarsch, dem sie selbst fast erlegen wäre. Sie ist sich klar darüber, daß alle diese Ereignisse viele Jahre zurückliegen und kann doch von den Erinnerungen und quälenden Fantasien nicht loskommen. Sie lebt in anderen Worten immer noch im Konzentrationslager, wie das in der jüngst erschienenen Arbeit von P. Matussek aus der Deutschen Forschungsanstalt für Psychiatrie, München, so eingehend klinisch dargetan wurde (»Die KZler sind in gewisser Hinsicht noch immer im KZ«, s. »Der Nervenarzt«, 1961 Nr. 12, S. 542).

Auf der anderen Seite erwartet sie noch heute das

Schlimmste für sich und die Ihrigen, fürchtet, daß man sie abholen wird, ist in Angst vor uniformierten Polizisten auf der Straße und bleibt daher am liebsten zu Hause, meidet Gesellschaft, geht nicht unter Menschen, da sie sich ständig unsicher und bedroht fühlt. Die Erinnerungen an die Erlebnisse, die sie zugleich peinigen und erregen, stellen sich zwanghaft ein und lassen sich durch Willen oder Ablenken nicht vertreiben. Nachts wird sie von Angstträumen gequält, in denen sie entweder selbst gejagt und gehetzt wird, oder, in einer anderen Gruppe von häufig wiederkehrenden Alpträumen, in denen sie ihre beiden Kinder in Verschlägen versteckt und sie dann – im Traum – nicht wiederfinden kann. Sie wacht aus diesen nächtlichen Schreckerlebnissen in Angst und schweißgebadet auf, weiß sich nicht zu fassen, hat Herzklopfen und kann manchmal für 10 Minuten und länger nicht klar unterscheiden, ob es Traumbild oder Wirklichkeit war. Aus Angst vor diesen Alpträumen, die oft jede Nacht oder jede zweite Nacht wiederkehren, fürchtet sie sich, schlafen zu gehen (daher die charakteristische Einschlafstörung, an der sie leidet), und wenn sie doch mit Hilfe von Barbituraten zum Schlafen kommt, wird dieser durch die beschriebenen Schreckträume unterbrochen.

Neurologischer Status: Die Untersuchung hat keine Anhaltspunkte für eine organische Erkrankung des Zentralnervensystems ergeben. Linksseitig besteht ein Schielauge, scheinbar angeboren. Die Reflexe sind normal. Leichtes Händezittern. Am Halse typische Kragenschnittnarbe, wohlverheilt und reizlos. Keine Sensibilitätsstörungen; keine nennenswerten thyreotoxischen Erscheinungen. Kein deutlicher Exophthalmus. Der Puls ist leicht beschleunigt (96 per Min.), was wohl auf die dauernde Ängstlichkeit zurückzuführen ist. Dermographismus ist deutlich, jedoch noch innerhalb der Grenzen des Normalen gelegen.

Beurteilung

Zur Orientierung über den bei Frau P. gegebenen Krankheitszustand zitiere ich zunächst aus dem maßgeblichen Gutachten des deutschen Sachverständigen-Beirats beim Bundesministerium für Arbeit und Sozialordnung (Schriftenreihe des Bundesversorgungsblatts, Heft 1 S. 5, Bonn 1960):

»Es versteht sich von selbst, daß hierbei in erster Linie (d. h. in der psychopathologischen Beurteilung ehemaliger KZ-Häftlinge) jene Fälle zu berücksichtigen sind, in denen die schädigenden Erlebnisse *einen noch seelisch unausgereiften jugendlichen Menschen betrafen und zu einer schweren seelischen Entwicklungsstörung geführt haben . . .*«

Im Originaltext der genannten Veröffentlichung sind die hier durch Kursivierung hervorgehobenen Gesichtspunkte durch Sperrdruck charakterisiert, also darin als besonders bedeutsam gekennzeichnet. Diese Gesichtspunkte treffen m. E. auf den vorliegenden Fall im vollen Umfange zu. Auf Grund meiner Untersuchung der Frau P. und meiner langjährigen Erfahrungen mit Überlebenden der Verfolgungslager in ähnlich gelagerten Fällen halte ich mit an Sicherheit grenzender Wahrscheinlichkeit eine psychische Entwicklungsstörung erheblichen Grades und verfolgungsbedingt im Sinne der Entstehung bei Frau P. für gegeben.

Dafür sprechen nicht nur die Jugendlichkeit der Klägerin beim Eintreten der Verfolgungserlebnisse, die ungewöhnliche Häufung schwerster traumatischer Einwirkungen durch die Verfolgung (einschließlich des miterlebten Kannibalismus) und das fast unveränderte, gänzlich unverarbeitete Fortwirken der schädigenden

Ereignisse in der Psyche der Patientin, sondern auch deren ganze Erscheinungs-, Verhaltungs- und Reaktionsweise, die deutlich die psychische Prägung des Infantilen, seelisch Unausgereiften und Unentwickelten sogar phänomenologisch aufweist. Ihre innere und äußere Unsicherheit und Scheu, Furchtsamkeit und leichte Erregbarkeit, ihre unausgereifte Erscheinung, ihre Affektlabilität und Stimmungsschwankungen, die ganze zwischen Verzagt-Depressivem und Ängstlich-Unruhigem sich bewegende Gemütslage, teils von erregenden und teils von quälenden Erinnerungen an die Verfolgungserlebnisse beherrscht, deuten auf eine traumatisch verursachte psychische Entwicklungsstörung bei ihr hin.

Man könnte natürlich mit Prof. Dr. H. an anlagebedingte Faktoren als die Ursache einer derartigen oder ähnlich gelagerten Störung in der Verhaltungs- und Reaktionsweise denken. Für eine solche Annahme liegt aber m. E. weder in den von Herrn Prof. H. noch den von mir (und den anderen vorgutachtlich) erhobenen Befunden die geringste wissenschaftliche Grundlage vor. Es ist vielmehr wahrscheinlich, daß Herr Prof. H. zur Postulierung der von ihm m. E. irrtümlich angenommenen anlagebedingten Reaktionen dadurch gelangte, daß ihm wesentliche Teile der Vor- und Verfolgungsgeschichte der Patientin unbekannt geblieben waren. Es ist eine bei solchen Patienten häufig beobachtete Erfahrung, daß nur eine sehr eingehende, zeitraubende, in das Tiefenpsychologische und Erlebnisdynamische reichende psychiatrische Untersuchung die wirklich traumatischen Erlebnisse und Vorgänge zutage bringt, da ja deren Aufdecken im ärztlichen Gespräch – hier z. B. der Kannibalismus und dergl. – von den Patienten als überaus schmerzvoll und peinigend empfunden und daher von ihnen nach Möglichkeit vermieden wird. Die

Scheu, die inneren Schuldgefühle, die Angst, noch heute dafür zur Rechenschaft gezogen und aus der Menschengemeinschaft ausgeschlossen zu werden – und einer der Gründe, daß sie sich teilweise selbst aus solcher Gemeinschaft ausschließen, liegt darin –, führen dazu, daß diese Patienten oft nur höchst unwillig oder nur andeutungsweise über jene tiefliegenden Störungen und traumatischen Erlebnisse sprechen. Hauptsächlich dadurch, daß mir das Landgericht die Explorierung *aller* hier gegebenen psychischen Störungen zur Pflicht machte, war es unumgänglich, in die tieferen psychischen Erlebnisinhalte einzudringen und ihre Angst- und Schreckvorstellungen, ihre Alpträume und sonstige Erlebnisdynamik zu explorieren.

Zur Erhärtung des oben Gesagten, daß hier nicht anlagebedingte, sondern *verfolgungsbedingte,* d. h. traumatische Faktoren die psychische Fehlentwicklung verursacht haben, erlaube ich mir noch zusätzlich die folgenden in deutschen Schriften bekannten Autoritäten anzuführen. Nach Prof. Dr. Villinger (Marburg, 1955) ist bei Jugendlichen und Heranwachsenden »die volle Berücksichtigung der Umweltbedingungen« in der nervenärztlichen Beurteilung ihres späteren Verhaltens und Reagierens eine conditio sine qua non. Nach P. H. Bresser (Köln, 1960) spielt bei Jugendlichen »die ungenügende Ausformung der Persönlichkeit, Hilflosigkeit, starke Anlehnungsbedürftigkeit« eine sehr wichtige Rolle, und gemäß diesem Autor sind »diese charakteristisch jugendlichen Züge« (die wir im vorliegenden Falle anamnestisch und phänomenologisch voll gegeben finden) bei deren Psychopathologie und der Beurteilung in besonderem Maße zu berücksichtigen. Aus der Universitätsnervenklinik der Charité wird in einer ebenfalls 1960 erschienenen Studie berichtet, daß Umweltbedingungen »eine erhebliche Rolle für die Entstehung und den Ver-

lauf von psychiatrischen Krankheitszuständen spielen« und daß bei Jugendlichen »die Unmöglichkeit, sich sozial zu binden und auszuwirken«, zu den oft schwersten Formen von seelischen Entwicklungsstörungen als Dauerschäden führt.
Ich habe mich im Vorstehenden lediglich auf einige einschlägige Auszüge aus der neueren deutschen Fachliteratur (»Fortschritte der Neurologie und Psychiatrie und Grenzgebiete«, 1960 No. 16, »Praxis Kinderpsych.« 4, 1955, H. 1, »Der Nervenarzt« 1960, S. 401-405) beschränkt, da ja für die Wahrheitsfindung und Rechtsprechung des Landgerichts München die in deutschen Schriften veröffentlichten autoritativen Auffassungen maßgeblicher Sachkenner von besonderem Interesse sein dürften. Diese Auffassungen könnten durch vielfache zusätzliche Literaturhinweise aus dem In- und Ausland gestützt werden. So heißt es beispielsweise in der schon vorher erwähnten Arbeit aus der Deutschen Forschungsanstalt für Psychiatrie (»Der Nervenarzt« 1961 No. 12 S. 339/540) über die KZ-Belastung und ihre gesundheitsschädigenden Folgen:

»Auf einen Befund möchte ich aber aufmerksam machen ... Es ist die Tatsache, daß unter den bisher untersuchten Fällen kein einziger ist, der die KZ-Zeit ohne Dauerstörung überwunden hat.«

Obwohl die Untersuchungen an der Deutschen Forschungsanstalt darüber anscheinend noch nicht abgeschlossen sind, wird in der genannten Arbeit von 130 bisher untersuchten Fällen gesprochen, bei denen durchweg Dauerstörungen als Folgen der hauptsächlich psychischen KZ-Belastung gefunden wurden und zwar, wie ebenfalls aus der genannten Veröffentlichung hervorgeht, im wesentlichen bei erwachsenen KZ-Häftlingen, an denen die Studien der Forschungsanstalt für Psychiatrie durchgeführt wurden. Wie sehr muß somit der KZ-Belastungsfaktor *bei einer Verfolgten im Jugendalter* traumatisch eingewirkt haben und speziell im vorliegenden Falle, wo wir direkt aus den Worten der Frau P. (s. oben, S. 95) ihre jugendliche Hilflosigkeit und Anlehnungsbedürftigkeit im KZ entnehmen. Es unterliegt keinem Zweifel, daß hier der KZ-Belastungsfaktor weit jeglichen Anlagefaktor, falls letzterer überhaupt vorhanden, an Schwere und elementarer psychopathogenetischer Einwirkungskraft übertrifft.

Ich komme damit zur Beantwortung der an mich seitens des Landgerichts gestellten Fragen:

1. Bei der Klägerin besteht eine psychische Entwicklungsstörung im Sinne einer seelischen Fehlentwicklung erheblichen Grades.
2. Die Störung ist als verfolgungsbedingter psychischer Dauerschaden im Sinne der Entstehung anzusehen. Diese Auffassung gründet sich auf meiner anamnestischen, psychopathogenetischen, erlebnisdynamischen und phänomenologischen Explorierung der bei der Klägerin gegebenen psychischen Veränderungen und Störungen.
3. Diese Störungen beruhen nicht oder jedenfalls nicht wesentlich auf einer Anlage. Die hier vorliegende Fehlentwicklung würde sich mit an Sicherheit grenzender Wahrscheinlichkeit ohne Verfolgung nicht manifestiert haben.
4. Ich schätze die durch die psychische Fehlentwicklung verursachte Minderung der Erwerbsfähigkeit auf 50% und erkläre ferner, daß gegen die Richtigkeit der von der Klägerin gegebenen Krankengeschichte vom ärztlichen Standpunkt aus keine Bedenken bestehen.

Frau C.
(Obergutachten vom 30. Dezember 1964)

Ich darf einleitend bemerken, daß die Begutachtung des vorliegenden Falles insofern erhöhten Schwierigkeiten gegenüberstand, als nicht nur die psychopathologischen Probleme des Falles als solchem, sondern auch dessen wiederholte Beurteilung seitens einiger der Herren Vorgutachter zum Gegenstand einer über die üblichen Meinungsverschiedenheiten hinausgehenden, teilweise polemisch gefärbten Auseinandersetzung geworden waren. Um die gebotene Objektivität und unabhängige Position als Obergutachter in jeder Weise zu wahren, habe ich mich aus diesem Grunde an folgende zusätzliche Grundsätze gehalten: Ich habe mich während der Zeit dieser Begutachtung (einschließlich der für das Studium des umfangreichen Aktenmaterials notwendigen, sich über viele Wochen erstreckenden Zeitdauer) jeden beruflichen wie außerberuflichen Kontaktes mit den Herren Vorgutachtern enthalten; ich habe die Untersuchung der Frau C. zu wiederholten Malen an zwei zeitlich auseinanderliegenden Daten durchgeführt; ich habe schließlich die mir seitens des Oberlandesgerichts anempfohlene psychologische Testuntersuchung durch eine mir persönlich unbekannte, jedoch auf diesem Gebiete besonders erfahrene und verläßliche Psychologin – certified clinical psychologist – vornehmen und mir darüber eingehenden dokumentierten Bericht schriftlich erstatten und begründen lassen.

Gemäß Beschluß des Senats vom 11. Juli 1963 soll meinerseits zu folgenden Fragen obergutachtlich Stellung genommen werden:

a) Leidet die Klägerin an psychischen Beschwerden?
b) Sind diese Beschwerden auf nationalsozialistische Verfolgungsmaßnahmen zurückzuführen?
c) In welchem Maße – in Prozenten ausgedrückt – ist die Erwerbsfähigkeit der Klägerin heute oder war sie in der Zeit seit dem 1. 1. 1949 infolge dieser Beschwerden gemindert? Wie hoch ist gegebenenfalls der verfolgungsbedingte Anteil dieser Minderung?

Aktenlage

Das Aktenmaterial ist umfangreich, und ich werde im Folgenden den Versuch machen, dessen Inhalt in großen Zügen zu umreißen.

Wie praktisch aus allen mir übermittelten Unterlagen einschließlich der ärztlichen Vorgutachten bzw. gutachtlichen Äußerungen – mit einer Ausnahme, d. i. der beratungsärztlichen Stellungnahme der Reg. Med. Rätin Dr. S. vom 27. 1. 1960 – hervorgeht, haben bei Frau C. psychische Störungen, darunter verfolgungsbedingte psychische Störungen bestanden bzw. wird zum Teil deren Bestehen bis zum gegenwärtigen Zeitpunkt angenommen. In diesem Punkte scheinen alle begutachtenden Ärzte, abgesehen von der erwähnten Ausnahme, weitgehend übereinzustimmen, nämlich:

1.) Das Gutachten des Herrn Prof. Dr. H. vom 3. 5. 1959, das einen verfolgungsbedingten, nervösen Erschöpfungszustand in den Jahren 1945-1948 annimmt und dafür eine verfolgungsbedingte durchschnittliche M.d.E. von 30% einsetzt;

2.) das Gutachten von Herrn Dr. C. vom 14. 5. 1959, worin eine verfolgungsbedingte, »hochgradige psychoneurotische Reaktion mit starker hysterischer Überlagerung« diagnostiziert wird. Der hierfür von Herrn Dr. C.

spezifisch berücksichtigte Grad der M.d.E. ist in der mir vorliegenden Kopie seines vertrauensärztlichen Gutachtens nicht völlig klar angegeben oder wenigstens nicht in klar leserlicher Weise. Dagegen findet sich darin eine prozentuale Schätzung der verfolgungsunabhängigen M.d.E., die mit 60% angegeben ist, sowie eine Empfehlung, die von Prof. Dr. H. angenommene verfolgungsbedingte 30%ige M.d.E. bis zum Jahre 1953 auszudehnen;
3.) Beratungsärztliche Stellungnahme der Frau Regierungs-Med. Rätin Dr. S. vom 27. 1. 1960, wonach »verfolgungsbedingte Leiden ... weder im Sinne der Entstehung noch im Sinne der Verschlimmerung« vorliegen;
4.) Gutachten des Herrn Dr. E. vom 21. 10. 1960, das die vorliegende verfolgungsbedingte psychische »Schädigung in einer schweren Neurose« sieht und dafür eine durchschnittliche M.d.E. von 70% in Betracht nimmt;
5.) Obergutachten des Herrn Priv. Dozenten Dr. Dr. H. vom 20. 6. 1961, worin der Diagnose von Prof. Dr. H. betreffs eines erheblichen körperlichen und seelischen Erschöpfungszustandes im wesentlichen beigepflichtet wird, gleichzeitig jedoch hinsichtlich der Zeitdauer der verfolgungsbedingten M.d.E. die Auffassung von Dr. C. akzeptiert wird, wonach eine 30%ige verfolgungsbedingte M.d.E. bis zum 1. 7. 1953 bestanden hat;
6.) Gutachten von Herrn Dr. E. vom 6. 12. 1961, das in Erwiderung zum Obergutachten des Herrn Priv. Doz. Dr. Dr. H. im wesentlichen an Dr. E.s früherer Diagnosenstellung und Bewertung festhält;
7.) Fachärztliche Stellungnahme des Herrn Dr. E. vom 17. 12. 1962, die sich mit dem Urteil der Entschädigungskammer des Landgerichts Trier befaßt und sich kritisch hierzu äußert;
8.) Ergänzungsgutachten des Herrn Priv. Dozenten

Dr. Dr. H. vom 8. 1. 1964, worin ausführlich auf die obige Stellungnahme Dr. E.s eingegangen und dieselbe zurückgewiesen wird, worin jedoch »die Möglichkeit einer überdauernden seelischen Fehlhaltung von wesentlich erwerbsminderndem Ausmaße« für durchaus gegeben erklärt und schließlich eine nochmalige psychiatrische Untersuchung nebst psychologischer Testuntersuchung vorgeschlagen wird;

9.) Ergänzungsgutachten des Herrn Dr. E. vom 10. 4. 1964, das erneut ausführlich zum Ergänzungsgutachten des Herrn Priv. Doz. Dr. Dr. H. Stellung nimmt, die psychischen Nachwirkungen der Verfolgungsmaßnahmen bespricht und sich mit den Vorschlägen und Gesichtspunkten Dr. H.s nicht einverstanden erklärt.

In etwas summarischer Weise die vorgenannten Gutachten bzw. gutachtlichen Stellungnahmen der angeführten Sachverständigen zusammenfassend kann gesagt werden, daß von fast allen Sachverständigen grundsätzlich das wenigstens zeitweilige Vorhandensein eines verfolgungsbedingten psychischen Gesundheitsschadens definitiv bejaht wird. Die alleinige Ausnahme bildet Frau Reg. Med. Rätin Dr. S., die das Vorhandensein einer derartigen Schädigung durch die Verfolgung gänzlich verneint. Von der Mehrheit der bejahenden Gutachter wird eine 30%ige verfolgungsbedingte Verminderung der Erwerbsfähigkeit angenommen mit einer Begrenzung auf die Zeitdauer von etwa 4 Jahren (Prof. H.) bzw. ca. 8 Jahren (Dr. C., Dr. Dr. H.); demgegenüber wird seitens Dr. E.s an einer mehr oder weniger unbegrenzten Zeitdauer und an einer wesentlich höheren Einschätzung der verfolgungsbedingten M.d.E. festgehalten. Ferner findet sich in den Gutachten eine in manchen Punkten ziemlich lebhaft gehaltene Polemik hinsichtlich diagnostischer, ätiologischer und psychodynamischer Probleme und Streitfragen, die – obgleich vorwiegend in wissenschaftlicher Sicht behandelt – zuweilen nur tangentiell die eigentliche Problematik des Falles selbst und dessen forensisch-psychiatrische Position berühren. Diese gelegentlich auch etwas in das Theoretische abschweifende und teilweise scharfe Polemik scheint, zumal sie auch seitens der Beteiligten zweifellos zum Zwecke der Aufhellung schwieriger Gutachtenprobleme gedacht ist, in manchem der Aufklärung des Sachverhaltes dienlich zu sein, wenn sie mitunter auch von den tatsächlichen Gegebenheiten des vorliegenden Falles wegzuführen geeignet erscheint.

Neben den vorstehend angeführten Gutachten und gutachtlichen Meinungsäußerungen enthält das mir zugestellte Aktenmaterial noch drei weitere ärztliche (recht kurz gefaßte) Berichte:

10.) Schreiben des Kunigl. Medicinalstyrelsen Stockholm vom 13. 3. 1959, das den stationären Aufenthalt der Klägerin in mehreren namhaft gemachten schwedischen Rekonvaleszentenheimen nach der Befreiung und zwar für die Zeit von ca. 14 Monaten (von Ende April 1945 bis Anfang Juli 1946) amtlich bescheinigt;

11.) Ärztliches Attest des Dr. B., in dem die Behandlung der Klägerin u. a. wegen »hochgradiger Neurose mit Neigung zu depressiven Zuständen«, mit nervösem Magenleiden und Herabsetzung der allgemeinen Widerstandskraft für die Zeitdauer von 1953 bis 1956 bestätigt wird. Dr. B. ist Assistant Professor – ungefähr dem akademischen Status eines Privatdozenten einer deutschen Universität entsprechend – an der Johns Hopkins University, einer der angesehensten und ältesten medizinischen Forschungsstätten und klinischen Institute in den USA (die seit vielen Jahren unter dem Rektorat von Dr. Milton Eisenhower steht);

12.) Ärztliches Attest des Dr. D. vom 23. 2. 1958, das die Behandlung der Klägerin für die Zeitdauer von

18 Monaten – dem genannten Datum vorausgehend – wegen nervöser und anderer Beschwerden bescheinigt.

Vor- und Verfolgungsgeschichte

Obschon die einschlägigen Vorgänge aus den Vorgutachten und sonstigen im Aktenmaterial enthaltenen Aussagen hinlänglich bekannt sind und über diese Vorgänge als solche keine wesentlichen Unstimmigkeiten unter den Herren Gutachtern zu herrschen scheinen, habe ich mich bemüht, eine volle anamnestische Befundaufnahme durchzuführen. Es stellte sich bei beiden Untersuchungen heraus, daß Frau C. nicht in der Lage war, eine klare, anamnestisch und chronologisch voll zusammenhängende Vor- und Kranken- und Verfolgungsgeschichte zu geben. Immerhin konnten durch eingehendes Befragen die in den Akten enthaltenen vorgeschichtlichen Angaben und Daten bestätigt und in manchen Bezügen ergänzt werden.

Sie wurde am 8. Juli 1891 in J. (Polen) geboren, wo sie auch die Schule besuchte. Sie wuchs dort gemäß ihrer Angaben mit 6 Geschwistern als Tochter eines jüdischen Kaufmanns in harmonischen, relativ stabilen Verhältnissen auf. Mit Ausnahme von Masern in der Kindheit werden Krankheiten in der Familie und bei ihr selbst verneint, insbesondere werden konstitutionelle Krankheiten, Erbleiden, nervöse Zustände in der Vorgeschichte, Aszendenz etc. auf das bestimmteste verneint; die Eltern starben in relativ hohem Alter. Sie selbst hat die polnische Volksschule ihres Heimatortes regelmäßig 6 Jahre besucht und hat dann gemäß ihren Angaben mehrere Jahre hindurch weiteren Privatunterricht in den allgemeinen Wissensfächern erhalten, da es in ihrem Ort keine höheren Schulen gab und die damalige polnische Schule nach 6 Jahren abschloß. Sie interessierte sich besonders für die deutsche Sprache und Literatur, und der von ihr genommene Privatunterricht erstreckte sich speziell auf dieses Gebiet sowie auf jüdische Geschichte und Kultur. (Ich bin bei meiner anamnestischen Befundaufnahme diesen erzieherischen Vorgängen mit besonderer Aufmerksamkeit gefolgt, da in einigen der Vorgutachten auf eine angebliche intellektuelle Minderbegabung bzw. einen angeborenen oder jedenfalls der Verfolgung vorausgehenden Intelligenzdefekt hingewiesen wird.)

Nach der Beendigung der Schulzeit hat sie im väterlichen Geschäft, das als ein gutgehender Betrieb mit Fleischwarenverkauf und Viehhandlung beschrieben wird, tätig mitgeholfen. Sie hat damals die Bücher geführt, Rechnungen ausgestellt, die Monatsabschlüsse gemacht, auch mit der Kundschaft zu tun gehabt, Zahlungen geleistet und empfangen und dergl. mehr.

Im Jahre 1912 heiratete sie ihren ersten Ehemann, mit dem sie 1921 oder 1922 nach Krakau zog. Aus dieser Ehe gingen nach ihren Angaben 3 gesunde Kinder hervor, zwei Söhne und eine Tochter. Sie hatten ein Herren-Konfektionsgeschäft. Neben dem Haushalt half sie auch in diesem Geschäft mit, wiederum hauptsächlich mit Buchführung und mit der Kundschaft. Der Ehemann starb im Jahre 1927 in Krakau, wo sie weiter verblieb. Da sie nach dem Tode des Mannes nicht allein das relativ große Herren-Konfektionsgeschäft weiterführen konnte, gründete sie sich ein kleineres, eigenes Milch- und Milchproduktengeschäft (Milch, Butter, Käse, Eier), womit sie selbständig den Lebensunterhalt für sich und ihre unmündigen Kinder bestritt. Später arbeitete einer der Söhne in ihrem Milchgeschäft mit, und es ging ihnen im ganzen gut. Die inzwischen herangewachsene Tochter verheiratete sich, hatte selbst Kinder, und sie fühlte sich zufrieden und innerlich stolz, daß sie als alleinstehende Witwe durch Energie und unablässige Arbeit ihren Kindern ein gesundes, ungestörtes Heranwachsen hatte gewährleisten können und nun auch den sich mehrenden Enkelkindern eine gute Großmutter sein konnte. Sie gibt an, in jenen Jahren niemals nervös, gestört, ängstlich oder sonderlich bedrückt gewesen zu sein, sondern im Gegenteil energisch, zufrieden, gesund und stets ebenso arbeitsam wie sparsam gewesen zu sein. Im September 1939 kamen die Deutschen und bald danach setzte in Krakau die systematische Rassenverfolgung ein. Es wurde ein Ghetto errichtet, und es begannen die üblichen Drangsalierungen, Terrorisierungen, Verschickungen, Abbruch und Zerstörung von Heim, Familienbanden usw., gefolgt von Jahren der Zwangsarbeit in umliegenden Ghettos und verschiedenen Arbeits- und KZ-Lagern, unter den letzteren Plaszow (1942), Skarzysko-Kamiens (Nov. 1942-Juli 1943), dann etwa 1 ½ Jahre Zwangsarbeit in einem Munitionsbetrieb in Czenstochau (bis gegen Ende 1944) und schließlich vom Dezember 1944 an KZ Ravensbrück, wo sie Ende April 1945 befreit wurde.

Es ist hauptsächlich mit Bezug auf diese sich über etwa 5 ½ Jahre erstreckende und anscheinend 6 namhaft gemachte verschiedene Verfolgungsstätten (einschl. Ghettos und KZ-Lager) umfassende Verfolgungsgeschichte, wo sich die schon erwähnte Schwierigkeit ergibt, ein klares und lückenlos zusammenhängendes Bild des Geschehens zu gewinnen. Ich habe nicht den Eindruck, daß diese Schwierigkeit auf einen Mangel an Auskunftswilligkeit oder Glaubwürdigkeit zurückzuführen ist, sondern daß sie im wesentlichen aus noch zu beschreibenden Gründen aus gewissen inneren (seelischen) Vorgängen und Gemütsveränderungen zu erklären ist.

Aus ihren Angaben kann immerhin folgendes anamne-

stisches Bild hinsichtlich der Ausgangslage und des Verfolgungssachverhaltes gegeben werden, das wiederum im wesentlichen mit dem aus dem Akteninhalt hervorgehenden übereinstimmt und hier in großen Zügen kondensiert und präzisiert wiedergegeben sei:
a.) Sie entstammt einer jüdisch-polnischen, traditionell und streng religiös ausgerichteten, kinderreichen Mittelstandsfamilie, die von ihr als gesund und normal geschildert wird.
b.) Erbkrankheiten, konstitutionelle Schwäche- oder Krankheitszustände und dergl. werden auf das bestimmteste verneint; die Eltern erreichten ein relativ hohes Alter, und sie beschreibt sich ebenso wie ihre 6 Geschwister als bis zur Verfolgung völlig gesunde Menschen.
c.) Sie selbst heiratete im Alter von 21 Jahren, gebar und erzog 3 als gesund geschilderte Kinder aus dieser Ehe.
d.) Nachdem sie mit 36 Jahren durch den Tod ihres Mannes Witwe geworden war, wurde sie die Ernährerin und Versorgerin ihrer Familie. Sie hat sich und ihre Kinder viele Jahre hindurch offenbar selbständig mit Arbeit, Tatkraft und gesundem Menschenverstand durch die Schwierigkeiten eines verwitweten Daseins durchgeschlagen und hat niemals öffentliche oder private Wohlfahrt in Anspruch genommen.
e.) Durch die Verfolgung hat sie 6 Geschwister, die im Zuge der Gewaltmaßnahmen ums Leben kamen, verloren.
f.) Durch die Verfolgung hat sie ferner zwei ihrer eigenen 3 Kinder sowie ihre Enkelkinder verloren; ein unverheirateter Sohn, der bis vor einigen Jahren in Polen verblieb und dann von dort nach Australien auswanderte, ist am Leben geblieben.
g.) Sie ist nebst diesem Sohne und 3 am Leben gebliebenen Kindern einer Schwester die alleinige Überle-

bende einer von den Nationalsozialisten ausgerotteten Familiengruppe von über 50 nahen Angehörigen und Verwandten, deren Kindern, Enkeln usw.

h.) Sie hat durch die Verfolgung nach ihren Angaben ihre Existenz, den weitaus größten Teil ihrer Familie, ihre Arbeitskraft, Gesundheit und Lebensfreude eingebüßt.

i.) Sie hat nach der Befreiung über ein Jahr Erholungsaufenthalte und Kuren in Schweden benötigt, um überhaupt wieder ein wenig zu Kräften und auf die Beine zu kommen.

j.) Sie hat in Schweden erneut geheiratet, ohne zu einer richtigen Gesundung oder Wiederherstellung ihrer Arbeitskraft zu kommen. Sie hat auch nach ihrer Einwanderung in die USA dauernd ärztliche Hilfe in Anspruch nehmen müssen und benötigt solche auch heute noch. Sie hat weder in Schweden noch in den USA erwerbstätig gearbeitet, sondern nur schlecht und recht den Haushalt versehen können (Zwei-Zimmer-Wohnung). Sie lebt hier von Welfare (soziale Fürsorge).

Die vorstehend unter a) bis j) niedergelegten Punkte umreißen den biographischen Entwicklungsgang der Frau C. in unvollständiger Weise, erscheinen jedoch für die Klarstellung mancher für unsere Beurteilung in Betracht kommenden Fragen ausreichend. Mehr war aus ihr wegen bestehender Gedächtnislücken und gestörter Gemütsvorgänge anamnestisch nicht herauszubekommen. Sie geriet selbst bei der anamnestischen Befundaufnahme dieser relativ umschriebenen Lebensdaten, besonders als sich das ärztliche Gespräch dem unter den Punkten c) bis h) zusammengefaßten Ereignissen zuwandte, wiederholt in ein akutes Gestörtsein mit Depression, starker Unruhe, Schluchzen, Erregtheit und Aufstoßen.

Untersuchungsergebnisse

Wie eingangs erwähnt, habe ich Frau C. zweimal nervenärztlich untersucht und zwar am 30. November 1964 und am 22. Dezember 1964. Diese zeitliche Staffelung mit einem Zwischenraum von einigen Wochen erschien nicht nur geboten, zu einer klareren Beurteilung ihres Status psychicus zu gelangen, etwaige Schwankungen des letzteren zu bemerken, Auffälligkeiten, Abweichungen usw. festzustellen, sondern auch aus *einem* zusätzlichen Grunde: Die eingehende psychiatrische Exploration am 30. 11. 1964 hatte die ältere Patientin psychisch sichtlich so mitgenommen, daß es ratsam erschien – dem ärztlichen Grundsatz des »nil nocere« folgend – die Fortsetzung der Exploration auf ein späteres Datum zu verschieben. Dazwischen, am 8. 12. 1964, wurde Frau C. von der von mir hinzugezogenen Psychologin, Frau Dr. O., einer mehrstündigen psychologischen Testuntersuchung unterzogen.

Frau C. hat sich durch ihr amerikanisches Naturalisierungszertifikat ausgewiesen. Sie erschien beide Male nicht allein, sondern von einer englisch sprechenden Nachbarin begleitet, zur Untersuchung. Sie gab als Erklärung an, daß sie sich allein nicht von Brooklyn nach Mid-Manhattan (wo meine Praxisräume gelegen sind) weder hätte durchfinden noch durchfragen können. In der Tat ist sie der englischen Sprache nur rudimentär mächtig, »radebrecht« im Englischen beträchtlich, spricht und versteht jedoch Deutsch ohne Schwierigkeit, so daß die Untersuchung durchweg in deutscher Sprache durchgeführt werden konnte. Die sie begleitende Nachbarin war bei der Untersuchung selbst nicht zugegen, sondern hielt sich im Wartezimmer auf.

Frau C. ist eine kleine, untersetzte, unauffällig aussehende, ältere Frau, die im ganzen einen recht kümmerlichen und bedrückten Eindruck macht. Sie sieht verhärmt und verzagt aus, jedoch kaum greisenhaft. Sie wirkt mürrisch, bitter und gespannt, hat sich aber im persönlichen Verhalten relativ gut in der Gewalt und bleibt den größeren Teil der Untersuchung über sachlich und kooperativ. Um dem Senat selbst einen Eindruck des sich im Laufe des ärztlichen Gespräches herausschälenden Gedankeninhalts zu vermitteln, gebe ich nachstehend die ersten 5 bis 10 Minuten ihres persönlichen Berichtes aus meinem Untersuchungsprotokoll verbatim wieder.

Nachdem Frau C. von mir empfangen wurde und auf meine Frage, warum sie mit einer Begleiterin gekommen sei, geantwortet hatte, daß sie allein niemals den Weg in meine Praxis mit der Untergrundbahn und bei den vielen Möglichkeiten, sich im Straßengewirr zu verlieren, gefunden hätte, blickt sie sich gespannt-ängstlich im Konsultationsraume um und sagt dann in abgehackten, oft von Schluchzen oder Aufstoßen unterbrochenen staccato-ähnlichen Sätzen:

»Ich habe sehr viel mitgemacht; wir waren 7 Geschwister; alle verloren« (erstes Aufstoßen). »Ich hatte 3 Kinder; ein Sohn ist geblieben; er ist jetzt in Australien, ging dorthin von hinter dem Eisernen Vorhang« (weint verhalten für eine kleine Weile und fährt dann mit etwas ächzender Stimme fort). »In meinen Ohren klingt noch heute die Frage und ängstliche Stimme meines dreijährigen Enkelkindes; es war so ein kleines, kluges Mädchen, wie sie sich an meine Tochter angeklammert hat und immer wieder ängstlich gerufen hat, als sie von den Deutschen abgeführt wurde: ›Wohin gehen wir‹. Das steht mir immer vor meinen Augen und das klingt mir immer in den Ohren, und ich kann weinen und weinen bis ins Grab. Es war so ein gescheites Kind und auf Polnisch nannte es mich ›Babka‹, das ist Großmutter, und fragte mich so oft: ›Babka, kann ich bei dir bleiben, laß mich bei dir bleiben«« (langdauerndes verhaltenes Schluchzen, gefolgt von Aufstoßen).

Ich ließ sie völlig frei sprechen und verhielt mich durchaus als neutraler Beobachter und Zuhörer während dieser ersten Phase der Untersuchung. Nachdem sie von der toten Tochter und dem getöteten Enkelkind berichtet hatte, kam sie langsam und zögernd-zurückhaltend auf ihre Beschwerden und auf sich zu sprechen:

Sie fühle sich dauernd schlecht und bedrückt, leide an Kopfschmerzen, allgemeiner Schwäche, Depressionen, Schwindel- und Angstgefühlen, innerer Unruhe, Hinfälligkeit, Nervosität, sei reizbar und erregt, habe Magenschmerzen, Schmerzen in den Beinen und Armen, könne nicht allein sein, jemand müsse ständig um sie sein, ihr Mann, eine Nachbarin oder irgend jemand, da sie bei Alleinsein unerträgliche Angst bekomme und es ihr schlecht würde und sie Angst habe, daß ihr etwas passieren könne.
Sie sprach über das Schlagen, das Mißhandeln bei den verschiedenen »SS-Aktionen«, wie sie in Plaszow »stehen und zusehen« mußte, als ein 15jähriger junger Neffe von ihr, auch noch ein Kind, aufgehängt wurde. »Wir mußten stehen und zusehen.« »Wir mußten den Mund halten, durften nicht sprechen, nichts sagen, nicht einmal weinen« (erneutes Aufstoßen).

Von hier ab sprach sie mit steigender Erregung über die erlittenen Mißhandlungen und das Nicht-sprechen-dürfen, das Nicht-einmal-mit-dem-Gesicht-zucken-Dürfen, wie sie es mehrmals nannte. Gefragt, was sie damit meine, berichtete sie (unter vielen Stockungen und wiederholtem Schluchzen und Aufstoßen):

»Einmal nickte ich bei der Arbeit ein wenig ein, es war in dem Munitionsbetrieb in Czenstochau, und da wurde ich gleich übers Gesicht und den Rücken geschlagen und als ich schreien wollte, wurde mir befohlen: ›Nicht schreien, nicht weinen, nicht schreien, sonst gibt's mehr Schläge und noch ganz andere Dinge für dich!‹« Sie mußte sich während der ganzen Schlageprozedur krampfhaft den Mund mit den Händen zuhalten, ganz dicht und fest zuhalten, aus Furcht, daß sie aufschreien und dann getötet würde. (Hier erneutes Aufstoßen.)

Das Bemerkenswerte an dieser Folge ist nicht nur, daß sie bei aller Erregtheit und inneren Spannung die Vorgänge verhältnismäßig sachlich und logisch, durchaus kooperativ und glaubhaft vorbringt, sondern auch, daß das scheinbar Demonstrative sich vorwiegend in ihrem lauten Aufstoßen als wiederholt rekurrierendes Symptom kundtut. Eine nähere Betrachtung dieses Symptoms zeigt dem aufmerksamen Beobachter, daß es hauptsächlich beim Zutagetreten affektbetonter, psychisch unverarbeiteter Schreckbilder sich spontan einstellt und vor allem dann, wenn sich in der geschilderten Thematik spontan (und anscheinend unbewußt) eine direkte Verbindung zwischen den traumatischen Verfolgungserlebnissen und den psychisch dazugehörigen, damals unterdrückten Gefühlsreaktionen einstellt. Das erste Auftreten des Aufstoßens geschah unter meiner Beobachtung beim Erwähnen des Verfolgungstodes sämtlicher Geschwister. Der tiefenpsychologische Hintergrund ist hier vermutlich der Zustand der Hilflosigkeit zusammen mit dem unterdrückten Schuldaffekt, d. h. *sie* starben, *ich* lebe – *sie* erlagen der gleichen Verfolgung, der *ich* lebend entkam. Das zweite Aufstoßen erfolgte bei der Schilderung ihrer Hilflosigkeit, als das junge, anscheinend von ihr sehr geliebte Enkelkind gewaltsam weggenommen wurde und sie diese Wegnahme hilf- und wehrlos über sich ergehen lassen mußte – wiederum ein wahrscheinlich verdrängter Schuldaffekt plus die zwangsläufige Unterdrückung jedes Protestlautes ihrerseits bei der gewaltsamen Wegführung. Noch klarer wird dieser tiefere Zusammenhang in erlebnisdynamischer Sicht, wenn man das mehrfache Auftreten des Symptoms bei der Schilderung ihrer eigenen Mißhandlung im Munitionsbetrieb in Czenstochau psychologisch betrachtet; sie durfte dabei überhaupt keinen Laut äußern, weder weinen noch aufschreien, sondern mußte solche natürlichen Gefühlsäußerungen unter der akuten Todesdrohung völlig unterdrücken. Was damals an starken Gefühlen, vermutlich an Schmerz, Pein, Wut, Erbitterung usw. von ihr mit unsagbarer Mühe unterdrückt wurde – unsagbar im wahrsten Wortsinne, da sie sich den Mund mit den Händen zuhalten mußte, um nicht einen Laut von sich zu geben –, kommt heute spontan und anscheinend zwanghaft in fast bellenden, bald kurzen und schrillen, bald länger anhaltenden, fast seufzenden Lautstößen zum Ausdruck.

So etwa muß wohl der psychodynamische Hintergrund des Symptoms gewürdigt werden. Es hat neben dem schon erwähnten Spontan-Zwanghaften etwas Bellendes und auch Erbittert-Aggressives an sich, das man bei sorgsam-gründlichem Zuhören aus den herausgestoßenen Lauten gewissermaßen heraushören kann und das daher dem oberflächlichen Beobachter in der Tat leicht als übertrieben erscheinen mag. Bei sorgfältigem und unvoreingenommenem Studium, das nicht beim rein Phänomenologischen des Symptoms haften bleiben darf und auf dessen Lautart, Stärke, Häufigkeit, verbindungsmäßiges Auftreten etc. eingehen muß, ergeben sich jedoch mit großer Wahrscheinlichkeit die hier dargelegten Zusammenhänge. Ich glaube daher nicht, daß man sich mit einer so summarischen Bezeichnung wie »hysterisch« bei der Charakterisierung des Symptoms begnügen darf. Es scheint vielmehr das damals zu gewaltsam Unterdrückte an persönlicher Not, Qual, Bitterkeit, Trotz, Hilflsoigkeit, Enttäuschung u. a. m. zu beinhalten. Daß dem so ist, zeigte sich beispielsweise beim Fortgang der psychiatrischen Exploration in einem weiteren charakteristischen Zusammenhang:

Ich hatte sie gefragt, wie es käme, daß sie so gut deutsch spräche und verstünde. Darauf antwortete sie Folgendes:

»Ich habe das deutsche Volk immer für ein großes Kulturvolk gehalten. Ich habe als Kind deutsch gelernt, hatte die deutsche Sprache immer sehr gern, ich habe sie auch heute noch gern. Es ist ja wirklich eine schöne Sprache; die Sprache kann ja nichts dafür, daß sie die Menschen gemordet haben . . .«

An diesem Punkte kam es erneut zu mehrfachem starken Aufstoßen, gefolgt von langanhaltendem Schweigen und einer sichtbaren Verstärkung des gespannten, mürrischen Gesichtsausdruckes, der hier in das Erbitterte überging. Die große innerlich fortwirkende, psychisch keineswegs überwundene Enttäuschung darüber, daß sie – die, wie so viele osteuropäische Juden, im deutschen Kulturkreis aufgewachsen war und an deutsches Kulturgut im Sinne von Recht, Geist, Sitte und Ordnung geglaubt hatte – zusammen mit den Ihren zum Opfer gerade derjenigen wurde, die sie als Kulturträger geschätzt und geehrt hatte, wurde gerade in diesen Worten und in dem damit direkt auftretenden Symptom erneut erkennbar.
Diese Zusammenhänge traten insbesondere bei meiner zweiten Untersuchung zutage, als sie vielleicht etwas mehr Vertrauen zu mir als Arzt und Gutachter gefaßt haben mochte. Es ist eine bekannte Tatsache, daß viele der Überlebenden der Rassenverfolgung viel Zeit, Geduld und oft wiederholte Untersuchungen benötigen, um es überhaupt zu ermöglichen, an das Seelische in ihnen heranzukommen. Frau C. bildet auch in dieser Hinsicht keine Ausnahme. Denn es stellt sich bei der zweiten Untersuchung zusätzlich heraus, daß die scheinbare Primitivität ihres mürrisch-abweisenden Verhaltens, ihrer abgehackten Sprech- und Reaktionsweise im Grunde wohl nur eine äußere Primitivität oder, richti-

ger, eine äußere Primitivisierung – vielleicht als ebenfalls nicht überwundene Folge der jahrelangen körperlich-seelischen Brutalisierung – darstellt.

Ich bin auch auf diese Zusammenhänge eingegangen und habe die obige Ansicht bestätigt gefunden. Es bestehen bei Frau C. keine groben psychiatrischen Geistesstörungen im Sinne von Wahnideen, Trugwahrnehmungen, halluzinatorischen Prozessen oder dergleichen. Sie ist örtlich wie zeitlich orientiert, obwohl gleichzeitig bedrückt, ängstlich und leicht verstört. Jedoch bestehen definitive Anzeichen einer Gemütsveränderung im Sinne einer chronischen Affektstörung mit psychischen, vorwiegend depressiven Symptomen im Bereiche der gesamten Gefühlssphäre und auch bis zu einem gewissen Grade in das Intellektuelle übergehend bzw. letzteres ungünstig beeinflussend. Ihre Gedanken- und Gefühlswelt ist schuldbesetzt. Die Stimmungslage schwankt zwischen subdepressiv-verbittert und depressiv-ängstlich, und das gesamte Gefühlsleben steht in erheblichem Maße unter dem Einfluß der affektbetonten erlebnisdynamisch fortwirkenden, da psychisch unverarbeiteten Erlebnisse der Verfolgungsära. Ein Teil dieser Erlebnisse sind als solche unverarbeiteten Schreck- und Erinnerungsbilder hypermnestisch festgehalten, z. B. die Wegführung des Enkelkindes, die erlittenen Mißhandlungen, Todesdrohungen und dergl. Für einen anderen Teil bestehen ausgesprochene Gedächtnisausfälle. Diese Erscheinungen allein, d. h. die Hand in Hand mit einer hypermnestischen Prävalenz für bestimmte Ereignisse einhergehende Gedächtnisstörung für andere Ereignisse aus etwa der gleichen Zeitspanne habe ich bei einer Reihe von Überlebenden der Rassenverfolgung der nationalsozialistischen Ära als häufiges Charakteristikum einer tiefgehenden, oft bleibenden Affektstörung beobachtet. Wegen dieser Gedächtnisschwäche –

bei gleichzeitigem Vorhandensein einer Hypermnesie – und wegen sonstiger nicht in die traditionellen Textbücher fallenden Ausfall- oder vegetativer Begleit- und Störungserscheinungen (etwa lautes, vom untersuchenden Arzt als unangenehm empfundenes Aufstoßen, wie im vorliegenden Falle) kann sich bei oberflächlicher Beobachtung leicht die Meinung einer hysterischen, simulatorischen oder mindestens übertriebenen Symptomatik bilden. Ein näheres Eingehen auf das veränderte Seelenleben erweist jedoch die traumatische Pathogenese der Symptomatik und der tieferen psychologischen Prozesse, die ihr zugrunde liegen.
Dies geht im vorliegenden Falle auch aus den Ergebnissen der psychologischen Testuntersuchung hervor, die ich gemäß Anweisung des Senats habe vornehmen lassen. Die psychologische Testuntersuchung ist auf meine Veranlassung von einer besonders erfahrenen Psychologin, Frau Dr. O., durchgeführt worden.

Wie sich daraus ergibt, ist die psychologische Testuntersuchung – unabhängig von meinen eigenen Untersuchungen vorgenommen – im wesentlichen zu diagnostischen Schlüssen gelangt, die den von mir auf psychiatrischem Untersuchungswege erhobenen Befunden entsprechen. In der Tat scheint das von Dr. O. beschriebene Testresultat in mancher Hinsicht über meinen klinischen Befund hinauszugehen, indem offenbar das reaktiv-depressive und traumatisch-pathogene Substratum des vorliegenden Krankheitszustandes durch die psychologische Untersuchung noch schärfer und klarer erfaßt werden konnte, als dies selbst bei der wiederholten psychiatrischen Exploration möglich war. Ferner hat die psychologische Intelligenzprüfung einen innerhalb der normalen Spielbreite befindlichen Intelligenzgrad ergeben, nämlich einen I. Q. von 93. Die geringfügige Reduktion des I. Q. im Sinne eines etwas verringerten Durchschnittswertes (»low average«) wird im psychologischen Bericht der Einwirkung der »severe, long standing depressive reaction«, d. h. der »erheblichen, lange anhaltenden reaktiven Depression« zugesprochen, die auf dem Wege eines »depressive detachment«, verbunden mit Gedächtnislücken, Unruhe, Angst und Stress, auch zu Einbrüchen in das intellektuelle Funktionsvermögen geführt haben, zusätzlich der »destructive effects« der Verfolgungsereignisse auf die Gefühlswelt. Dagegen sind »common sense and judgment«, d. i. gesunder Menschenverstand, im ganzen intakt geblieben.

Diese Testergebnisse stehen im wesentlichen im Einklang mit den oben beschriebenen klinischen Befunden. Sie werfen ein bezeichnendes Licht auf solche anscheinend hastig und ohne nähere Begründung niedergelegten Meinungsäußerungen im Akteninhalt wie »intellektuell unterdurchschnittlich begabt«, vermeintlicher Intelligenzdefekt und dergleichen mehr.

Psychiatrische Beurteilung

Wie bereits eingangs dargetan, stimmen alle vorgutachtlichen Stellungnahmen mit einer Ausnahme (Frau Reg. Med. Rätin Dr. S.) bei aller unterschiedlichen sonstigen Beurteilung in einem wesentlichen Punkte überein, daß nämlich bei Frau C. verfolgungsbedingte psychische Störungen im Sinne der Verursachung oder wesentlichen Mitverursachung gegeben waren bzw. gegeben sind. Da mir der Senat u. a. die Aufgabe zugewiesen hat, zu den bereits vorliegenden Gutachten und sonstigen ärztlichen Äußerungen meinerseits Stellung zu nehmen, unterziehe ich mich im Folgenden dieser mir gerichtlicherseits auferlegten Pflicht, wobei ich erwähnen darf, daß dies insofern nicht leichten Herzens geschieht, als hier die in der Medizin gebräuchlichen traditionellen Gepflogenheiten kollegialer Rücksichtnahme mit der höheren Pflicht der Wahrheitsfindung in manchem kollidieren dürften.

Zu den Gutachten der Herren Dr. C. und Prof. Dr. H. ist zunächst zu sagen, daß sie im Jahre 1959 abgegeben wurden, also zu einer Zeit, da vieles des uns heute als psychische Dauerschädigung Bekanntgewordenen noch verhältnismäßig wenig wissenschaftlich erkannt oder erörtert wurde, ja in mancher Hinsicht Terra incognita war. Erst die Veröffentlichungen von Venzlaff (1959, 1963), Bensheim (1960), v. Baeyer (1958, 1961), Matussek (1961), Trautmann (1961), Niederland (1961, 1964), Paul u. Herberg (1963) u. a. m. haben die psychiatrische Begutachtung von leib-seelischen Gesundheitsschädigungen bei Überlebenden der Rassenverfolgung allmählich auf eine wissenschaftliche Basis gestellt und neue Einsichten über die Natur dieser Schädigungen vermittelt. [. . .]
Mit Bezug auf den Fall der Frau C. liegen ausreichende Gründe zu der Annahme vor – etwa das Gesamtergebnis der psychologischen Testuntersuchung, von meinen Befunden ganz zu schweigen –, daß die Matussekschen Feststellungen im Grunde nahezu wörtlich ihren Fall beschreiben. Demgegenüber finden sich im Gutachten von Herrn Prof. H. relativ wenige überzeugende sachliche Angaben über den Gemütszustand der Frau C., kaum etwas wirklich Klarstellendes über die Persönlichkeit, Erlebnisdynamik und Gemütsverfassung der Patientin, jedoch eher subjektiv, ja verärgert anmutende Eindrücke über die lauten Geräusche, die die Frau in seiner Anwesenheit machte, über ihr »gekünsteltes« Verhalten, etc. Ich habe bei meinen wiederholten Untersuchungen weder etwas »Gekünsteltes« noch das Herausstoßen der Töne mit Hilfe von forcierten Einatmungen bemerken können. Die letzteren waren zumeist kurz, bellend und schrill in der Tonart und stellten sich spontan-automatisch ohne forcierte Einatmungen ein, in der schon geschilderten Weise und in den dargelegten

erlebnisdynamischen Zusammenhängen; von »gekünstelt« habe ich ebenfalls nichts beobachtet, dagegen vieles, das auf »gestört« oder »verstört« hinweisen dürfte. Vielleicht ist dieses Gestörte oder Verstörte des Gesamtverhaltens von Herrn Prof. Dr. H. als »gekünstelt« aufgefaßt worden. In seinem Gutachten weist er selbst darauf hin, daß das Ausstoßen der Laute bei der Patientin dann eintrat, als sie von ihren KZ-Erlebnissen und ihren Leiden sprach, demnach – wie von mir ebenfalls beschrieben – in eindeutigem Zusammenhang mit den traumatischen, heute noch psychisch erregenden, d. h. affektiv nachwirkenden und unverarbeiteten Verfolgungserlebnissen und ihren Folgeerscheinungen.
Nun läßt es Herr Prof. Dr. H. dabei nicht bewenden. Er diagnostiziert u. a. »psychoneurotische Reaktionen, (die) auf anlagebedingte Faktoren zurückzuführen (sind)«, und schließt seine Begutachtung, nachdem er von Frau C. den Eindruck »einer Person mit einem niedrigen I. Q.« gewonnen hat, mit der Feststellung: »Es kann nicht angenommen werden, daß die Verfolgungsmaßnahmen eine prinzipielle Änderung der spezifischen Reaktionsweise der Untersuchten verursachten ... Verfolgungsbedingte nervöse Störungen liegen jetzt nicht vor.«
Abgesehen davon, daß die Dr. H.sche Annahme, daß »wir es hier mit einer Person mit einem niedrigen I. Q. zu tun haben«, sich nachweislich als unzutreffend herausgestellt hat, wie verhält es sich mit den sog. anlagebedingten psychoneurotischen Reaktionen?
Ich möchte hierzu bemerken, daß in fast allen mir durch mehrere Jahre bekanntgewordenen psychiatrischen Gutachten von Prof. Dr. H. aus den Jahren 1958-1961 diese »psychoneurotischen Reaktionen« und ihre angebliche Anlagebedingtheit mit monotoner Regelmäßigkeit in schablonenhafter Wiederkehr erscheinen. Ich kann mich nicht eines einzigen Falles – unter Dutzenden, die

mir aus den genannten Jahren vorgelegt wurden – erinnern, worin nicht diese »anlagebedingten psychoneurotischen Reaktionen« eines ehemals Verfolgten von Prof. Dr. H. angeführt worden wären, gewöhnlich ohne weitere wissenschaftliche Begründung oder überzeugende Erklärung. Ich muß annehmen – vielleicht zu Unrecht –, daß es sich hier um eine Art vorgefaßter Konzeption oder um sonst irgendeine subjektiv verankerte Meinung seitens des Prof. Dr. H. mit Bezug auf viele, vielleicht die meisten der Verfolgten, die an kontinuierlichen psychischen Störungen leiden, handelt oder gehandelt hat.

Wie dem auch sei, ich kann einer derartigen vorwiegend »anlagebedingt« ausgerichteten und fast regelmäßig im gleichen Wortlaut sich wiederholenden Betrachtungsweise kaum einen hohen wissenschaftlichen Überzeugungswert zusprechen und ihr jedenfalls im vorliegenden Falle nicht beipflichten. Ich möchte diese Stellungnahme noch etwas weiter präzisieren, mich der Prof. H.schen Annahme zuwendend, daß durch die Verfolgungsmaßnahmen angeblich keine »prinzipielle Änderung der spezifischen Reaktionsweise« bei Frau C. verursacht wurde. Ich weiß nicht, was Herr Prof. Dr. H. unter »prinzipieller Änderung« versteht. Immerhin scheint auf Grund des Akteninhaltes und aller übereinstimmenden Angaben Folgendes sichergestellt zu sein:

Vor der Verfolgung war Frau C. nach allem, was wir über sie wissen, eine gesunde, tatkräftige, aktive Frau, die sich und ihre Familie tätig versorgte, niemals Wohlfahrtsorganisationen, öffentliche oder private Fürsorge u. drgl. in Anspruch nahm, sondern sich auch als Witwe anscheinend recht und schlecht durchs Leben schlug, scheinbar niemals ärztliche oder sonstige Hilfe benötigte, ständig arbeitete, ein selbständiges Mittelstandsgeschäft führte, ihre Familie betreute, usw.

Nach der Verfolgung befindet sie sich mehr oder weniger unverändert in dem von Prof. Dr. H. und den anderen Gutachtern geschilderten, chronisch veränderten Gemütszustand, arbeitet nicht, ist auf Wohlfahrt und soziale Fürsorge angewiesen, leidet an multiplen leib-seelischen Symptomen, benötigt häufig ärztliche Hilfe, kann nicht allein ausgehen und ist psychisch in der Tat so verändert, daß Herr Prof. Dr. H. von ihr sogar den Eindruck »einer Person mit einem niedrigen I.Q.« hat.

Ich kann mir kaum eine ausgesprochenere Änderung in der Reaktionsweise eines Menschen vorstellen, als diejenige, die sich aus einer solchen einfachen Gegenüberstellung dessen, was Frau C. vor der Rassenverfolgung war, und dessen, was sie war, als sie lebend aus der Verfolgung herauskam, und zu einem erheblichen Teil heute noch ist, nämlich ein psychisch chronisch gestörtes, zum mindesten semi-invalides, verbittertes, schuld- und angstbeladenes Individuum. Die ganze Symptomatik und Thematik des chronischen Beschwerdebildes einschließlich des phobischen Verhaltens (z. B. des Nicht-allein-ausgehen-Könnens), des Depressiv-Ängstlichen, ebenso wie des Schuld-Angst-Beladenen und Verzagt-Gehemmten sind m. E. so ausgesprochene Anzeichen einer durch die Verfolgung zustande kommenden psychischen Dauerschädigung, daß an einer solchen vermutlich keine Zweifel beständen, falls sie nicht das zusätzliche Symptom des Aufstoßens aufweisen würde.

Es ist im wesentlichen das Vorhandensein dieses Symptoms, das selbst in einem Gutachter vom Range und der Erfahrung des Priv. Doz. Dr. Dr. H. Bedenken hat aufkommen lassen (Dr. C.s Gutachten ist das eines Internisten und in psychiatrischer Hinsicht von sekundärem Interesse). Nun hat Herr Dr. H. die Patientin selbst nicht untersucht und ist bei seiner Oberbegutachtung so gut wie völlig dem Gutachten von Prof. Dr. H.

gefolgt. Dr. H. hat sich zum Beispiel die heute als irrig erwiesene Annahme von Prof. Dr. H. betreffs einer angeblichen minderbegabten Persönlichkeitsstruktur zu eigen gemacht und hat auch den von Prof. Dr. H. berichteten Befund des »Gekünstelten« zum Gegenstand seiner gelehrten Betrachtungen über »eine im Willkürbereiche liegende Fehlhaltung« gemacht. In seiner späteren Beurteilung hat jedoch Herr Dr. H. »die Möglichkeit einer überdauernden seelischen Fehlhaltung von wesentlich erwerbsminderndem Ausmaße« als durchaus gegeben erachtet. Man sieht daraus, daß auch eine gelegentlich scharfe Polemik, solange sie mit wissenschaftlichen Methoden und Fragestellungen ringt, ihren Sinn und Nutzen hat; denn aus der Polemik zwischen den Herren Dr. H. und E., die beide voneinander abweichende Standpunkte vertreten, ist ja die Empfehlung des ersteren nach erneuter Begutachtung und psychologischer Testuntersuchung erwachsen, da beide genannten Gutachter sich zweifellos ernsthaft um wissenschaftliche Objektivität und Klarstellung bemühten.
Leider kann dies nach bestem Wissen und Gewissen nicht von der sog. »Beratungsärztlichen Stellungnahme« der Frau Reg. Medizinalrätin Dr. S. gesagt werden. In dieser Stellungnahme wird als »eigene Beurteilung« der vorgenannten Medizinalbeamtin ausgeführt, daß ihr das Bestehen eines »Erschöpfungszustandes (nach der Befreiung) zweifelhaft (ist), da die Ast. bereits vor der Befreiung in einem deutschen Krankenhaus war, sofort vom Roten Kreuz unterstützt und nach Schweden gebracht wurde, wo sie bereits 1946 zum zweiten Mal heiratete. Verfolgungsleiden liegen also weder im Sinne der Entstehung noch im Sinne der Verschlimmerung vor«.
Wenn es mir nicht gerichtlicherseits zur Pflicht gemacht worden wäre, mich auch zu dieser Stellungnahme zu äußern, würde ich die vorstehenden Sätze für sich selbst

sprechen lassen und kein weiteres Wort darüber verlieren. Leider obliegt mir die unerfreuliche Aufgabe, die Aufmerksamkeit des Senats auf diese befremdliche Argumentierungsart zu lenken und darzutun, daß weder ein Krankenhausaufenthalt in einem deutschen (oder sonstigen) Krankenhaus noch eine prompte Verschickung durch das Rote Kreuz nach Schweden (oder sonstwohin) gegen das Faktum eines psychogenen Leidenszustandes – gleich welcher Art oder Dauer – schützen oder sprechen. Was die Wiederverheiratung »bereits 1946« in Schweden betrifft, so muß ich die Aufmerksamkeit der Kammer auf die Tatsache lenken, daß dieses Argument in den sog. beratungsärztlichen oder prüfärztlichen Stellungnahmen mancher Medizinalbeamten mir in der letzten Zeit mit zunehmender Häufigkeit als gutachtlich vorgebrachtes Ablehnungsargument begegnet. Das Argument der raschen bzw. erneuten Eheschließung nach der Befreiung ist als Ablehnungsgrund ebenso unlogisch wie unpsychologisch und wird dem Verfolgungssachverhalt in keiner Weise gerccht, da dessen eingehendere Betrachtung ein ganz andersgeartetes Bild kundtut.

Es ist hierorts und zweifellos auch den medizinischen Amtsstellen dort wohlbekannt, daß gerade bei früher Verfolgten, die alle oder einen großen Teil ihrer Familienangehörigen verloren hatten, die äußere und innere Vereinsamung, die Isolierung, das Anlehnungsbedürfnis und die oft als persönliche Brandmarkung empfundene Verfolgung, dazu das qualvolle Fehlen des Gefühls der Geborgenheit und Sicherheit Faktoren waren, die diese Menschen bewußt oder unbewußt in schnelle, zuweilen wenig glücklich gewählte Eheschließungen nach der Befreiung trieben, und zwar zumeist in eine Ehe mit gleichfalls der Verfolgung entronnenen Partnern. Von solcher Ehe erhofften sich viele dieser Opfer in ihrer

Seelennot eine gewissermaßen auf magisch-intim-persönlichem Wege erreichbare Wiederherstellung der zerrissenen Familienbande, der verlorenen Liebes- und Lebensgüter usw. Auch Frau C. hat nach meinen Erkundigungen einen Überlebenden der Rassenverfolgung als Ehepartner gewählt. Ob sie damit das erhoffte Verständnis für sich gefunden hat – die Ehe gerade mit einem anderen Verfolgungsopfer entspringt ja u. a. dem tief verwurzelten Glauben, daß nur ein Überlebender der Verfolgung das Verständnis für das Erlebte haben wird –, ist zum mindesten fraglich. Jedenfalls kann jedoch aus einer solchen Eheschließung nicht auf das Vorhandensein bzw. Nicht-Vorhandensein psychischer Veränderungen geschlossen werden. Falls man überhaupt Schlüsse daraus ziehen will, würden sie wohl eher für als gegen das Vorliegen abnormer psychischer Prozesse sprechen.

Damit komme ich zur Beantwortung der vom Senat an mich gerichteten Fragen:

a.) Ja.

b.) Mit großer Wahrscheinlichkeit, ja.

c.) In Übereinstimmung mit dem vorausgegangenen Obergutachten schätze ich die verfolgungsbedingte M. d. E. seit dem 1. 1. 1949 auf 30%. Ich bin jedoch der Auffassung, daß auch nach 1953 keine wesentliche Änderung in dem Status psychicus der Frau C. eingetreten ist, daß sie nach wie vor an dem gleichen psychischen Leidenszustand, nämlich an einer chronischen Affektstörung – verfolgungsbedingt im Sinne der Entstehung – leidet und daß die hierfür in Betracht zu ziehende verfolgungsbedingte M.d.E. weiterlaufend 30% beträgt.

Bei der Bewertung (in Prozenten) habe ich mich an sehr strenge Maßstäbe gehalten und vor allem die durchschnittliche verfolgungsbedingte M. d. E. als den wahrscheinlichen Durchschnittswert der im Zuge und als Nachwirkung der nationalsozialistischen Gewaltmaßnahmen entstandenen und m. E. fortdauernden M.d.E. im Auge gehabt. Herr Dr. E. hat einen weit höheren Grad der M.d.E. (70%) in Betracht gezogen, was zu gewissen Zeiten der Fall sein mag, aber wohl nicht dem Durchschnittswert über längere Zeitfristen hinweg entsprechen dürfte. Auf der anderen Seite hat Herr Dr. H. eine begrenzte Zeitdauer für die Einsetzung des von ihm geschätzten Minderungsgrades (30%) der Erwerbsfähigkeit angenommen. Ich bin geneigt, eine gutachtliche Mittelstellung zwischen diesen Auffassungen mit Bezug auf die Bewertung einzunehmen.

Angesichts des Alters der Klägerin, ihres Gemütszustandes und der langen Dauer ihrer Gemüts- und Persönlichkeitsveränderungen ist mit einer nennenswerten Besserung in absehbarer Zeit nicht zu rechnen.

Frau K.
(Obergutachten vom 6. November 1964)

Vorgeschichte

Gemäß ihren Angaben wurde Frau K. im September 1919 in Olmütz in der Tschechoslowakei als Tochter eines wohlhabenden jüdischen Textilfabrikanten geboren. Die Familie zog später nach Tarnow in Polen, wo der Vater ebenfalls eine Textilfabrik errichtete, und nach ihrer Schilderung dort eine bedeutende Rolle im kaufmännischen, industriellen und sozialen Leben der Stadt spielte. Sie erinnert sich beispielsweise, daß in der Fabrik des Vaters nicht nur für den Inlandsmarkt produziert wurde, sondern daß die dort fertiggestellten Waren auch ins Ausland und sogar nach Übersee exportiert wurden. Sie besaßen ihr eigenes Haus, lebten im Wohlstand, und zu Notzeiten errichtete der Vater nach ihren Angaben eine Volksküche, aus der 4000 notleidende Menschen täglich gespeist wurden. Sie selbst besuchte die allgemeine Schule, später eine Gewerbeschule, in Tarnow, kam gut mit und sollte ihre Studien später an der Höheren Gewerbe- und Handelsschule in Krakau fortsetzen, als der Krieg ausbrach und diese Pläne unmöglich machte. Sie gibt an, niemals ernstlich krank gewesen zu sein und insbesondere nicht an nervösen Störungen gelitten zu haben. Sie war vor allem ihrem jüngeren Bruder sehr zugetan und ihm seelisch außerordentlich nahestehend.

Sie heiratete in erster Ehe Anfang 1941. Ihre junge Ehe wurde zerstört, als bei einer der gegen Ende 1941 einsetzenden Verfolgungsaktionen durch die SS der erste

Ehemann auf der Straße erschossen wurde. Im Jahre 1942 wurde in Tarnow ein Judenghetto eingerichtet, und es kamen weitere Aktionen und damit verstärkter Verfolgungsdruck mit Erschießungen, Bedrohungen und sonstigen Gewaltmaßnahmen. Der Vater als einer der angesehenen jüdischen Bürger des Ortes wurde Mitglied des sogenannten »Judenrates« und mußte des öfteren zu Verhandlungen mit den lokalen Nazibehörden gehen. Von einer dieser Verhandlungen kehrte er nicht mehr zurück, und es wurde bald im Orte bekannt, daß er von den lokalen Nazigewalthabern erschossen worden war. Dies geschah im Jahre 1942, kurz nachdem sie sich wiederverheiratet hatte. Im Jahre 1943 wurde das Tarnower Ghetto liquidiert, und sie kam mit ihrem Mann und jüngeren Bruder in das Konzentrationslager Plascow. Kurz vorher hatte man bereits ihre Mutter und auch eine bei ihnen lebende Großmutter »weggeführt«. Sie hat auch diese Angehörigen nie wiedergesehen.

Während sie und ihr Mann im Konzentrationslager Plascow in der Schneiderwerkstatt arbeiten und sich dadurch am Leben erhalten konnten, wurde der jüngere Bruder, für den sie sich nach dem Tode der Eltern in erhöhtem Maße verantwortlich fühlte und an ihm Mutterstatt vertrat, zusehends elender in Plascow und erkrankte dort mit mäßigem Fieber. Auf ihr eigenes Anraten ging er in die Krankenhaus-Baracke des Konzentrationslagers Plascow, wurde dort anscheinend als arbeitsuntauglich befunden und entweder in dieser Baracke selbst oder in deren Nähe prompt getötet. Denn bei ihrem Zurückkommen mit ihrem Mann von der Arbeitsstätte sah sie, wie seine Leiche, zusammen mit vielen anderen Leichen, auf dem Hauptplatz des Konzentrationslagers Plascow aufgestapelt und in ihrer Anwesenheit und vor ihren Augen verbrannt wurde. Sie, ihr Mann und alle lebenden Mithäftlinge mußten, ohne einen Laut zu äußern und ohne Klage dem grausigen Geschehen zusehen, auf ausdrücklichen Befehl der Lagerkommandantur, da jede mißfallende oder Klageäußerung seitens der Häftlinge mit dem gleichen Schicksal bedroht worden war. Damals gab es noch keine Krematorien in den Lagern, und das Verbrennen der getöteten Häftlinge erfolgte öffentlich auf dem großen Hauptplatz in der geschilderten Weise. Selbst Weinen war nicht erlaubt, und sie hat in dieser Weise stumm und tränenlos das Ende des Bruders über sich ergehen lassen müssen.

Im Jahre 1944 kam sie in das Lager Wielizcka oder Wielicka, wo sie in den dortigen Salzgruben arbeitete. Nach einigen Monaten kam sie wieder nach Plascow zurück und dann von dort nach Auschwitz, wo sie wiederum in der Schneiderwerkstatt arbeitete. Einige Monate danach wurde sie von Auschwitz nach Tschoppau im Sudetenland befördert, wo sie in einer unterirdischen Fabrik Stückwerkarbeit an Maschinenteilen für Flugzeuge und Motorräder verrichtete. Von Tschoppau wurde sie schließlich in das Konzentrationslager Theresienstadt überführt und dort im Mai 1945 in völlig abgemagertem und erschöpftem Zustande befreit.

Nach der Befreiung benötigte sie jahrelang ärztliche Behandlung. Gleich nach ihrer Einlieferung in das Konzentrationslager Plascow hatte sie die Menstruation verloren, die erst einige Zeit nach der Befreiung sich wieder einstellte. Im Jahre 1949 emigrierte sie mit ihrem Mann in die USA und hat auch hier dauernde Beschwerden gehabt und ärztliche Behandlung benötigt. Sie hat verschiedentlich versucht, wieder als Schneiderin und Näherin tätig zu sein, ohne daß ihr dies jemals gelungen ist. Sie ist auch im Haushalt außerordentlich behindert, kommt mit ihrer Arbeit niemals richtig zu Rande und ist nach ihren Angaben weder ihrem Manne eine gute Ehefrau noch ihren beiden, nach der Befreiung geborenen Kindern eine gute Mutter.

Damit komme ich zu dem vorliegenden *Beschwerdebild* auf seelisch-nervösem Gebiete.

Sie klagt vorwiegend über starke Erregbarkeit und Nervosität, Reizbarkeit und ständige Unruhe. Sie habe häufiges Jucken am ganzen Körper, sei dauernd müde, schlaff und bedrückt. Sie leide an heftigen Kopfschmerzen, Schweißausbrüchen, Ängstlichkeit und Vergeßlichkeit. Auch wisse sie nicht, was sie mit sich anfangen solle, und dann stehe sie stundenlang am Fenster und brüte vor sich hin, ohne zu wissen, woran sie die ganze Zeit denke. Über diesem Brüten vergesse sie ihren Haushalt, und oft komme es vor, daß der Mann oder die Kinder nach Hause kämen, ohne daß sie etwas zum Essen für sie vorbereitet habe. Daraus erwüchse ihr viel inneres Ungemach, da sie sich für den vernachlässigten Zustand des Haushalts verantwortlich fühle. Aber am schlimmsten seien die Nächte. Wenn die Nacht hereinbricht, wäre sie stets besonders unruhig und erregt, könne nicht einschlafen für lange Zeit, und wenn ihr dies mit Hilfe von Schlafmitteln dennoch gelänge, leide sie an Angstträumen und schreckhaftem Aufwachen, wodurch sie dann tagsüber erneut sich erschöpft und ermattet fühlt. Häufig sei sie so erregt, daß es »durch ihren ganzen Körper gehe«, sie in Zittern ausbräche, sich wegen des Juckreizes kratzen müsse. Ihre Vergeßlichkeit sei so groß, besonders für Dinge der Gegenwart, daß sie die einfachsten täglichen Dinge, wie Haushaltsbesorgungen, Namen usw. sich nicht merken könne. (In der Tat hatte sie vergessen, zu der ersten Untersuchung bei mir das angeforderte Identifizierungsdokument mitzubringen, und damit sie es zur zweiten Untersuchung mitbrachte, war es notwendig, den Ehemann telefonisch zu verständigen, sie daran zu erinnern.)

Untersuchungsergebnisse

Frau K. ist eine fettleibige und untersetzte, blaß aussehende und ihrem ganzen Habitus nach sich persönlich vernachlässigende Patientin, die einen verhärmten und bedrückten Gesamteindruck macht, kümmerlich und fast schäbig gekleidet ist und selbst ihrer äußeren Erscheinungsart nach wenig gepflegt ist. Der Gesichtsausdruck ist zuweilen traurig-bedrückt, zuweilen ängstlich-unruhig. Diesem entspricht auch ihr Verhalten bei der Untersuchung, indem sie manchmal längere Zeit schweigend und wie geistesabwesend vor sich hinbrütet, dann wieder freundlich-kooperativ und gelegentlich kurz lächelnd Fragen beantwortet. Während eines großen Teiles der ersten Untersuchung macht sie fast den Eindruck einer geistig beschränkten, wenig intelligenten und primitiven Person, aus der es schwer ist, eine klare und zusammenhängende Vorgeschichte herauszubringen. Erst als bei der ersten Untersuchung im Laufe des ärztlichen Gespräches die Vorgänge im Konzentrationslager Plascow von mir angeschnitten werden, zeigte es sich, daß die scheinbare Unintelligenz und Geistesabwesenheit, auch selbst das oberflächliche gelegentliche Lächeln einem deutlichen psychischen Abwehrmechanismus dienen: Es kommt nämlich beim Anschneiden der Vorgänge in Plascow bei ihr zu einem schweren, nahezu 20 Minuten anhaltenden Wein- und Schreiausbruch, der spontan und mit fast tierischer Wildheit aus ihr herausbricht und während dessen sie sich in schreienden, teilweise unverständlichen Lauten und wild herausgestoßenen Wortfetzen unter ständigem Weinen anklagt, daß der Tod ihres Bruders *durch sie verschuldet sei.* Sie habe den Bruder in die Krankenhaus-

Baracke zur Behandlung geschickt, *sie* hätte wissen sollen, daß er von dort nicht wieder zurückkommen würde, und so schreit sie: »Es ist meine Schuld, ich tötete ihn, er war so jung, so gut, erst 15 Jahre alt . . .« Es stellt sich dann in der Tat heraus, daß sie es war, die entgegen dem Wollen des Bruders, der sich gefürchtet hatte, zur Krankenhaus-Baracke zu gehen, darauf bestanden hatte, daß er sich krank melden solle, da er Fieber hatte. So ist sie noch heute in ihrer Gefühls- und Gedankenwelt schuldbeladen, da sie dem von ihr veranlaßten Weg zur Krankenhaus-Baracke den Tod ihres Bruders zuschreibt. Weil sie nach dem beschriebenen Ausbruch einem kollapsähnlichen Zustand nahezukommen scheint und erschöpft ist, sah ich mich veranlaßt, die weitere psychische und neurologische Exploration auf eine zweite Untersuchung zu verschieben.

Sie erschien zu der erneuten Untersuchung mit ihrem Identifikationszertifikat, sonst in der gleichen schon geschilderten ungepflegten Verfassung. Die näheren Umstände über den Verfolgungstod des Bruders als auch des Vaters, die in meiner Vorgeschichte angeführt sind, habe ich erst bei der zweiten Untersuchung voll ermitteln können. In der Tat kommt es bei dieser zweiten Exploration zu einem ähnlichen, vielleicht etwas weniger intensiven emotionalen Ausbruch, als sich das Gespräch dem Tode des Vaters zuwendet. Auch in diesem Zusammenhang klagt sie sich wiederum der Schuld an dem Verfolgungstod des Vaters an, da sie ihn hätte abhalten müssen, zu den Verhandlungen mit den lokalen Amtsstellen zu gehen und daher *sie an seiner nicht erfolgten Rückkehr damals die Schuld trage*. Es stellt sich ferner heraus, daß sie, mit Ausnahme einer Tante mütterlicherseits, die einzig Überlebende ihrer Familie ist und daß neben den Eltern und Geschwistern auch die Großmutter und etwa 20 weitere Familienangehörige der Rassenverfolgung erlagen. Auf meine Frage, warum sie nicht alle diese Angaben den früheren Untersuchern gegenüber gemacht habe, antwortet sie, daß sie es vermeide, über die Verfolgungserlebnisse zu sprechen oder auch über dieselben nachzudenken, daß aber die Schreckbilder der Vergangenheit sich immer wieder zwanghaft bei ihr einstellen und daß sie dagegen nichts machen könne, außer schon Jahre hindurch Beruhigungs- und Schlafmittel zu nehmen. Wiederholt sieht sie sich bei dem Aufkommen dieser Erinnerungen ängstlich in meinem Konsultationszimmer um, sieht auch mich des öfteren furchtsam-geduckt an, als ob sie von mir oder von anderen angesehenen Personen Bestrafung für ihre »Sünden« erwartete. Auf meine Frage, warum sie so fettleibig sei und sich auch sonst vernachlässige, antwortet sie glaubhaft, daß sie sich überesse, wenn sie sich erregt und unruhig fühle, und daß sie sich vernachlässige, weil sie an nichts mehr glaube. Sie entstammt einer religiös ausgerichteten, scheinbar ziemlich kultivierten und traditionsgebundenen Familie. Durch die Verfolgung habe sie ihren Glauben an alles, selbst an die Religion und an Gott, verloren. Sie sagt: »Es war an den hohen jüdischen Feiertagen, daß meine Mutter und Schwester abgeholt wurden – wer kann da noch an Gott glauben?!« Dies sagt sie schlicht, einfach und ist danach auf lange Zeit tief beklommen und verzagt.

Sie fühle sich besser, wenn sie allein sei und man sie ungestört lasse. Die Sorge für den Haushalt und für die Kinder macht ihr viel zu schaffen. Wenn die ältere, jetzt 17jährige Tochter nicht spätestens um 9 Uhr abends nach Hause kommt, geht sie auf die Straße und hält nach der Tochter ängstlich Ausschau. Im Elternhaus war sie lebensfroh und heiter, auch eine interessierte und »große Leserin«. Jetzt liest sie überhaupt nichts mehr, nicht einmal die Tageszeitungen, steht stundenlang am Fen-

ster und brütet. Wegen ihrer Geistesabwesenheit kommt es vor, daß sie sich am Herd oder an der Heizung Brandwunden zuzieht. Dann denkt sie, das geschieht ihr recht, da auch der Bruder den Verbrennungstod erleiden mußte.
Anhaltspunkte für das Bestehen einer echten Geisteskrankheit haben sich nicht ergeben. Halluzinationen oder Wahnideen ausgesprochener Art sind abwesend, obgleich die intensiven Schuldgefühle aus der Gefühlssphäre in das Gedankenleben mit übergehen und dadurch das letztere unter erheblicher Spannung steht und durch die schuldbesetzten Gedankengänge dauernd ungünstig beeinflußt wird.
Die neurologische Untersuchung ergibt sehr lebhafte Sehnenreflexe und verstärkten Dermographismus mit langanhaltender Nachrötung. Es bestehen Lidflattern, Schwitzen und ängstlich-verstörtes Gesamtverhalten, welch letzteres beim Durchbruch der psychisch unverarbeiteten, affektbetonten Schreck- und Erinnerungsbilder in die beschriebenen emotionalen Gemütszustände gerät.

Diagnose

Chronische Affektstörung mit vegetativ-dystonischen Begleiterscheinungen, aus erlebnisbedingtem Persönlichkeitswandel resultierend.

Beurteilung

Es ist klar, daß bei Frau K. eine schwere chronische Affektstörung gegeben ist, die mit den starken seelischen Erschütterungen, denen sie in der Verfolgungszeit ausgesetzt gewesen ist, in kausaler oder con-kausaler Verbindung, zum mindesten im Sinne einer richtunggebenden Verschlimmerung steht. Die bei ihr vorhandenen vegetativen Symptome der Dystonie müssen mit überwiegender Wahrscheinlichkeit als Begleiterscheinungen der Affektstörung angesehen werden. Selbst wenn sie auf eine anlagebedingte Bereitschaft zurückgeführt werden könnten, wie dies seitens des Herrn Reg. Med. Rat Dr. W. geschieht, so ist doch nicht einzusehen, daß ein solches Zurückführen der vorliegenden Affektstörung und der geänderten Lebens- und Verhaltungsweise auf etwaige Anlagefaktoren gerechtfertigt sein würde. Denn diese Affektstörung und die daraus resultierende Gemütsveränderung steht eindeutig im Zusammenhang mit der schuldbesetzten Gefühls- und Gedankenwelt, von der die Patientin mehr oder weniger unterbrechungslos seit ihrer Befreiung beherrscht wird. Für die Richtigkeit einer solchen Annahme zeugen sowohl die im Attest des Herrn Dr. W. niedergelegten Angaben – als auch die glaubhaft berichteten Ereignisse der Rassenverfolgung und die sich daran anschließenden, seither fortwirkenden Gemütsveränderungen.

Ich kann mich auch nicht ganz der Diagnose des Herrn Dr. T. anschließen, der eine schwere chronisch-reaktive Depression feststellt. Obwohl depressive Manifestationen zweifellos in erheblichem Maße vorhanden sind, liegt nach meiner Ansicht eine tiefergehende Affektstörung des gesamten Gemütslebens vor, deren Folgeerscheinungen sich nicht nur in depressiven Verstimmungen äußern, sondern auch in der psychischen Grundhaltung zum Leben als solchem, wie z. B. im Verlust der Religion, der Einstellung zur Familie und zu sich selbst, zu den Aufgaben des Alltags usw.

Zur Sicherstellung meiner Diagnose habe ich, nachdem ich unabhängig auf Grund zweimaliger eingehender

Untersuchung zu der vorgenannten Diagnose gekommen bin, Rücksprache mit den beiden vertrauensärztlichen Vorgutachtern, den Herren Dr. D. und Dr. W., darüber genommen. Beide Gutachter haben mir, unabhängig voneinander, mitgeteilt, daß sie, wenn sie von dem Ausmaß und der Intensität der Verfolgungserlebnisse der Frau K. gewußt hätten, ihre Diagnose nicht bei der Annahme einer vegetativen Dystonie belassen hätten, sondern sich grundsätzlich der meinigen angeschlossen hätten. Aus der Tatsache, daß die Patientin ihnen nicht spontan oder selbst auf Fragen völligen Aufschluß über das Erlebte gegeben hat, darf m. E. nicht auf eine etwaige Unverläßlichkeit ihrerseits geschlossen werden. Denn die Affektstörung als solche, insbesondere angesichts der schuldbeladenen, angsterfüllten Gemütslage, ist von einer Art, die ihr Spontanäußerungen über ihre innere Gefühlswelt verunmöglicht. *Sie erwartet nämlich* dann prompte Bestrafung für ihre »Sünden«, und da sie den Glauben an Gott verloren hat, wird die Bestrafung jetzt von denen erwartet, die ihrer »Sünden« gewahr werden, nämlich von den untersuchenden bzw. begutachtenden Ärzten. Dies hat sich bei meiner tiefenpsychologischen Exploration klar herausgestellt und muß bei der Beurteilung mitberücksichtigt werden. Ebenfalls muß der soziale Abstieg mit in Betracht gezogen werden. Vor der Verfolgung war sie die Tochter eines angesehenen Textilfabrikanten und geachteten Bürgers; durch die Verfolgung wurde sie zu der sozial und wirtschaftlich degradierten Frau, die sie heute ist und die nicht einmal ihren eigenen Haushalt richtig besorgen kann. Da wegen der weiterwirkenden intensiven Schuldgefühle im Zusammenhang mit der Rassenverfolgung trotz all der vergangenen Jahre die Möglichkeit einer weiteren Verschlimmerung besteht, *muß ich eine psychotherapeutische Heilbehandlung, die alsbald beginnen sollte, und mindestens über eine Anzahl von Monaten fortgeführt werden sollte, dringend empfehlen.* Die verfolgungsbedingte Minderung der Erwerbsfähigkeit ist seit dem 1. 1. 1949 weiterlaufend mit wenigstens 35% einzuschätzen.

Frau M.
(Gutachten vom 26. Mai 1965)

Vorgeschichte

Die anamnestischen Angaben ergeben keine Anhaltspunkte für ein eventuelles Vorhandensein von nervösen Krankheits- oder Schwächezuständen, etwaigen Erbleiden oder konstitutionell bedingten Nervenleiden etc. Sie selbst war gemäß ihren Angaben früher niemals ernstlich krank gewesen, hat einen normalen und persönlich wie gesundheitlich ungestörten Entwicklungsgang in der Kindheit und Adoleszenz gehabt, wuchs als gesundes Mädchen in einer sechsköpfigen Geschwistergruppe mit ihren 5 Brüdern in einer jüdischen Kaufmannsfamilie auf. Sie hat sich zur Friseuse ausgebildet, im Jahre 1931 als Jüdin einen christlichen (»arischen«) Ehemann geheiratet, mit dem sie in harmonischer Ehe lebte, und hat im Jahre 1933 ein lebendes, nach ihren Angaben gesundes Kind (Sohn) zur Welt gebracht.
Als eine mit einem Arier verheiratete Volljüdin begannen ihre persönlichen und beruflichen Schwierigkeiten scheinbar nicht unmittelbar mit dem Einsetzen der Rassendiskriminierung i. J. 1933, sondern erst allmählich unter dem sich steigernden Verfolgungsdruck der folgenden Jahre. Im Jahre 1938 wurde sie zur »Sarah« gemacht und als in Mischehe lebende Jüdin zum »Arbeitseinsatz« herangezogen, der von ihr als »Judeneinsatz« geschildert wird. Sie wurde mit Wegschicken bedroht, und als ihr einmal die sichere Deportierung angedroht wurde, fiel sie nach ihrer glaubhaft und zurückhaltend vorgebrachten Schilderung vor dem Gestapomann

auf die Knie, der sie daraufhin als »Judensau« beschimpfte und bedrohte, sie aber weiter im »Judeneinsatz« arbeiten ließ. Sie arbeitete damals als jüdische Zwangsarbeiterin u. a. bei einer Firma Dralle. Sie hatte schon 1938 ihren selbständigen Geschäftsbetrieb aufgeben müssen, und ihr Gewerbeschein als unabhängige, berufstätige Gewerbetreibende war ihr im Zuge der ansteigenden Rassenverfolgung entzogen worden. (Was dies psychologisch für die Selbstachtung einer bis dahin aktiv im Berufsleben stehenden Frau bedeutet – im Sinne der daraus resultierenden Entwertung, von anderen mehr gewaltsamen Degradierungsmaßnahmen ganz zu schweigen –, wird noch bei der psychiatrischen Beurteilung darzutun sein.) Im Jahre 1940 verlor dann auch der Ehemann, der zu seiner jüdischen Frau hielt, seine Existenz als Inhaber eines Fuhrbetriebes mit Brennholzhandlung etc.

Mit dem dauernden Anwachsen des Verfolgungssystems gegen alle Juden und der drohenden Deportierung ständig vor Augen begann sie zu fühlen, daß sie auch als Zwangsarbeiterin ihres Lebens im damaligen Deutschland nicht mehr sicher war, und im Jahre 1943 »tauchte sie unter«, d. h. sie lebte illegal und unangemeldet von dann ab bis Kriegsende unter der täglichen Gefahr des Entdeckt- und Deportiertwerdens, wobei sie lange Zeit hindurch in einem verborgenen Keller hauste und oft nicht mehr »ein oder aus wußte«, wie sie stockend berichtet. Selbst als die Befreiung kam, nahmen ihre Schwierigkeiten kein schnelles Ende, da sie keine Papiere hatte, die beweisen konnten, daß sie eine Jüdin war, und als sie Leute traf, die sie von früher her kannten, wunderten diese sich, daß sie »überhaupt am Leben war«. Im Laufe des ärztlichen Gesprächs mit mir zeigte es sich, daß sie im Grunde auch heute darüber tief erstaunt ist und daß diese innere Verwunderung über

»leben oder totsein« selbst heute noch in ihr tiefenpsychologisch erhalten geblieben ist.

Beschwerdebild

Frau M. klagt über häufige Kopfschmerzen, dauernde Ängstlichkeit, Nervosität, Müdigkeit, chronische Schlafstörungen mit wiederkehrenden Angstträumen, innere Unruhe, Müdigkeit, Schwäche- und Angstzustände. Die Angstgefühle sind unablässig »mit ihr und in ihr«, und dies ist nach ihrer Schilderung ein so starker Dauerzustand bei ihr, daß sie beispielsweise niemals abends auf die Straße geht und nach Tagesende nicht das Haus verlassen kann. Die Träume, die sich im wesentlichen mit den durchgemachten Verfolgungsereignissen und zwar insbesondere mit dem illegalen Leben, Gesuchtwerden durch die Gestapo und sonstigen lebensbedrohlichen Situationen befassen, haben den Charakter von nächtlichen Alperlebnissen, aus denen sie in Terror und schweißgebadet erwacht. Sie schwitzt auch tagsüber sehr viel. Sie sagt: »Ich kann nicht ohne Schlafpillen schlafen ... ich lebe von Pillen und Tranquillizers« – mit den letzteren sind Sedative, Barbiturate und stärkere Beruhigungsmittel gemeint. Sie leidet ferner an subjektiv quälenden Mißempfindungen, z. B. an »Gefühlen, daß jemand hinter mir her ist«, daß sie laut »irgend etwas herausschreien möchte«, fühlt sich häufig übel, muß sich erbrechen, ohne daß dafür eine körperliche Ursache vorhanden wäre, und wenn sie schwitzt, wird sie nach ihrer Aussage »klöternaß«. (Ich glaube, daß dies ein idiomatischer Hamburger Ausdruck für gänzlich schweißgebadet, gewissermaßen in Nässe aufgelöst oder dergl. ist.)

Untersuchungsergebnisse

Frau M. ist eine kleine, blasse, gespannt und ängstlich aussehende Frau, die schon rein äußerlich einen scheuen und ängstlich-bedrückten Gesamteindruck macht und in ihrem stillen, zurückhaltenden Verhalten ebenso wie ihrem furchtsam-versorgten Aussehen eher den Eindruck einer verängstigten Halbwüchsigen als einer ihrem Alter entsprechenden Person macht, die einmal ein eigenes Berufsleben hatte und versah. Sie hat etwas außerordentlich Stilles und Zurückgezogenes an sich, ist meist ganz schweigsam und in sich gekehrt, als ob sie irgendwie nach innen lauschte oder mit Dingen psychisch beschäftigt wäre, die sie nicht aussprechen kann und die vielleicht auch nicht völlig ausgesprochen werden können. Dabei bemüht sie sich sichtlich, alle Fragen prompt und bereitwillig zu beantworten, fällt aber danach fast immer in ein verhaltenes oder sehr beklommenes Schweigen zurück, verstummt gewöhnlich ganz plötzlich nach einem oder zwei stockend ausgesprochenen Sätzen oder nach einer wortkarg und verhalten vorgebrachten Schilderung eines Verfolgungsvorgangs. Auch in der Angabe ihrer subjektiven Klagen, z. B. in der Beschreibung des bereits besprochenen Beschwerdebildes, ist sie völlig undemonstrativ, macht keine übertriebenen Angaben (eher das Gegenteil), sagt nur das Notwendigste, und es ist schwer, mit ihr in ein Gespräch zu kommen. Das ganze Gebaren ist so unauffällig und zurückhaltend, daß man sich nicht des Eindrucks erwehren kann, daß sie sich auch heute noch persönlich sozusagen unsichtbar machen möchte, als ob sie eben nicht vorhanden wäre, nicht gesehen und nicht erkannt werden wollte. Ich habe dieses Verhalten des

Sich-nicht-auffällig-Machens, des Sich-fast-unsichtbarmachen-Wollens so oft bei ehemals Verfolgten, die lange Zeit ein verborgenes und von der täglichen Gefahr des Entdecktwerdens durchdrungenes Dasein in einem unsicheren Schlupfwinkel führten, klinisch und gutachtlich beobachtet, daß ich es als charakteristisch für Menschen bezeichnen möchte, die ein Verfolgungsschicksal wie das der Frau M. durchgemacht haben und auch heute noch psychisch an dessen Nachwirkungen laborieren.

Die Gemütslage ist ängstlich-gespannt und besorgt, die überwiegende Stimmung unfrei und ihre Gefühls- und Gedankenwelt ist von den vielen, affektbetonten, psychisch gänzlich unverarbeiteten Vorgängen der Verfolgungsjahre beherrscht. Dies tritt nicht nur in dem beschriebenen Gesamtverhalten, sondern auch in den wiederkehrenden Angst- und Alpträumen, die die nicht überwundenen Schreckerlebnisse der Verfolgungsjahre fast wortgetreu widerspiegeln, und auch in manchen ihrer heutigen Symptome klar zutage, z. B. in den phobischen Ängsten, das Haus abends zu verlassen (es ist gewissermaßen heute noch sicherer, verborgen zu bleiben, wie damals im illegalen Keller), in dem plötzlichen Aufschreien und Herausschreien-Wollen und es nicht können noch dürfen (genauso wie damals) und dergl. mehr.

Wenn man nach dem Hintergrund dieser Erscheinungen forscht, was in dem vorliegenden Falle wegen der in sich gekehrten Erlebniswelt und der Tendenz zur Schweigsamkeit nicht leicht war und auch aus diesem Grunde eine wiederholte psychische Exploration erforderlich machte, so ergibt sich, daß Frau M. neben dem Leben der Illegalität, des Versteckseins und des verängstigten Schweigens noch ein weiteres »Verfolgungsgeheimnis« etwa ein Jahrzehnt hindurch sorgsam zu hüten und verborgen zu halten hatte: Bis lange nach der Befreiung hat sie dem Sohn – ihrem einzigen Kinde, mit dem sie noch bis 1943 regelmäßig zusammen war und auch danach immer wieder zusammenkam – niemals gesagt, daß seine Mutter eine verfemte, geächtete, in ständiger Lebensbedrohung stehende Jüdin war. Auf meine diesbezügliche Frage antwortete sie schlicht: »Kindermund plappert aus ... ich mußte vor ihm verbergen, daß ich eine Jüdin bin.«

So notwendig und verständlich ein solches Verhalten unter den damaligen Verhältnissen für eine besorgte Mutter war, so hat doch der daraus und natürlich auch aus der totalen Verfolgungslage resultierende, sich über Jahre hinziehende äußere und innere Druck Spannungen erzeugt, deren Abreaktion unter den damaligen Verhältnissen unmöglich war und deren psychodynamische Folgeerscheinungen in gewissen Manifestationen der heutigen Symptomatik (chronischer Spannungszustand, phobische Symptome, das Herausschreien-Wollen der damaligen inneren, zwangsläufig unterdrückten Not usw.) unschwer erkenntlich werden.

Grobe psychiatrische Veränderungen im Sinne von Trugwahrnehmungen, Sinnestäuschungen oder Wahnvorstellungen sind nicht vorhanden. Sie ist örtlich wie zeitlich orientiert.

Im neurologischen Bereiche finden sich mäßiger Dermographismus und leichter manueller Tremor. Die Reflexe sind seitengleich. Anhaltspunkte für eine Erkrankung des Zentralnervensystems sind nicht gegeben. Die Kopfschmerzen sind hauptsächlich in der linken Kopf-, Stirn- und Gesichtsseite lokalisiert und werden bei der neurologischen Untersuchung als subjektiv sehr intensiv geschildert; sie erzeugen in ihr das subjektive Gefühl, als ob *»der ganze Kopf auseinandergehen und platzen würde«*. Da bei der sonst so zurückhaltenden, stillen und eher zu »understatements« geneigten Ausdrucks- und Sprechart der Patientin kaum Anlaß besteht, an dieser subjektiven

Beschreibung zu zweifeln, wird man wohl nicht fehlgehen, wenn man auch die Kopfschmerzen und das charakteristische Gefühl, daß der ganze Kopf »platzen« könnte, mit dem vorgenannten starken Spannungszustand erlebnisdynamisch in Beziehung setzt.

Beurteilung

Wie aus der Vor- und Verfolgungsgeschichte, der wiederholten Befundaufnahme und der psychiatrischen Exploration sowohl im Dezember 1964 als auch im Mai 1965 übereinstimmend hervorgeht, hat Frau M. als eine mit einem »Arier« verheiratete Volljüdin die Gesamtdauer der nationalsozialistischen Verfolgungsära – etwa 12½ Jahre – mitten in der von Judenhaß und Judenvernichtung durchdrungenen Atmosphäre des damaligen »Dritten Reiches« durchlebt. Während man wohl annehmen kann, daß in den ersten Jahren der Rassenverfolgung mehr das vorwiegend diskriminatorische Element im Vordergrund des Geschehens stand und daß dieses durch den christlichen Ehemann zum Teil wenigstens abgeschirmt werden konnte, verdichteten sich etwa von 1938 an die Verfolgungsmaßnahmen zu mehr und mehr konkreten Existenz- und Wertentzugserlebnissen direkter und persönlicher Einwirkung (Ausschluß aus der Innung, Verlust des Gewerbescheins, gröbliche Beschimpfungen), dann später zu akuten lebensbedrohlichen Situationen (ständige Deportationsgefahr) und kulminierten schließlich in einem ca. 2jährigen, ständig angsterfüllten »Untertauchen« in die Illegalität.
Wenn man sich das Verfolgungserlebnis dieser Patientin als Ganzes vor Augen führt und sich vergegenwärtigt, daß ein einziger Fehlschritt ihrerseits oder auch ein von ihr nicht kontrollierbares Geschehen in ihrer Lebens-

situation – sie sagte mir beispielsweise, daß eine Ehescheidung seitens des selbst unter Druck stehenden Mannes von ihr ein solches Ereignis gewesen wäre – ihre prompte Deportierung und damit höchstwahrscheinlich ihr Ende herbeigeführt haben würde, wenn man sich dies als eine tägliche und vielleicht sogar stündliche, über Jahre durch nichts gemilderte Gefahrensituation vergegenwärtigt, so wird dem objektiven Beobachter die erlebnisdynamische Beziehung der heutigen Symptomatik zu dem damals Durchlebten kaum entgehen können. Es steht für mich außer Frage, daß Frau M. im Bereiche ihres Gefühls- und Gemütslebens einen psychischen Dauerschaden davongetragen hat, der als verfolgungsbedingt im Sinne der Entstehung zu betrachten ist und der klinisch als ein chronischer Spannungs- und Angstzustand mit somatischen und vegetativen Äquivalenten in Erscheinung tritt. Man kann im Sinne einer etwas verallgemeinernden diagnostischen Klassifizierung den vorliegenden Zustand auch als eine vegetative Dystonie bezeichnen; ich glaube jedoch sagen zu können, daß man dem psychiatrisch-klinischen Befund und dem gesamten Beschwerdebild mehr gerecht wird, wenn man die vorstehende Diagnose eines chronischen bzw. chronifizierten Spannungs- und Angstzustandes – mit somatischen und vegetativen Begleiterscheinungen einhergehend – als gegeben erachtet. Denn im Vordergrund des derzeitigen Krankheitsbildes stehen unzweifelhaft die psychischen Manifestationen, vor allem die fortdauernde und fortwirkende Angst, während die Veränderungen im Vegetativum überwiegend sekundär zu sein scheinen. Meine Befunde stehen im vollen Einklang mit den Beobachtungen anderer maßgeblicher Autoren, z. B. denen von Venzlaff (Göttingen), der die seelische Belastung als Folge illegalen Lebens eindringlich dartut:

»Der wesentliche erlebnisdynamische Faktor der Illegalität ist die permanente Angst, das ständige Gefühl des Gehetztseins ... oder das tatenlose Ausgeliefertsein im Versteck ... Der ständige Zwang, sich zu beherrschen, auf der Hut zu sein, die zwanghafte Furcht, irgendetwas falsch zu machen und sich zu gefährden, das Fehlen jeden Ventils, die Spannungen abzureagieren, stellten *eine überdurchschnittliche Dauerfrustration mit nachhaltigen Auswirkungen auf Psyche und Vegetativum dar* ... Bei den verbliebenen Dauerstörungen ... steht oft eine bleibende vegetative und emotionale Alteration (Schlafstörungen, Kopfschmerzen, ausgesprochene seelische Labilität und Verstimmbarkeit ...) ganz im Vordergrund, offenbar *als spezifische Antwort auf die jahrelangen Angstspannungen.*«

Ich glaube, daß die obigen Ausführungen des hervorragenden deutschen Sachkenners hier im Grunde verbatim die Gegebenheiten des vorliegenden Falles umreißen, und ich habe die speziell einschlägigen Gesichtspunkte hervorgehoben. Wie ich in meiner kürzlich veröffentlichten wissenschaftlichen Arbeit über diese Probleme (s. »Psyche«, Heidelberg 1965 Heft 12, S. 888-895) eingehender dargelegt habe, pflichte ich den Venzlaffschen Beobachtungen gerade mit Sicht auf die durch Leben in der Illegalität verursachten psychischen Dauerschäden bei und stehe weiter mit Venzlaff, von Baeyer, Bensheim und anderen Autoren auf dem Standpunkt, daß die langjährige Ächtung und vor allem die mit dem Leben in der Illegalität verknüpfte seelische Belastung bis zu einem gewissen Grad der KZ-Belastung gleichzusetzen ist, namentlich mit Bezug auf die pathogenen Faktoren der fortwährenden Angst, chronischen Spannungen und des persönlichen Wert- und Geborgenheitsentzuges. Alle diese Faktoren sind sowohl in den Verfolgungsvorgängen, denen Frau M. jahrelang ausgesetzt war, als auch in ihrer heutigen Symptomatik einwandfrei nachweisbar. Auf der anderen Seite ist der eventuelle Einwand einer anlagemäßigen bzw. konstitutionellen

Mitbeteiligung, wenn auch nicht völlig auszuschließen, jedenfalls nicht nachweisbar. Als nahezu sichergestellt ist allenfalls anzunehmen, daß eine konstitutionell geschwächte oder von Haus aus anfällige Frau wohl kaum die physisch-psychische Energie, Geistesgegenwart, Klarheit des Denkens hätte aufbringen können, die Härte dieses Verfolgungsschicksals überhaupt lebend zu überstehen, wie dies Frau M. getan hat, wenn auch mit nicht unbeträchtlicher Einbuße auf seelisch-nervösem Gebiete.

Ich schätze die bei ihr gegebene verfolgungsbedingte Minderung der Erwerbsfähigkeit in meinem Fachbereiche auf durchschnittlich 25% seit der Befreiung und seither fortlaufend.

Frau T.
(Gutachten vom 7. Juni 1964)

Vorgeschichte:

Frau T. entstammt, gemäß ihren Angaben, einer gebildeten, wohlhabenden, polnisch-jüdischen Kaufmannsfamilie. Der Vater war Getreidehändler. Sie ist die jüngste von 4 Geschwistern. Ein Bruder war Anwalt und Mathematiker, ein anderer Bruder war Rechnungsbeamter.
Sie wuchs, laut ihrer Schilderung, in harmonischen Familienverhältnissen auf, war außer den üblichen Kinderkrankheiten (Masern, Mumps) niemals ernstlich krank, besuchte die Grundschule, dann das Gymnasium, machte 1933 erfolgreich das Abitur. Sie heiratete mit 22 Jahren ihren jetzigen Ehemann, der ein gutgehendes Import- und Exportgeschäft betrieb. Sie lebten in Wohlstand, besaßen drei Häuser, ausgedehnten Landbesitz, hatten zwei Kinder. Sie sagt darüber: »Mein Stolz war, eine Hausfrau und gute Mutter zu sein.« Sie fühlte sich sicher, gesund und glücklich.
Im Jahre 1940 kamen die Deutschen. Die Familie kam ins Ghetto. Bald begannen die Auslese-»Aktionen« der SS. Sie flüchteten nach Kolomea, kamen auch dort ins Ghetto. Im Jahre 1942 oder 1943 – sie weiß die Zeit nicht genau anzugeben – wurde die ganze Familie, sie, ihr Mann, die beiden Kinder und beide Eltern, im Ghetto typhuskrank. Die Eltern starben an Typhus und Unterernährung. Sie selbst und ihr Mann wurden zu schweren Feldarbeiten herangezogen, mußten Zwangsarbeit außerhalb des Ghettos verrichten, und sie lebte

dabei in ständiger Angst, daß sie bei der allabendlichen Rückkehr von der Tagesarbeit ins Ghetto nicht mehr ihre jungen Kinder dort lebend vorfinden würde, und fürchtete unablässig, daß diese einer der oft wiederkehrenden »Aktionen« der SS zum Opfer gefallen sein könnten.
Schließlich wurde der Verfolgungsdruck so groß, daß sie unter Lebensgefahr sich, im Walde verborgen, monatelang in einem abgelegenen Versteck aufhielten. Das Versteck war eine Grube im Walde. Da in diesem Schlupfwinkel, in dem sie halb tierähnlich, oft bis zu den Knien und darüber im Schlamm und Morast vegetierend, lebten, weder Trinkwasser noch Nahrung vorhanden war, mußte sich der Ehemann nachts in entfernte polnische Bauernhäuser begeben, um dort Wasser und Brot zu erbetteln. Sie blieb mit den Kindern allein, und wenn er nicht bald zurückkam, war sie von entsetzlicher Furcht um sein Leben und um das ihrer selbst und ihrer Kinder erfüllt. Hunger, Durst, Schmutz und Todesgefahr erfüllten ihr Dasein. Die Wälder, in denen sie sich aufhielten, wurden nicht nur von nach Juden fahndenden SS-Truppen, sondern auch von marodierenden, räuberischen Banden durchsucht.
Als schließlich die Befreiung durch die Russen kam, lebten sie für eine Weile im »Niemands«-Land zwischen den kämpfenden Armeen. Der Wald, in dem sie hausten, wurde akutes Kampfgebiet und um überhaupt mit dem Leben zu entkommen, entschlossen sie sich erneut zur Flucht. Während sie das ältere Kind an der Hand führend und das jüngere an ihrer Brust bergend flüchten wollte, wurde das jüngere Kind von einer Kugel tödlich getroffen und starb an ihrer Brust. Es war im Winter 1944, die Erde war hart gefroren, und sie konnte das Kind nicht begraben, mußte es vielmehr tot auf der Erde liegen lassen und vor den wieder anrückenden Nazis flüchten.

Über Polen, Oberschlesien, Österreich kamen sie 1950 in die USA. Mit Hilfe der Jewish Agricultural Society in den USA wurden sie auf einer Hühnerfarm im New Jersey-Landbezirk angesiedelt, aber sie kann ihrem Manne überhaupt keine rechte Hilfe sein. Sie ist zu unruhig und erregt dazu, gerät abwechselnd in apathisches und melancholisches Brüten oder in erregte Zornesausbrüche, über die sie sich nachher schämt, leidet an Depressionszuständen, Angstattacken, Herzklopfen, Schwindelgefühlen, Gedächtnisschwäche, allgemeiner Spannung und Nervosität, Kopfschmerzen, Schlafstörungen mit Angstträumen, Aufschrecken und Schweißausbrüchen.

Untersuchungsbefunde

Ängstlich und verstört aussehende, adipöse Frau, deren völlig ergraute, fast greisenhafte äußere Erscheinung in eigenartigem Gegensatz zu ihrem zarten, feinzügigen, unruhig-gespannten Gesichtsausdruck steht. Sie ist während der Untersuchung unruhig und erregt, steht offensichtlich unter starker innerer Spannung, und obwohl sie örtlich und zeitlich voll orientiert ist, fällt ihr von Zeit zu Zeit das Sprechen und Antworten deutlich schwer, besonders wenn sich das ärztliche Gespräch den affektbetonten Ereignissen der Verfolgungszeit zuwendet. Ihr Gesicht zeigt dann sehr starke Rötung, Neigung zu erhöhter Schweiß-Sekretion, und sie hat wiederholt große Mühe, sich zu beherrschen. Zu anderen Zeiten wird sie blaß, blickt verstört und wie geistesabwesend um sich, bleibt aber im ganzen ansprechbar, kooperativ und koordiniert. Sie kommt im Laufe der psychiatrischen Untersuchung immer wieder auf das gefahrvolle Leben in der versteckten Waldgrube und auf den Tod des Kindes in ihren Armen zurück. Sie sagt darüber unter verhaltenem Schluchzen und Ächzen: »Mein Kind sollte am Leben geblieben sein; mich hätte man totschießen sollen.«

Wenn man nach dem Hintergrund dieser Manifestationen forscht, so stellt sich heraus, daß sie an erheblichen Schuldgefühlen und psychisch gänzlich unverarbeiteten Zwangs- und Schreckbildern im Zusammenhang mit den durchgemachten Verfolgungserlebnissen leidet. Sie ist die einzig Überlebende ihrer Familie, da Eltern, alle Geschwister, deren Kinder und Anverwandte im Zuge der Verfolgung umgekommen sind. Da sie die allein Überlebende in ihrer Aszendenz, auch gleichzeitig die Jüngste der Familiengruppe war, ist ihre Gedanken- und Gefühlswelt allein schon aus diesem Grunde schuldbesetzt. Sie zeigt deutlich das von Trautmann (»Nervenarzt«, 1961, No. 12) und vorher bereits von mir (Journal of Hillside Hospital, 1961, No. III/IV) beschriebene Syndrom der Überlebensschuld, das sich in den schuldbesetzten Zwangsgedanken »*sie* sind tot, *ich* lebe, eigentlich hätte *ich* tot sein sollen, damit *sie* leben« äußert.

Der Tod des Kindes in ihren Armen verstärkt dieses noch erheblich, da sie die Vorstellung hat, daß sie selbst von der todbringenden Kugel ins Herz getroffen worden wäre, falls die Kugel nicht das Kind getötet hätte. Sie spricht dies selbst unter Tränen aus, indem sie sagt: »Daß ich das Kind an meiner Brust hielt, hat mir das Leben gerettet. Sonst wäre die Kugel in meinem Herzen gelandet.« Sie kann den Anblick des toten, blutenden Kindes nicht vergessen und macht sich noch heute schwerste Vorwürfe mit zwangsmäßig sich einstellenden Schuldgefühlen über das Zurücklassen des toten Kindes auf der gefrorenen Erde in Polen. Einige Tage nach dem blutigen Ereignis kehrte sie an die Todesstätte zurück, fand natürlich die junge Leiche nicht wieder und fragte in größter Erregung bei den dortigen Bauern darüber nach. Es wurde ihr gesagt, daß die Leiche ihres Kindes vergraben wurde, aber sie ist sich dessen selbst heute nicht sicher. Sie bewahrt bis jetzt die Schuhe sowie den Mantel des toten Kindes auf. Das ebenfalls von E. C. Trautmann (»Der Nervenarzt«, 1961, No. 12) beschriebene sog. »Trauersyndrom« ist bei dieser Frau symptomatisch (leidende, deprimierte, verstimmt-bedrückte Gesamterscheinung) ebenso wie thematisch nachweisbar.

Neben diesen hypermnestisch festgehaltenen Schreck- und Angstbildern bestehen deutliche Erinnerungslücken auch chronologischer Art, da sie die exakte Zeitfolge und den Verlauf mancher Ereignisse nicht immer klar auseinander zu halten vermag, wie ich dies bei einer Anzahl von an psychischen Dauerschäden leidenden Überlebenden beobachtet und beschrieben habe. (Niederland in »Journal of the Hillside Hospital«, New York, 1961, und »Journal of Nervous and Mental Diseases«, Baltimore 1964). Diese Gedächtnisschwäche ist auch in dem Zeugnis des Dr. E. vom St. Luke's Hospital betont worden. Sie fühlt auch subjektiv, daß vieles in ihrem heutigen Denken und Fühlen gestört, widerspruchsvoll und gegenüber früher ganz verändert ist. Sie fühlt sich ferner, wie sie glaubhaft berichtet, fast zur gleichen Zeit oder in kurzer Wechselfolge deprimiert, verzagt, erregt, gereizt, verärgert – wo sie doch früher stets so lebenslustig und selbstsicher gewesen wäre. Als das Kind in ihren Armen starb, konnte sie wochen- und monatelang damals nicht weinen; »jetzt weine ich noch heute, sitze wochenlang im Hause, brüte über die Geschehnisse nach und finde keine Ruhe«, sagt sie. In häufig wiederkehrenden Angstträumen und nächtlichen Alperlebnissen spielen sich diese Erlebnisse fast unverändert wieder ab, was auf die Abwesenheit einer ausreichenden psychischen Verarbeitung des Geschehenen hindeutet. In manchen dieser Träume rennt sie in Todesangst mit den Kindern fort, um ein Versteck für sich und die Kinder zu finden, ist aber außerstande, einen solchen Schlupfwinkel zu finden und wacht schreiend und schweißgebadet und mit Herzklopfen auf; in anderen Angstträumen werden sie und die Kinder mit Erschießen bedroht und gejagt, man legt Schußwaffen auf sie an, sie schreit, und wiederum wacht sie verzweifelt und in Terror auf. Nach solchen nächtlichen Angsterlebnissen ist sie auf lange Zeit wie zerschlagen, fühlt sich schlecht und bleibt von der Welt zurückgezogen. Zu anderen Zeiten ergeht sie sich in ihrer Gereiztheit in Zornausbrüchen gegen die Umgebung, die manchmal zwei- oder dreimal wöchentlich alternierend mit Depressionszuständen und einem inneren Abkehren von der sie umgebenden Welt auftreten.

Die neurologische Untersuchung ergibt intensiven Dermographismus mit lang anhaltender Nachrötung, stark erhöhter Neigung zum Schwitzen, lebhafte Reflexe, Hyperventilation unter Affekt. Die Sprache ist im ganzen klar und geordnet, obwohl viele der beschriebenen Gedanken und Erinnerungsbilder meist nur zögernd und stockend, sozusagen stoßweise und mit sichtlicher innerer Anstrengung bzw. Erregung herauskommen. Es benötigt erhebliche Geduld seitens des Untersuchers, um überhaupt eine einigermaßen geordnete Kranken- und Verfolgungsgeschichte zu erhalten. Da die affektbetonten Schreck- und Erinnerungsbilder und Schuldvorstellungen subjektiv als sehr quälend empfunden wurden, kam es immer wieder zum teilweisen oder gänzlichen Abbruch des Gedankenfadens, der seitens des Untersuchers dann erneut in das ärztliche Gespräch eingeflochten werden mußte, um zu weiteren anamnestischen und klinischen Daten zu gelangen.

Diagnose

Auf nervenärztlichem Gebiete bestehen Anzeichen einer ausgesprochenen neurovegetativen Dystonie mit nervösen Angst- und Spannungssymptomen sowie Depressionszuständen einhergehend. Auf Grund der Vor- und Verfolgungsgeschichte, des charakteristischen Beschwerdebildes und der im letzteren gegebenen typischen Thematik ist mit überwiegender Wahrscheinlichkeit anzunehmen, daß es sich um eine verfolgungsbedingte neurovegetative Dystonie im Sinne der Entstehung und damit um einen psychischen Dauerschaden handelt.

Beurteilung

Die vorstehende Diagnose, zu der ich auf Grund meiner eigenen Untersuchungsergebnisse unabhängig von vorausgegangenen ärztlichen Meinungsäußerungen gelangt bin, steht im Einklang mit dem vertrauensärztlichen Gutachten von Herrn Dr. H., der gleich mir zu dem Schlusse gelangt, daß es sich auf seelisch-nervösem Gebiete um »eine ausgesprochene Nervosität sowie klinische Anzeichen einer vegetativen Dystonie« handelt. Auch die seitens des Vertrauensarztes auf neurovegetativem Gebiete erhobenen Befunde eines »deutlichen Dermographismus, deutlicher Hyperhydrosis« etc. decken sich im wesentlichen mit den meinigen im vegetativen Bereiche. Meine Diagnose deckt sich ferner, wenn auch nicht wortgemäß und nicht in der Bewertung – wie noch dargetan werden wird – in großen Zügen mit dem von Herrn Dr. M. beschriebenen chronischen Angst-, Spannungs- und Depressionszustand.

Um so weniger verständlich ist es daher, wenn bei solcher diagnostischer Klarheit und Eindeutigkeit der Befundaufnahme sodann von Herrn Dr. H. angenommen wird, daß die Beschwerden der Patientin zwar »glaubhaft sind, allein es viel wahrscheinlicher ist, daß die Beschwerden Folge des ausgesprochenen Übergewichtes darstellen als vielmehr die Folge des illegalen Lebens während des Krieges«, und daß sich der Herr Vorgutachter außerstande erklärt, »einen Gesundheitsschaden festzustellen, der die Folge nationalsozialistischer Verfolgungsmaßnahmen darstellen könnte«.

Abgesehen davon, daß es wenig überzeugend erscheint, das richtig erkannte Zustandsbild einer vegetativen Dystonie – d. h. einer chronischen Veränderung wesentlicher vegetativer Funktionen und der damit verbundenen seelisch-nervösen Störungen – kausal als Folge eines »Übergewichtes« unter Außerachtlassung wesentlicher anamnestischer Daten, der traumatischen Einwirkungen usw., anzusprechen, abgesehen von solcher mangelnden Berücksichtigung gutachtlich gebotener Gesichtspunkte steht es heute fest, daß gerade das Leben in der Illegalität einen hochpathogenen Entwicklungsboden für die Entstehung vegetativer und emotionaler Funktionsstörungen abgab. Ich zitiere hierzu einen so hervorragenden Sachkenner der Materie wie Prof. Ulrich Venzlaff von der Univ. Nervenklinik Göttingen, der über die erlebnisdynamischen Einwirkungen und Folgezustände des Lebens in der Illegalität (in dem Sonder-Abschnitt »Die Illegalität« des Werkes von Paul u. Herberg »Psychische Spätschäden nach politischer Verfolgung«, Verlag S. Karger, 1963, S. 101/102) ausdrücklich sagt:

»Der wesentliche erlebnisdynamische Faktor der Illegalität ist die permanente Angst, das ständige Gefühl des Gehetztseins beim Flüchtenden oder das tatenlose Ausgeliefertsein im Versteck, hier noch zusätzlich die sich oft bis zur Unerträglichkeit steigernden Spannungen durch die Pferchung auf engem Raum und auch die quälenden Reibereien zwischen Versteckern und Versteckten. Der ständige Zwang, sich zu beherrschen, auf der Hut zu sein, die zwanghafte Furcht, irgendetwas falsch zu machen und sich zu gefährden, das Fehlen jeden Ventils, die Spannungen abzureagieren, stellten eine überdurchschnittliche Dauerfrustration mit nachhaltigen Auswirkungen auf Psyche und Vegetativum dar.« Prof. Venzlaff erwähnt sodann im gleichen Abschnitt die »bei den verbliebenen Dauerstörungen . . . oft bleibende vegetative und emotionale Alteration . . .«, wie wir sie im vorliegenden Falle vor uns sehen.

Im gleichen Zusammenhang sprechen von Baeyer, Bensheim u. a. von der »hochpathogenen« Bedeutung der Ächtungs- und Ängstigungserlebnisse, die »vielfach dauerhafte Veränderungen des seelischen Gefüges« zurückließen. Schließlich darf ich aus dem sog. »Blauen Buch« (»Vertrauensärztliche Gutachtertätigkeit im Rahmen des Bundesgesetzes zur Entschädigung für Opfer der nationalsozialistischen Verfolgung«, S. 27) verbatim aus dem Abschnitt über die vegetative Dystonie zitieren:

»Die einen übersehen geflissentlich alle vegetativen Störungen, auch wenn sie von den Verfolgten noch so deutlich im Fragebogen B. in der Vorgeschichte und in den beigefügten ärztlichen Attesten herausgestellt und durch die Erhebung des Beschwerdebildes während der Untersuchung nochmals hervorgehoben worden sind. Sie lassen sowohl die offenkundigen Zeichen der Vasolabilität – Hautschrift, Schweißneigung, Tremorerscheinungen, Schwindelzustände u. ä. – völlig unbeachtet und kümmern sich auch nur wenig um eine Erfassung der funktionellen Störungen an Herz-Kreislauf, Magen-Darm, Nervensystem und Psyche. Eine solche gutachterliche Einstellung ist gewiß zu mißbilligen. Sie ist nicht korrekt und entspricht nicht den Erfordernissen einer gründlichen, objektiven und gerechten Gutachtenerstattung.«

Was also gemäß Herrn Dr. H. in, m. E., unzutreffender Weise nicht als Folge der Illegalität betrachtet werden soll, wird von maßgeblichsten deutschen Sachkennern ausdrücklich als pathogenetisch und charakteristisch für die Entstehungsgeschichte der hier in Frage kommenden nervösen Störungen dargetan. Nun ist aber darüber hinausgehend im vorliegenden Falle mehr geschehen als ein Leben der üblichen Strapazen im Ghetto, der Zwangsarbeit, der ständigen Ängste usw., gefolgt von Untertauchen in die Illegalität. Denn diese letztere schloß, wie wir wissen, ein durch Monate dauerndes, fast tierähnliches Vegetieren in einem Schlupfwinkel im Morast ein und gipfelte schließlich in der Tötung des jüngsten Kindes in den Armen der Mutter, ein Ereignis, von dem es fraglich ist, ob es überhaupt jemals von einer Mutter innerlich überwunden werden kann. Angesichts einer derartigen Häufung seelischer (und körperlicher) Belastungen, die dieser Frau im Zuge der Verfolgungsmaßnahmen erwachsen sind, klingt es im hohen Maße befremdlich, wenn die seit jener Zeit sich einstellenden nervösen Störungen nicht den Verfolgungseinwirkungen, sondern summarisch dem Übergewicht zugeschrieben werden.

Man könnte allenfalls an anlagebedingte Faktoren bei der Entstehung der vegetativen Dystonie denken. Solche Faktoren mögen eine Rolle spielen, können jedoch kaum von erheblicher Bedeutung gewesen sein. Denn es ist unwahrscheinlich, daß eine von Haus aus nervöse, konstitutionsgeschwächte oder anbrüchige Person die Strapazen der Verfolgungsjahre hätte überhaupt überstehen können. Selbst bei einem Vorhandensein von Anlagefaktoren müßte jedoch im Sinne der geltenden Rechtsprechung der bei Frau T. gegebene Krankheitszustand als im wesentlichen verfolgungsbedingt befunden werden. Ich zitiere hierzu aus einer Veröffentlichung des Bundesrichters H. Wilden vom BGH (in »Der Nervenarzt«, 1963, No. 2, S. 70-73), wonach »bei anlagebedingten Leiden nur dann kein Anspruch auf Entschädigung besteht, wenn die Verfolgung auf die Manifestation der Anlage überhaupt keinen Einfluß gehabt hat«. Kein objektiver Sachverständiger wird sagen können, daß in Anbetracht der Schwere und nachhaltigen Wirkung der Verfolgungserlebnisse überhaupt kein Einfluß auf den Gemütszustand der Frau T. stattgefunden hat. Man könnte im Zusammenhang mit der Adipositas und dem Alter der Patientin allenfalls auch an Involutionsprozesse denken. Jedoch sind nach den glaubwürdigen Angaben der Frau T. ihre Menses immer noch völlig regelmäßig. Selbst wenn man etwa der Adipositas im Sinne von Herrn Dr. H. kausale Bedeutung zusprechen wollte, so wären auch hier die neueren Forschungen mitzuberücksichtigen, gemäß denen gerade die Beeinflußbarkeit endokriner Funktionen durch stärkere psychische Belastungen, z. B. Todesangst und ähnliche Prozesse, »heute als Beweis für die Empfindlichkeit des Zwischenhirn-Hypophysenvorderlappen-Systems gegenüber Einflüssen, die von der Cortex Cerebri ausgehen« gelten kann (Doering, München).

Es unterliegt nach allem wohl kaum einem Zweifel, daß wir die psychischen Spannungen, die Depressionen, Erregungszustände und vegetativen Alterationen auf die traumatischen Erlebnisse zurückführen müssen.

Ich komme damit zur Frage der Einschätzung der Erwerbsbeeinträchtigung, insoweit sie ursächlich oder mitursächlich in Beziehung zu dem verfolgungsbedingten chronischen Leidenszustand auf vegetativ-nervösem Gebiete steht. Während ich mich aus den dargelegten Gründen der summarischen Verneinung einer verfolgungsbedingten M.d.E. durch Herrn Dr. H. nicht anschließen kann, scheint mir die Bewertung durch Dr. M.

(40%) zu hoch gegriffen. Auf der anderen Seite ist in Betracht zu ziehen, daß zusätzlich zu der wahrscheinlichen Verursachung bzw. Mitverursachung des Leidenszustandes durch die Verfolgungserlebnisse auch der soziale Abstieg der Klägerin und die sich aus einem derartigen Abstieg ergebenden seelischen Folgeerscheinungen wenigstens mittelbar der Verfolgung zuzuschreiben sind. Nach von Baeyer spielt, neben den direkten Verfolgungseinwirkungen, die erst nach der Befreiung feststellbare soziale und persönliche Deklassierung eine beachtenswerte Rolle beim Fortbestehen und, m. E., wohl auch bei der nicht seltenen Verschlimmerung solcher ursprünglich verfolgungsgesetzten Zustände. Nun ist der soziale Abstieg bei der früher wohlhabenden Kaufmannstochter, die das Gymnasium besuchte und das Abitur machte, dann einen ebenfalls wohlsituierten Ehemann heiratete, heute noch fünf Sprachen (deutsch, englisch, polnisch, ukrainisch und sogar etwas lateinisch) spricht und früher dem gehobenen und gebildeten Mittelstand angehörte, unverkennbar.

Auf Grund des gesamten Entwicklungsganges, der anamnestischen Daten, der klinisch-diagnostischen Befunde und der letztgenannten sozialen Erwägungen erachte ich eine durchschnittliche Bewertung der verfolgungsbedingten M.d.E. mit 30% seit dem 1. 1. 1949 als gegeben.

Herr F.
(Gutachten vom 30. August 1962)

Vorgeschichte

Die medizinische Anamnese vor der Verfolgung ist frei von konstitutionellen, erbbiologisch oder sonstwie in das Morbide einschlägigen Krankheits- oder Schwächezuständen. Herr F. gibt an, früher niemals ernstlich krank gewesen zu sein – mit Ausnahme einer Grippe während der Influenza-Epidemie 1918 – und einer erbgesunden Familie zu entstammen. Da beide Eltern nicht eines natürlichen Todes starben, sondern im betagten Alter von den Nazis ermordet wurden – ebenso seine einzige Schwester –, ist anzunehmen, daß es sich hier in der Tat um eine erbgesunde, konstitutionell intakte Familie handelt. Bemerkenswert ist anamnestisch ferner, daß Herr F. selbst eine beruflich wie persönlich außerordentlich erfolgreiche und ihn befriedigende Karriere durchlief: Er machte 1922 das Abitur an der staatlich-bayrischen Oberrealschule in Fürth (Bayern) als Primus seiner damaligen Klasse, studierte dann zwei Semester Nationalökonomie und Philosophie an der Universität Frankfurt/Main, mußte aber in den Inflationsjahren 1923/24 wegen wirtschaftlicher Schwierigkeiten das Studium aufgeben. Sich der kaufmännischen Laufbahn zuwendend, arbeitete er sich energisch und schnell hoch, war bereits im Jahre 1929 Geschäftsführer eines Metallschmelzwerkes und einer Metall-Großhandlung in Frankfurt, deren Inhaber er später wurde. Er heiratete mit 30 Jahren; aus dieser Ehe gingen zwei gesunde Kinder hervor. Er beschreibt die Ehe sowie seine ganze

Lebenssituation damals in Frankfurt als harmonisch, glücklich und in jeder Hinsicht erfolgreich.
Im Oktober 1938, nach Jahren der antijüdischen Hetze, ständiger Verängstigungen und Schmähungen während der ersten Nazijahre, traten die Verfolgungen in Aktion: Er wurde von der Gestapo verhaftet, von seiner Frau und seinen Kindern gewaltsam getrennt, nach Polen abgeschoben. Kurz vor Kriegsausbruch, im Juli 1939, gelang ihm die Wiedervereinigung mit seiner Familie in Frankfurt, aber schon Anfang September 1939 wurde er wieder verhaftet, ins KZ Buchenwald geschafft, 1942 ins KZ Auschwitz, Anfang 1945 über Gleiwitz, Eger und nach mörderischen Fußmärschen zurück ins KZ Buchenwald. Dort Befreiung im April 1945. Seine Frau, die gemäß seiner Schilderung in den ersten Jahren seiner Haft unermüdliche Anstrengungen unternommen hatte, ihn freizubekommen, wurde später selbst in das KZ Auschwitz geschafft und dort umgebracht. Im Jahre 1950 hat er, inzwischen über Israel in die USA eingewandert, hier wieder geheiratet und hat ein Kind aus dieser zweiten Ehe. Er arbeitet in einem Reisebüro, von seiner zweiten Frau unterstützt, die dort auch arbeitet. Ohne ihre tätige Mithilfe ist er nicht voll in der Lage, seinen Pflichten nachzukommen.
Seine wesentlichen Beschwerden auf neurologisch-psychischem Gebiet sind leichte Ermüdbarkeit, ständige Depressionsgefühle, inneres Bedrücktsein, Verzagtheit, Unruhe, allgemeine Nervosität, Schlaflosigkeit, Entfremdungsgefühle (selbst im Kreise seiner Familie), inneres Schuldbewußtsein (als ob er den Tod seiner ersten Frau verursacht hätte oder wenigstens Schuld daran trüge), Unfähigkeit, das Leben zu genießen oder sich daran zu erfreuen, sexuelle Potenzstörungen.

Untersuchungsbefunde

Bei der Untersuchung fällt zunächst der bedrückte, stark verzagte und wie um Verständnis und Hilfe bittende Gesichtsausdruck des Herrn F. deutlich auf. Er ist zurückhaltend, höflich, gibt auf Fragen bereitwillig Antwort, ist zuvorkommend und freundlich, dabei verzagt, gespannt und deutlich deprimiert. Er ist in seinem Denken geordnet, örtlich wie zeitlich klar orientiert, undemonstrativ in seinem ganzen Verhalten, jedoch psychisch verzagt, gehemmt und gespannt. Seinem Aussehen nach erscheint er vorzeitig gealtert, von fahler Gesichtsfarbe, teils unruhig-gespannt teils depressiv-verstört, ängstlich, zeitweilig wie gequält und furchtsam um sich blickend. Wenn man nach dem Hintergrund seiner Beschwerden, insbesondere seines Bedrückt- und Verstörtseins forscht, dann ergibt sich folgendes psychiatrisch und erlebnisdynamisch klar hervortretendes Bild: Er kann von den ebenso deprimierenden wie erregenden Ereignissen der Verfolgungszeit innerlich nicht loskommen. Er meidet Leute und Gesellschaft, isoliert sich selbst zu Hause, schreckt vom Verkehr mit Mitmenschen zurück, hat wenig oder keine Beziehung zu den Menschen, geht nicht aus, hält sich von jedem Kontakt mit anderen fern. Er sagt: »Ich suche die Einsamkeit ... ich trage die Erinnerung an das Erlebte mit mir und in mir ... ich kann darüber nicht sprechen.«

Wegen dieser starken Zurückhaltung, ja Unfähigkeit, über das Erlebte zu sprechen und um ein klares diagnostisches Bild über den vorliegenden psychiatrischen Zustand zu gewinnen, habe ich Herrn F. einer wiederholten fachärztlichen Untersuchung unterzogen. Dabei stellte sich psychiatrisch heraus, daß er an erheblichen Schuldgefühlen im Zusammenhang mit den Verfolgungsereignissen leidet. Als ich ihn bei der zweiten Untersuchung zur Schilderung einiger dieser gemütsverstörenden Ereignisse brachte, weinte er fast während der ganzen Untersuchung in verhaltener, undemonstrativer Weise und beschrieb in stockender, jedoch eindrucksvoller und glaubwürdiger Weise einige der traumatisierenden Vorgänge, die ihn heute immer noch in der gleichen oder nahezu gleichen Stärke innerlich beschäftigen wie zur Zeit, als sie sich faktisch abspielten. In Auschwitz, wo er sich selbst in ständiger Lebensgefahr befand, sah er vielfach das strafweise Erhängen von jungen Menschen wegen kleinster Vergehen, und er hat den Anblick dieser Erhängten, unter denen sich nahe Freunde und Schicksalsgenossen fanden, auch heute noch vor Augen. In Auschwitz ist seine erste Frau umgekommen, und er fühlt sich an ihrem Tode irgendwie schuldig oder mitverantwortlich. Er sagt: »Ich trage die Erinnerung an das Umkommen meiner Frau auf dem Gewissen«. Er weiß, daß dies ein an sich irrationales Schuldgefühl ist und daß er faktisch nichts hätte tun können, um ihren Tod zu verhindern, trotzdem läßt ihn der Gedanke an den Tod der Frau in Auschwitz (dem gleichen Lager, in dem er mit dem Leben davonkam) nicht los, und er fühlt sich irgendwie schuldig daran. Er hat Angst- und Alpträume, in denen die Erlebnisse in den Konzentrationslagern, das Bild der erhängten jungen Menschen etc. erschreckend und quälend wiederkehren und die die Schrecknisse jener Jahre fast unverändert widerspiegeln. Er hat oft Angst einzuschlafen, aus Furcht vor solchen peinigenden Träumen und nächtlichen Angsterlebnissen. Seine jetzigen Eheverhältnisse sind schwierig, da sich seine (zweite) Frau wegen seiner dauernden Bedrücktheit und Depression unglücklich fühlt. Er sagt: »Ich suche die Einsamkeit«, und er will am liebsten immer allein sein. Die Frau versteht dies nicht und kann sich mit seinen Isolierungstendenzen nicht abfinden. Sie schläft mit den Kindern in einem Raum, er auf dem Sofa in einem anderen. Seine sexuelle Potenz ist oft nihil, libidinöse Wünsche – wie gewöhnlich bei solchen chronischen Depressionszuständen – kaum vorhanden. Selbstvorwürfe irrationaler, aber subjektiv quälender Art, Schuldgefühle, starkes Einsamkeits- und Seclusionsbedürfnis sowie die Persistenz der mit der Verfolgung verknüpften psychischen Erinnerungsbilder stehen im Vordergrund. Wie stark die Psyche dieses Mannes durch diese zum großen Teil oder gänzlich unverarbeiteten Erlebnisse besetzt ist, geht z. B. neben den beschriebenen, die damalige Wirklichkeit reflektierenden Angstträumen auch daraus hervor, daß er die Drohworte und wüsten Schmähungen der Gestapoleute, die diese bei der Ankunft im KZ Buchenwald an ihn richteten (»Der beste Rat für euch ist, daß ihr euch alle aufhängt«) noch heute genau im Gedächtnis hat. Mit der gleichen Schärfe haben sich andere Schmähungen, Drohungen, Erniedrigungen, Mißhandlungen körperlicher und seelischer Art sowie die fünfeinhalb Jahre KZ-Haft als solche verletzend, entwürdigend und fortwirkend in seine Psyche eingegraben.

Die Befreiung setzte diesem Zustand nur ein physisches Ende. Eines seiner innerlich ihn zutiefst treffenden Erlebnisse nach der Befreiung war das Wiedersehen mit seinen Kindern, von denen er schon von Beginn der Verfolgung – als sie noch 6 bzw. 7jährige Kleinkinder waren – gewaltsam durch die Gestapo getrennt wurde. Es war der Gedanke an diese Kinder und der innerlich aufrecht erhaltende Wunsch, sie wiederzusehen, der ihm die harten KZ-Jahre überleben half. Von psychodynamischem Standpunkt aus gesehen, standen das innere Erinnerungsbild seiner ersten, offenbar sehr liebenden

Gattin und das der zarten Kinder als positive psychische Faktoren dem täglichen Wirklichkeitsbild der Brutalitäten und Entbehrungen im Konzentrationslager entgegen und halfen ihm, wohl auch im Zusammenhang mit anderen positiven Faktoren (Konstitution, hohe Intelligenz etc.), die Verfolgungen zu überstehen. Nach der Befreiung fand er nicht nur, daß Ehefrau, Eltern und einzige Schwester durch die Verfolgung umgekommen waren, sondern auch daß die überlebenden Kinder ihm völlig entfremdet geworden und er ihnen selbst ein Fremder geworden waren.

Bei der psychiatrischen Untersuchung ergab sich, daß dieses Entfremdungsgefühl – eine direkte Folge der Verfolgungszeit – auch heute im wesentlichen unverändert weiterbesteht und seine Beziehungen zur Familie, Umwelt und letztlich auch zu sich selbst in erheblichem Maße belastet. Im KZ hatte sich das Erinnerungsbild der Kinder psychisch mit ungewöhnlicher Schärfe fixiert und zwar auf der Stufe, auf der er sie zuletzt gesehen hatte. Als er sie nach der Befreiung endlich wiedersah, waren sie natürlich völlig anders als das (wahrscheinlich im KZ notwendigerweise überidealisierte) innere Erinnerungsbild sie in seiner Psyche bewahrt hatte, und er selbst war auch ein anderer geworden, wie das von Venzlaff, Universitätsnervenklinik Göttingen, schon 1958 so klar herausgearbeitet wurde. Der gegenwärtige Gemütszustand, der eine Kombination solcher Depressions-, Entfremdungs-, Schuld- und Isolierungsmanifestationen darstellt und von Venzlaff mit Recht als »erlebnisbedingter Persönlichkeitswandel« charakterisiert wird, ist erlebnisdynamisch in der geschilderten Weise aufzufassen.

Die neurologische Untersuchung ergab eine erhöhte Neigung zum Schwitzen und auch leicht verstärkten Dermographismus, sonst keine Besonderheiten hinsichtlich der Funktionen des Zentral- und peripheren Nervensystems. Die Reflexe sind normal; es bestehen keine pathologischen Reflexe. Das Sensorium ist ebenfalls frei von pathologischen Veränderungen. Die Sprache ist geordnet und klar, jedoch beim Anklingen der Verfolgungserlebnisse stockend, gehemmt und deutlich unter dem Einfluß der erregenden bzw. deprimierenden Gemütsfaktoren.

Psychiatrische Beurteilung

Zur Klarstellung der hier vorliegenden neurovegetativen und psycho-physischen Funktionsstörungen stelle ich diesem Teile meines Gutachtens einige Ausführungen aus der maßgeblichen medizinischen Literatur der jüngsten Zeit voraus, worin die einschlägigen Zustandsbilder wissenschaftlich dargetan werden. In einer ausführlichen Arbeit aus der Deutschen Forschungsanstalt für Psychiatrie, München (Prof. P. Matussek, in »Der Nervenarzt«, 1961 Heft 12) wird gesagt:
»Auf einen Befund möchte ich aufmerksam machen ... Es ist die Tatsache, daß unter den bisher untersuchten 130 Fällen *kein einziger ist, der die KZ-Zeit ohne Dauerstörung überwunden hat* ... Wir fanden vielmehr auch dort, wo mit den üblichen klinischen Mitteln keine Störungen festzustellen waren, *erhebliche Nachwirkungen der Konzentrationslagerhaft* ... Die KZler sind in gewisser Hinsicht noch immer im KZ.«
Ich habe diesen Ausführungen eines hervorragenden deutschen Sachkenners auf diesem tragischen Gebiet eigentlich nichts hinzuzufügen. Da aber von mancher Seite immer noch gegen eine solche Auffassung Stellung genommen wird und m. E. berechtigte Entschädigungsansprüche immer noch mit Hinweis auf sog. »anlagebe-

dingte Reaktionen«, »psychoneurotische Reaktionsweisen« und dergl. abgewiesen werden, muß hier neben der Symptomatologie vor allem auch die Vor- und Verfolgungsgeschichte in Betracht gezogen werden. Der Antragsteller war nicht nur mehr als 5 ½ Jahre in dauernder KZ-Haft, sondern wurde schon durch die der KZ-Zeit fast um ein Jahr vorausgegangene Inhaftierung und Abschiebung von der beruflich-wirtschaftlichen Höhe, die er inzwischen erreicht hatte, abrupt und durch keine Schuld von seiner Seite in ein Nichts herabgestürzt. Wie wir aus der Vorgeschichte wissen, hatte er in wenigen Jahren – nachdem er als Primus die Mittelschule in Bayern absolviert hatte – die Leitung und dann die Inhaberschaft eines nicht unbedeutenden Industrieunternehmens erworben, also beträchtliche intellektuelle, konstitutionelle und persönliche Tatkraft bewiesen. Er hatte es in verhältnismäßig jungen Jahren zu einem geachteten, wohlhabenden Kaufmann in Frankfurt am Main gebracht, hatte eine Familie gegründet, nahm am gesellschaftlichen und kommunalen Leben innerhalb der Gemeinschaft regen Anteil – um jähe und gewaltsam durch brutale Verfolgung aus allem gerissen und zu einem Paria, d. h. zum Auswurf der Menschheit gemacht zu werden. Erfahrungsgemäß erträgt dies die Psyche besonders intelligenter, strebsamer und früher erfolgreicher Menschen nicht lange. Ich möchte hierzu auf die Ausführungen eines anderen deutschen Sachverständigen auf diesem Gebiete, Univ. Prof. Dr. W. von Baeyer, Direktor der Universitätsnervenklinik Heidelberg, (»Der Nervenarzt« 1961, S. 535) hinweisen, der ebenfalls diese Störungen eingehend behandelt und ausführt:

»1. Diese Störungen wurzeln tiefer im leiblich-seelisch-sozialen Personenganzen, als dies bei tendenz-neurotischen Verhaltensweisen der Fall ist, sind auch physiognomisch echter, elementarer als diese.

2. Sie hatten zumeist schon Bestand, als materielle Entschädigungsmöglichkeiten noch gar nicht gegeben waren.
3. Sie sind eng verwoben mit unverarbeiteten, immer noch affektbetonten Erinnerungen an die durchgemachten Schrecken, die in Gestalt von quälenden Vorstellungen, Angstträumen ... ihren Platz behaupten.
4. Sie stehen in verständlichem Zusammenhang, nicht nur mit den Ereignissen der Verfolgungszeit, sondern häufig auch mit den *nach* der Befreiung angetroffenen Umständen, der Entwurzelung, dem oft totalen Verlust der Angehörigen, der sozialen Deklassierung ... mit Umständen also, die Konsequenzen der Verfolgung sind und aus dieser unmittelbar herauswachsen.
5. Sie beginnen zumeist noch nicht im Lager, in der Verfolgungssituation selbst, sondern nach der Befreiung, oft erst nach monatelanger Rekonvaleszenzperiode, in der die körperlichen Mangelerscheinungen abklingen und die Konfrontierung mit den Ansprüchen sozialer, beruflicher, familiärer Bezüge anhebt.«

Ich habe im Vorstehenden die von Baeyerschen Gesichtspunkte zitiert, da sie sich Punkt für Punkt mit den von mir erhobenen Befunden decken. Hierzu führe ich an:

Ad 1.) Die von mir eingangs beschriebene physiognomische und phänomenologische Erscheinungsweise des Antragstellers mit seinem undemonstrativen Verhalten, seiner depressiven Wesens- und Verhaltungsart, seinem fahlen Aussehen, vorzeitigen Gealtertsein und den vorliegenden Gemütsveränderungen entspricht im ganzen dem von Baeyerschen Bild des »tiefer im leiblich-seelisch-sozialen Personganzen« verwurzelten Status dieses früheren KZ-Insassen. Ich verweise hierzu auch auf meine eigenen Forschungen hinsichtlich dieser Zustände (s. meine Arbeit »The Problem of the Survivor« in Journal of the Hillside Hospital, New York 1961, No. III/IV, p. 233 bis 247).

Ad 2.) Wie aus dem ärztlichen Bericht von Dr. M. hervorgeht, befand sich F. schon im Sommer 1954 in dessen Behandlung und zwar schon damals mit Symptomen und Beschwerden, die ihre Verknüpfung mit den Verfolgungserlebnissen zum mindesten wahrscheinlich machen.
Ad 3.) Die Verbindung der hier gegebenen Störungen mit den unverarbeiteten affektbetonten Erlebnissen und Erinnerungen wurde schon bei der Schilderung meiner Untersuchungsergebnisse dargetan, ebenso die Angstträume, Isolierungstendenzen und weiteren hier einschlägigen Symptome.
Ad 4.) Dieser von Baeyer'sche Gesichtspunkt ist für den bei F. gegebenen Sachverhalt von besonderem Interesse. Die soziale Deklassierung und der verfolgungsbedingte Zusammenbruch aller beruflichen und persönlichen Lebenserwartungen, denen dieser früher außergewöhnlich erfolgreiche und der Höhe seines Berufslebens zustrebende Mann mit Recht entgegensehen konnte, sind in diesem Falle besonders deutlich. Der soziale Abstieg – heute ist der frühere selbständige Kaufmann und Unternehmer ein Angestellter in einem Reisebüro – ist eklatant, bei dem vorliegenden chronisch veränderten Gemütszustand wohl irreparabel, und in Übereinstimmung mit Prof. von Baeyer als aus »der Verfolgung unmittelbar herausgewachsen« anzusehen.
Ad 5.) In meiner oben angeführten wissenschaftlichen Arbeit habe ich auf die gleichen Phänomene verwiesen und den von mir als »symptom-freies Intervall« bezeichneten Störungszustand psychiatrischer Art bei früheren KZ-Insassen beschrieben, der sich oft als Spätfolge in den persönlichen und familiären Beziehungen dieser Menschen einstellt. In diese Kategorie gehören u. a. die Störungen des Sexual- und Ehelebens, wie sie in der zweiten Ehe des Herrn F. klar in Erscheinung treten.

Auch der oben dargelegte Entfremdungszustand gegenüber seinen eigenen Kindern aus erster Ehe hängt mit der innerlich wie äußerlich fortwirkenden KZ-Belastung direkt zusammen. Die chronisch gedrückte Gemütsverfassung hält ihn von gesellschaftlichem Kontakt fern, verstärkt die Entfremdung von den Familienangehörigen und steigert die an sich schon erhebliche seelische Vereinsamung, an der er wie so viele der Überlebenden der nazistischen Verfolgung chronisch leidet. Auf diese psychodynamischen Zusammenhänge hat kürzlich Dr. E. C. Trautmann (»Der Nervenarzt«, 1961, S. 545-551) hingewiesen. Er schreibt: »Die Patienten sind seelisch vereinsamt, da sie die Gemütsverfassung anderer, die nicht dasselbe erlebt haben (d. h. die KZ-Haft), nicht verstehen können, wie sie auch selbst sich von den anderen nicht verstanden fühlen.« E. C. Trautmann spricht auch von dem Schuldgefühl des Überlebenden und erklärt dessen fortwirkende Erlebnisdynamik bei diesen Patienten. In der Tat zeigte – wie bereits oben ausgeführt – die psychiatrische Untersuchung des Herrn F., daß bei ihm innere Schuldgefühle solcher Art gegeben sind, insbesondere in psychodynamischer Beziehung zu der in Auschwitz ums Leben gebrachten Ehefrau. Das Schuldgefühl nimmt hier die Form an: »Ich lebe – sie ist tot; ich habe mich im KZ am Leben erhalten – sie ist im gleichen KZ zugrunde gegangen; dabei hat sie mich Jahre hindurch zu retten versucht – ich aber habe sie nicht aus der dortigen Hölle gerettet, sondern nur mich selbst.« So irrational derartige Schuldgefühle im Lichte kalter Logik sind, so quälend sind sie subjektiv und erlebnisdynamisch aktiv, da er sich nicht von diesen zwanghaft wiederkehrenden Gedanken freimachen kann, die ihrerseits zu Selbstvorwürfen und Selbstanklagen Anlaß geben. Die Mehrzahl der bestehenden psycho-physischen Manifestationen und Beschwerden, insbesondere die Spannungssymptome, Schlaflosigkeit, Gemütsverstimmung, Müdigkeit, Nervosität, Unruhe, Bedrücktheit, Unfähigkeit, sich zu freuen usw. sind m. E. leibseelische Folgeerscheinungen der langjährigen Konzentrationslagerhaft als fortwirkende, chronische Belastungssituation. Ich verweise in diesem Zusammenhang auf seine Äußerung: »Ich trage die Erinnerung an das Umkommen meiner Frau auf dem Gewissen.«

Zusammenfassung: Der Antragsteller leidet m. E. an einer neurovegetativen Dystonie erheblichen Grades mit Depressionserscheinungen und psychosomatischen Symptomen, verfolgungsbedingt im Sinne der Entstehung. Ich schätze die verfolgungsbedingte Minderung der Erwerbsfähigkeit vom psychiatrischen Standpunkt auf mindestens 25%.

Frau R.

(Gutachten vom 30. Januar 1962)

In der obigen Entschädigungssache, in der von seiten des Landgerichts Trier ein ablehnendes Urteil ergangen ist, hat mich die United Restitution Organization, New York, um ein fachärztliches Gutachten ersucht und mir die Akten des genannten Falles zur wissenschaftlichen Prüfung und fachärztlichen Begutachtung zugestellt. [...]

I.

Aus den Akten geht zunächst hervor, daß hier (abgesehen von den internistischen Begutachtungen, mit denen ich mich als Psychiater nicht beschäftigen werde) eine Reihe von wichtigen psychiatrischen Befunden und Meinungsäußerungen vorliegen, deren wesentlicher Inhalt und psychiatrische Diagnose folgendes besagen:

1. Bericht des Hillside Hospitals (Dr. Y.) vom 17. Juli 1953 – »paranoide Schizophrenie«.
2. Nervenfachärztliches Gutachten (Dr. S.) vom 9. Nov. 1958 – »recht schwerer Fall von Hysterie«.
3. Fachärztlicher Bericht von Dr. Hr. vom 22. Sept. 1959 – »chronische reaktive Depression«.
4. Nervenfachärztliches Obergutachten (Dr. H.) vom 9. Sept. 1960 – »anlagebedingte Reaktionen einer psychopathischen Persönlichkeit«.
5. Fachärztlicher Bericht (Dr. Y.) vom 14. Oktober 1960 – bestätigt die 1953 gestellte Diagnose einer »major

Psychosis« auf Grund mehrerer Nachuntersuchungen zwischen 1953-60.

Es liegen somit fünf wichtige psychiatrische Gutachten bzw. gutachtliche Stellungnahmen vor *mit vier verschiedenartigen Diagnosen* im Zeitraum zwischen 1953 und 1960, was noch dadurch weiter kompliziert wird, daß von den vier psychiatrischen Diagnosen zwei (Dr. S., Dr. H.) sich *gegen* und zwei (Dr. Y., Dr. Hr.) sich *für* Verfolgungsbedingtheit aussprechen. In einem Punkte stimmen jedoch alle Psychiater, die Frau R. ärztlich untersucht haben, bei allen sonstigen Unterschieden durchaus überein, daß nämlich bei der Patientin *schwere chronische psychische Veränderungen* gegeben sind, die ihre Arbeitsfähigkeit in hohem Grade herabsetzen und sie nahezu oder völlig invalidisieren.

In Anbetracht des geschilderten Sachverhalts unterliegt es keinem Zweifel, daß die objektive Beurteilung dieses komplizierten und von den Herren Vorgutachtern so unterschiedlich diagnostizierten Falles besonderen Schwierigkeiten gegenübersteht. Aus diesem Grunde allein und da ferner ja *alle* Sachverständigen einen schweren psychischen Krankheitszustand übereinstimmend diagnostizieren, erscheint es in diesem Falle besonders geboten, mit der größten Umsicht und Sachkenntnis an das Studium der allenfalls gegebenen psychodynamischen und psychopathologischen Zusammenhänge heranzutreten, um die Wahrheitsfindung und die darauf beruhende Rechtsprechung *durch Heranziehung aller auf psychiatrischem Gebiet errungenen Erkenntnisse und Forschungsergebnisse zu gewährleisten.*

Von diesem Standpunkt ausgehend fällt zunächst auf, daß von seiten des Gerichts die ablehnenden Schlußfolgerungen jener Herren Vorgutachter, die zu einem für die Patientin negativen Untersuchungsergebnis gelangen, nachdrücklich und ausgiebig berücksichtigt werden, während diejenigen Fachärzte, die entgegengesetzte Meinungen äußern, kaum und gewissermaßen nur beiläufig zu Worte kommen, ja beispielsweise Dr. Y. bei der Darlegung der gerichtlichen Entscheidungsgründe namentlich überhaupt nicht erwähnt wird. Nun hat aber gerade der letztere Psychiater als Anstaltsarzt des Hillside Hospitals die Patientin *seit Juli 1952* ein ganzes Jahr im psychiatrischen Hospital selbst ärztlich betreut, sie sodann nach ihrer Entlassung aus dem Krankenhaus *von Juli 1953 bis Oktober 1960* von Zeit zu Zeit weiter ärztlich im Auge behalten, sie also *über acht Jahre hindurch* beobachtet und ist zu den von ihm mitgeteilten Schlußfolgerungen auf Grund solcher sich über Jahre erstreckenden beruflichen Beobachtungen gekommen. Demgegenüber hat Herr Prof. Dr. S. die Patientin einmalig und Herr Prof. H. zweimalig untersucht. Hier stehen also Jahre fachärztlicher Beobachtung, davon *nahezu ein Jahr in stationärer Behandlung in einer der bedeutendsten psychiatrischen Heil- und Forschungsanstalten* Amerikas – das Hillside Hospital hat einen Mitarbeiterstab von mehreren hundert Psychiatern und gibt seit 10 Jahren eine eigene psychiatrische, wissenschaftlich hoch anerkannte Fachzeitschrift heraus – gegen Stunden, bestenfalls mehrere Stunden psychiatrischer Untersuchung. Es ist schwer an dieser Tatsache vorbeizugehen, weder an der hier vorliegenden, schwerwiegenden Zeitspannendifferenz noch an dem ausgezeichneten Ruf und der wissenschaftlichen, über die gesamte USA reichenden Bedeutung der genannten Anstalt. (Da ich niemals dem Hillside Hospital angehört habe, noch angehöre, spreche ich nicht pro domo.)

Auch wenn das Gericht keinen Anlaß sieht, an der »Unparteilichkeit, Gewissenhaftigkeit oder gar Sachkunde« jener Herren Gutachter zu zweifeln, so weiß doch das Gericht ebenso wie jeder objektive Beobachter, daß zur Klärung und Beurteilung komplizierter psychiatrischer Fälle *ein Jahr stationärer Anstaltsbeobachtung und Anstaltsbehandlung*, gefolgt von weiteren Jahren ambulanter Nachbeobachtungen, schwerer wiegt als einige Stunden beruflichen Kontakts selbst mit den größten und bedeutendsten Kapazitäten in der Welt! Selbst wenn man aber dem Gericht bei dessen Nicht-Berücksichtigung solcher schwerwiegender Tatsachen folgen sollte und auch dem Gericht bei der Außerachtlassung aller den Herren Prof. S. und Prof. H. widersprechenden Meinungsäußerungen zustimmen sollte, so würde man damit sofort in noch größere Schwierigkeiten und Unzulänglichkeiten hinsichtlich der endgültigen Begutachtung gelangen: Denn die vom Landgericht als Kapazitäten anerkannten Herren Vorgutachter Prof. Dr. S. und Prof. Dr. H. widersprechen sich ja in ihrer diagnostischen Beurteilung des Falles in geradezu eklatanter Weise. Von dem einen Gutachter (Prof. Dr. S., 1958) wird ein schwerer Fall von »Hysterie« diagnostiziert, von dem anderen Gutachter (Prof. H., 1960) werden »anlagebedingte Reaktionen einer psychopathischen Persönlichkeit« angenommen.

Diese keineswegs übereinstimmenden Untersuchungsergebnisse der Herren Vorgutachter zeigen demnach, daß es sich bei ihren Schlußfolgerungen nicht um klare, sichergestellte, einwandfreie klinische Diagnosen handelt – und wie könnte dies auch in einem derart komplizierten Fall mit Sicherheit und bei einigen Stunden Untersuchung möglich sein? –, sondern um Annahmen, allenfalls um diagnostische Eindrücke, und damit stellt sich auch die von ihnen angenommene Verfolgungsunabhängigkeit eben nur als *Annahme*, nicht als Tatsache heraus.

Es erhebt sich mithin die wichtige Frage, wie es hier zu den so unterschiedlichen, ja konträren Ergebnissen der fachärztlichen Begutachtung kommt und in welcher Weise diese Unterschiede möglicherweise zu erklären sind. Im Gegensatz zu der Annahme des Landgerichts, daß »unter dem Einfluß der psychoanalytischen Forschungen in den USA . . . in gleichen Fällen oft konträrere Ergebnisse der Begutachtung« zustande kommen (soweit ich weiß, ist keiner der Herren Vorgutachter Analytiker, auch nicht Dr. Y. oder Dr. Hr., und die Herren Prof. S. und Prof. H. würden sich gegen einen solchen »Verdacht« wahrscheinlich energisch zur Wehr setzen), möchte ich annehmen, daß die unterschiedliche Begutachtung sich im wesentlichen daraus erklären mag, daß die Patientin zu verschiedenen Zeiten, also in den Jahren 1945/47 (in Schweden), 1952/53 (Hillside Hospital), 1958 (Prof. Dr. S.), 1959 (Dr. Hr.), 1960 (Prof. Dr. H.) mit verschiedenartigen Krankheitssymptomen und Krankheitszuständen auf den gleichen, in ihrer Psyche fortwirkenden, im KZ ursprünglich begonnenen Krankheitsprozeß »antwortet« und daß die begutachtenden Fachärzte es mit tiefgehenden psychischen Veränderungen zu tun haben, die sich einmal in vorwiegend depressiven Zuständen (Schweden), dann in psychoseähnlichen Symptomen (Hillside), in chronisch-reaktiver Depression (Dr. Hr.), ein anderes Mal mehr in hysterisch erscheinender Symptomatologie (Prof. S.) oder auch neurotisch, psychopathisch (Prof. H.) oder sonstwie abnormal sich manifest äußern. Wie verschiedenartig die Beurteilung hier sein kann, zeigt beispielsweise S. 5 der obergutachtlichen Beurteilung (Prof. H.), der auf der gleichen Seite die Patientin »paranoischen Persönlichkeiten« gleichstellt und gleichzeitig als »psychopathische Persönlichkeit« diagnostiziert.

Prof. S. findet dagegen eine schwere Hysterie. Dem steht ein Jahr Aufenthalt in einer psychiatrischen Anstalt gegenüber, mit den damaligen Krankheitserscheinungen von Beziehungswahn, Verfolgungsideen, depressiven und hypochondrischen Symptomen usw. Das stimmt schlecht mit der Annahme einer Hysterie überein. Auch in Amerika steckt man Hysteriker nicht für ein Jahr in eine Irrenanstalt und unter dem Einfluß psychoanalytischer Auffassungen schon gar nicht. Man könnte mit Herrn Dr. Hr. an einen reaktiven chronischen Depressionszustand denken; dem stehen aber gewisse neurotische oder hysterisch erscheinende Symptome und die von Prof. S. beobachteten lebhaften Gemütsreaktionen entgegen. Nun gibt es meines Wissens unter den mir bekannten psychiatrischen Krankheitsbildern im wesentlichen nur eines, das den hier m. E. vorliegenden vielgestaltigen, multiplen, zu verschiedenen Zeiten in verschiedener Form und Intensität auftretenden, oft unklaren und bis vor kurzem im ganzen kausal unbekannten Krankheitssymptomen gerecht wird, nämlich das Krankheitsbild, das man mit zunehmender Häufigkeit jetzt bei den früheren KZ-Häftlingen als psychiatrische Spätfolge der damals im KZ gesetzten und sich tief im Seelenleben eingegrabenen psychischen Traumata beobachten kann.

Unter den deutschen Sachkennern auf diesem Gebiete haben schon vor einigen Jahren vor allem Univ. Prof. Dr. W. von Baeyer (Heidelberg) und Priv. Dozent Dr. U. Venzlaff (Göttingen) auf solche Zusammenhänge hingewiesen, der erstere jüngst wiederum in einem grundlegenden Referat auf der süddeutschen nervenärztlichen Tagung in Baden-Baden (Mai/Juni 1961). Der Unterzeichnete selbst hat dieses Krankheitsbild neuerdings wissenschaftlich beschrieben und [in Niederland, 1961] die wesentlichen Symptome und Symptomgruppen dargetan, die für diesen psychiatrischen Krankheitszustand charakteristisch sind.

Gerade die psychiatrischen Erfahrungen der letzten

Jahre mit Überlebenden der Konzentrationslager-Höllen haben gezeigt (Venzlaff i. J. 1958, Bensheim 1960, Engel 1961, Niederland 1961), daß multiforme, oft wechselvolle, nicht immer klar umschriebene psychische Krankheitsbilder mit chronischen Gemüts- und Persönlichkeitswandlungen, psychosomatischen Krankheitserscheinungen, depressiven Symptomen, paranoiden Ideen, Furcht vor neuer Verfolgung usw. nicht selten und für manche dieser Opfer geradezu pathognomonisch sind. Solche chronisch geschädigten Überlebenden zeigen auch des öfteren hysterisch oder neurotisch erscheinende Symptome, da ja die gestörte Psyche immer nur über eine relativ beschränkte Anzahl von Reaktionsweisen verfügt, auf selbst überwältigende Traumata psychisch oder psychosomatisch zu antworten. Es ist m. E. durchaus abwegig, das Bestehen solcher Symptome zum Anlaß zu nehmen, eine »Hysterie« oder eine »anlagebedingte« psychische Störung zu diagnostizieren und damit eine verfolgungsbedingte (traumatische) Pathogenese summarisch auszuschließen. Ein solches Verfahren heißt nicht nur die Fortschritte und psychodynamischen Erkenntnisse der Psychiatrie in den letzten 30 bis 40 Jahren außer acht lassen, sondern die *Verfolgungsgeschichte und die Traumatisierung* der Kranken im KZ selbst zu ignorieren.

II.

Damit komme ich zum zweiten Teil meines Gutachtens. Wie bereits erwähnt, habe ich Frau R. am 28. Dezember 1961, 10. Januar 1962 und 24. Januar 1962 psychiatrisch untersucht. Ich habe diese Untersuchung wiederholt durchgeführt, um ein möglichst klares klinisches Bild über ihren Krankheitszustand zu gewinnen und auch nach Möglichkeit die in den Vorgutachten enthaltenen Widersprüche aufzuklären. Ich behaupte nicht, daß mir letzteres bis in alle Einzelheiten gelungen ist; ich darf jedoch sagen, daß die Untersuchungen eine m. E. weitgehende Klärung der hier gegebenen traumatischen Verfolgungseinwirkungen und der daraus entstandenen psychischen Veränderungen erbringen konnten.

Psychischer Status: Bei der ersten Untersuchung war die Kranke mürrisch, unwirsch und gereizt, jedoch im ganzen undemonstrativ und eher zurückhaltend. Sie gab meistens nur einsilbige Antworten, sprach kaum über ihre Verfolgungserlebnisse, sondern vorwiegend über ihre Beschwerden, die gemäß ihrer Aussage seit Jahren die gleichen geblieben seien: Bedrücktheit, Ängstlichkeit, Herzklopfen, Unruhe, Druck auf dem Kopf und in der Brust, Beklemmungsgefühle, schlechter Schlaf, häufige Angstträume, Unfähigkeit zu arbeiten. Zu wiederholten Malen sagte sie, daß sie nicht über ihre Erlebnisse sprechen will noch kann, und fügte unwirsch, fast ärgerlich hinzu: »Ich würde nicht so lange für mein Leben und Überleben gekämpft haben, wenn ich gewußt hätte, daß ich mein Leben mit solchen Erinnerungen zubringen würde« (sie sagt dies auf englisch in viel deutlicherer Sprache: »I would not have struggled so long to survive and to live with such memories«). Welches diese Erinnerungen sind, sagt sie nicht und wird von mir bei dieser ersten Untersuchung auch nicht dazu gedrängt. Sie berichtet dann, daß sie die jüngste von sechs Geschwistern ist und daß beide Eltern und vier Geschwister durch die Nazi-Verfolgung ums Leben gekommen sind. Sie selbst und ein Bruder in Israel sind die einzigen Überlebenden einer vielköpfigen jüdischen Familie, da auch viele andere Angehörige und Verwandte durch die Verfolgung umkamen, darunter drei Cousinen im gleichen KZ, in dem sie selbst sich »irgendwie« am Leben erhalten konnte.

Sonst sagt sie kaum etwas bei dieser ersten Untersuchung, die ferner zeigt, daß sie zeitlich und örtlich orientiert ist, keine Wahnideen und keine Sinnestäuschungen hat, jedoch psychisch deprimiert, in sich gekehrt und unwirsch ist. Das von Herrn Prof. S. beschriebene leichte Lächeln habe ich auch beobachtet; es erschien mir jedoch ganz als ein Lächeln der Verlegenheit und der captatio benevolentiae, als ob sie sich für ihre mürrische, bedrückte Wesensart entschuldigen wolle und auch dafür, daß sie »irgendwie« am Leben blieb, während fast alle ihrer Familie den Tod fanden. Jedenfalls ist das gelegentliche Lächeln niemals hysterisch noch demonstrativ, sondern zurückhaltend und eher verzagt.

Bei den folgenden Untersuchungen, am 10. und 24. Januar, ist sie weiter bedrückt und in sich gekehrt, aber weniger unwirsch und geht im Laufe des ärztlichen Gesprächs langsam aus sich heraus. Sie schildert ihre Kindheit als gesundes, der Familie und anderen Menschen zugetanes, lebensfrohes Mädchen, gute Schülerin, später Helferin ihres Vaters im Geschäft und Krankenpflegeschülerin in einem Krankenhaus. Auch bei dieser Schilderung bleibt sie im ganzen zurückhaltend und gelassen, verhält sich in keiner Weise demonstrativ oder hysterisch oder sonstwie auffallend.

Erst im Laufe der zweiten und dritten Untersuchung gelingt es, allmählich Einblick in das tief gestörte Seelenleben der Kranken zu gewinnen. Unter zahllosen Stockungen und in nicht immer kohärenter Form, sich wiederholt selbstanklagend und unmittelbar darauf sich wiederum selbstverteidigend, stellt es sich heraus, daß sie psychisch unter dem überwältigenden, seelisch völlig unverarbeiteten und daher chronisch fortwirkenden Einfluß von zwei erlebnisreaktiven Entwicklungen im

Gefolge ihrer KZ-Erlebnisse steht: daß sie nämlich, um ihr Leben zu erhalten, mit einem jungen SS-Mann, einem Nazi-Oberscharführer, in regelmäßige sexuelle Beziehungen trat und dadurch mit einer Reihe anderer jugendlicher Geschlechtsgenossinnen zur »Nazi-Hure« wurde; und daß sie durch dieses Verhalten sich ihr Leben auf solchem Wege sexuell erkaufte, während die meisten anderen – darunter ihre eigenen Angehörigen und eine intime Freundin, die als Fünfunddreißigjährige sexuell nicht so attraktiv von den SS-Männern gefunden wurde – den Todesweg in das Krematorium antreten mußten. Sie selbst war damals kaum 23 Jahre alt, jung und als angehende Krankenschwester den SS-Männern, besonders deren Oberscharführer, sexuell recht willkommen, und so gelang es ihr, am Leben zu bleiben.
All dieses kommt, wie gesagt, überaus zögernd unter Selbstanklagen erst in der zweiten und dritten Untersuchung an die Oberfläche. Sie ist dabei verstört, ängstlich, manchmal kaum verständlich bei ihrer stockenden und tief verschämten Schilderung dieser Erlebnisse, jedoch auch hier durchaus undramatisch und sagt: »Ich dachte damals, ich hatte nichts zu verlieren. Ich fühlte, als ob alles um mich und ich im Nebel war (I felt dazed).« Unmittelbar danach spricht sie von ihrer Todesfurcht, die sie seit ihren KZ-Tagen im Banne hält, sie auch heute nicht losläßt und sie noch heute wie damals dauernd unter der Angst leidet, daß sie sterben werde, ja sterben *müsse*. Nachts hat sie häufige Angstträume, in denen sie sich wieder im Lager findet, mißhandelt und bedroht wird usw.
Psychiatrische Beurteilung: Auch nach Prof. S. besteht *»kein Zweifel, daß diese Patientin seelisch erheblich gestört ist«*. Ich schließe mich dieser Beurteilung völlig an und möchte zur weiteren Klarstellung des vorliegenden Krankheitszustandes aus dem Gutachten des deutschen

Sachverständigen-Beirats beim Bundesministerium für Arbeit und Sozialordnung, Schriftenreihe des Bundesversorgungsblattes (Heft 1, S. 5, Bonn 1960), Verlag W. Kohlhammer, Stuttgart und Köln, den folgenden Paragraphen zitieren:

»Unter dem Eindruck der Beurteilung der Folgen *überwältigender Bedrohungserlebnisse mit schwersten Selbstwertverletzungen, wie sie unter langdauernder Todesfurcht und schwersten Mißachtungsformen in Konzentrations- und Straflagern, zumal bei Juden* ... vorkommen ... In solchen Fällen würde es eine Überforderung des Durchschnittsmenschen darstellen, von ihm grundsätzlich bei jeder noch so extremen Lebenskonstellation eine positive Verarbeitung des Erlebten und eine störungsfreie Bewältigung der Gegenwart zu erwarten ...«

Im unmittelbar darauffolgenden Paragraphen sagen die gleichen deutschen Gutachter, die den Ärztlichen Sachverständigen-Beirat des Bundesministeriums für Arbeit und Sozialordnung bilden, weiter:

»Es versteht sich von selbst, daß hierbei in erster Linie (d. h. in der psychopathologischen Beurteilung ehemaliger KZ-Häftlinge) jene Fälle zu berücksichtigen sind, in denen *die schädigenden Erlebnisse einen noch seelisch unausgereiften jugendlichen Menschen betrafen und zu einer schweren seelischen Entwicklungsstörung geführt haben.* Man findet sie aber auch bei Fällen, die *den Höhepunkt ihres Lebens im KZ verbringen mußten.*«

Ich habe in den vorstehenden Paragraphen jene Stellen, die für die psychiatrische Beurteilung des vorliegenden Falles von größter Bedeutung sind, durch Kursivierung hervorgehoben; sie sind auch im Originaltext des deutschen Sachverständigen-Beirats teilweise gesperrt gedruckt, demnach als besonders maßgeblich und grundlegend darin hervorgehoben. Ich habe diesen, den hier gegebenen Fall so klar umreißenden Ausführungen kaum etwas hinzuzufügen, es sei denn, daß vielleicht von der einen oder anderen Seite die Frage erhoben werden könnte, ob ein mit 22-23 Jahren ins KZ gebrachtes jüdisches Mädchen noch zur Gruppe der jugendlichen Menschen gerechnet werden kann. Wenn man auch zugeben muß, daß diese Frage von verschiedenen Menschen verschieden beantwortet werden mag, so steht es doch fest, daß sie damals eine *Krankenpflegeschülerin* war und daß die Tatsache, zur Kategorie der Krankenpflege*schülerinnen* zu gehören, wohl allein genügt, sie als wenigstens zum Teil noch Jugendliche im Sinne des Ärztlichen Sachverständigen-Beirats anzuerkennen – in den Zeiten des schlimmsten Dranges und der größten Not für die Juden in die Krankenpflege gegangen zu sein, wirft übrigens auch auf die Annahme einer etwa damals bestandenen sog. »Hysterie« oder gar »anlagebedingter« Reaktionen und dergleichen mehr m. E. ein vernichtendes Schlaglicht. Menschen mit 50% Hysterie oder mit sog. anlagebedingten Psychopathien gehen gewöhnlich nicht in die Krankenpflege, die Selbstaufopferung, härteste Arbeit und Selbstverzicht besonders in den Zeiten äußerster Drangsal bedeutet. Denn daran leidet ja heute die Patientin wohl am schwersten: daß sie, die ursprünglich Krankenpflege und damit eine durch Selbstaufopferung zumeist charakterisierte Lebenslaufbahn für sich erwählt hatte, dann doch im KZ, also in der extremen Lebenskonstellation, von der im Gutachten des Ärztl. Sachverständigen-Beirats gesprochen wird, sich und ihrem Beruf und allem, was ihr von früher heilig und teuer war (Familie, Glaube, Judentum, Volk, Heimat) untreu werden mußte und daß der verzweifelte Wille zu leben und zu überleben sie zur jüdischen Dirne eines Nazi-Oberscharführers machte, *was ihre Gedankenwelt konstant schuldbesetzt macht.*

Solche schwerste, psychisch fast unauslöschliche Überlebensschuld, erhöht durch den Verlust nahezu aller Familienangehörigen, erträgt erfahrungsgemäß die

Psyche eines jugendlichen Menschen selbst mit 22 Jahren oder 23 Jahren nicht lange. In der Tat, bereits kurz nach der Befreiung wird sie seelisch schwer krank, und schon 1945 kommt sie »wegen ihrer Nerven« in ein Hospital in Schweden, dann in verschiedene Erholungsheime, schließlich 1952 in das Hillside Hospital bei New York. Diese Entwicklung schließt natürlich auch die Annahme irgendwelcher wunschgemäßen, zweckhaften oder gar »zielgerichteten« (Dr. S.), »pseudologistischen« (Dr. H.) Tendenzen aus. Als sie 1945 aus dem KZ in das Hospital in Schweden und 1952 in das Hillside Hospital kam, gab es noch keine Wiedergutmachungsgesetze, geschweige denn ärztliche Begutachtungen zur Feststellung einer Entschädigungspflicht/oder Verfolgungsbedingtheit. Dennoch fanden schon damals die Ärzte bei ihr schwerste psychische Veränderungen im Gefolge der KZ-Erlebnisse. Auch die von den deutschen Entschädigungsämtern und Gerichten so oft erforderten Brükkensymptome bestehen hier in allen Krankheitsberichten seit kurz nach ihrer Befreiung, was das ablehnende Urteil des Landgerichts um so befremdlicher und bis zu einem gewissen Grade unverständlich macht.

Damit komme ich zu meinem letzten Punkt, dem Obergutachten des Herrn Prof. Dr. H., auf das sich der Entscheid des Landgerichts wohl am meisten stützt und worüber, falls Raum und Zeit es gestatten würden, viel zu sagen wäre. Anstatt mich mit diesem Obergutachten im einzelnen auseinanderzusetzen, werde ich mich hier auf zwei Punkte beschränken. Unter allen Gutachten von Prof. H., die mir in den letzten Jahren vorgelegt wurden, kann ich mich nicht eines einzigen erinnern, in dem der Ausdruck »anlagebedingte Reaktionen« (gewöhnlich neurotischer, psychoneurotischer oder ähnlicher Art) *nicht* an irgend einer Stelle auftauchte – wobei ich in vielen Fällen nicht glaube, daß diese gutachtlich so freigebig den verschiedensten Antragstellern zugeschriebenen »anlagebedingten« Reaktionen viel mit deren Krankheitszuständen zu tun haben.

Wie dem auch sein mag, da im vorliegenden Krankheitsfall sogar von »psychopathischen und psychoneurotischen Persönlichkeitsmerkmalen« als Anlagefaktoren und »von anlagebedingten Reaktionen einer psychopathischen Persönlichkeit« im Obergutachten diagnostisch gesprochen und daraus eine *Verfolgungsunabhängigkeit* summarisch abgeleitet wird, gestatte ich mir wiederum – anstatt auf die »moderne« amerikanische, dem Gericht vielleicht wenig zusagende Richtung in der Psychiatrie einzugehen – auf die maßgebliche Meinungsäußerung im Gutachten des deutschen Ärztlichen Sachverständigen-Beirats, herausgegeben in Bonn 1960 und unterzeichnet von den Universitätsprofessoren Dr. Bodechtel, Panse, Störring sowie von den Oberregierungsmedizinalräten Dr. Dubitscher (Köln) und Dr. Hirt (München), mit einiger Ausführlichkeit hinzuweisen. Auf S. 6 dieses Gutachtens, Schriftenreihe des Bundesversorgungsblatts, Heft 1, heißt es:

»Nach dem derzeitigen Stand der psychiatrischen Forschung erscheint es angezeigt, auf den früher häufig gebrauchten Begriff der »psychopathischen Reaktion« zu verzichten. *Der Psychopathiebegriff ist umstritten*; die Unterscheidung, ob eine Persönlichkeitsstruktur im wesentlichen anlage- oder entwicklungsbedingt ist, ob somit also die vorliegenden seelischen Störungen als »artungsspezifisch« (= psychopathisch) oder als haltungsspezifisch (= neurotisch) angesehen werden müssen, zählt zu den schwierigsten Aufgaben der Psychiatrie. Da diese Entscheidung erst im Verlauf einer zeitraubenden analytischen Diagnostik möglich ist ... wird die letzte differentialdiagnostische Klärung nur in Ausnahmefällen möglich sein. *Diese diagnostische Klärung ist jedoch gleichgültig für alle mit Entschädigungsfragen zusammenhängenden Probleme, da das angeschuldigte schädigende Ereignis im einen wie im anderen Falle den gleichen Stellenwert in der Diskussion der Kausalität hat.* Unabhängig davon also, ob es auf dem Hintergrund einer neurotisch veränderten oder einer primär-psychopathischen Persönlichkeitsstruktur zu den als Schädigungsfolge behaupteten Erscheinungen gekommen ist, wird ihnen eine ursächliche Beziehung zum schädigenden Ereignis nicht zuerkannt.«

Was im obigen Paragraphen durch Unterstreichen hervorgehoben ist, ist auch im Originaltext durch speziellen Druck hervorgehoben.
Ein Vergleich der hier wiedergegebenen Stellungnahme des Ärztlichen Sachverständigen-Beirats mit dem im Gutachten von Prof. S. wie im Obergutachten von Prof. H. vertretenen Standpunkt zur Frage der Verfolgungsbedingtheit bzw. Entschädigungspflicht bei der hier vorhandenen seelischen Erkrankung wird dem objektiven Beurteiler unschwer zeigen, daß von den genannten Gutachtern gerade der gegenteilige Standpunkt eingenommen wird, insofern sie den sog. »anlagebedingten« Reaktionen, der »Hysterie«, »Psychopathie«, vorhanden oder nicht, den höchsten Stellenwert zuschreiben, während die überwältigenden traumatischen Ereignisse der Verfolgungszeit (KZ, Familienverlust, Selbstentwertung und Prostituierung durch die gleichen Verfolger, die den Familienverlust verursachten, etc.) zwar in der Vorgeschichte der S.schen und H.schen Gutachten ausführlich erscheinen, jedoch bei der Beurteilung selbst als pathogenetische Faktoren kaum in Betracht gezogen werden und bei der Kausalitätsbetrachtung dieser Vorgutachter beinahe jeglichen Stellenwert einbüßen. Im H.schen Obergutachten werden beispielsweise »Abweichungen in ihrem Triebleben und ihrem Verhältnis zu anderen Menschen« gefunden, und dem gleichen Gutachter erscheint es »auffällig, daß ihre Schilderungen bes. in sexuell betonten Situationen dauernd schwanken«, auch daß »sie sehr scharf und gereizt auf dies-

bezügl. Fragen reagierte«. Wie soll denn eigentlich eine Frau, die aus ihrem verzweifelten Willen zum Überleben heraus im Schatten des Auschwitz Krematoriums mit den SS-Männern koitierte, anders als »sehr scharf und gereizt« auf diesbezügliche Fragen des untersuchenden Arztes reagieren? (Sie tat das gleiche auch bei meiner Untersuchung.) Soll sie etwa nach der Hölle von Auschwitz und Bergen-Belsen in ihrem »Verhältnis zu anderen Menschen . . . und in ihren Schilderungen bes. in sexuell betonten Situationen« *nicht schwanken*, zumal solche »sexuell betonten Situationen« ihr das Leben retteten und sie genau weiß, daß ohne ihr Mitwirken und Mitmachen bei den genannten »Situationen« sie jetzt nicht ein Begutachtungsobjekt für die behandelnden oder untersuchenden Ärzte sein würde, sondern ihre Aschenreste in Auschwitz oder Belsen jetzt verstreut lägen?
Der Wahrheitsfindung wird wenig gedient, wenn in der Beurteilung solcher ernster Fälle die Erlebnisdynamik, die massive Traumatisierung im KZ, die schwere, fortwirkende Überlebensschuld kaum in Betracht gezogen und an deren Stelle Begriffe wie Psychopathie usw. herangezogen werden, die der Ärztl. Sachverständigen-Beirat des Bundesministeriums mit Recht als obsolet und umstritten erklärt. Die diagnostische Einführung des Psychopathiebegriffs im Obergutachten, auf welches sich das Landgericht bei seinem ablehnenden Entscheid so nachdrücklich beruft, und die Feststellung des Ärztl. Sachverständigen-Beirats, daß »der Psychopathiebegriff umstritten ist«, sind hier wohl Grund genug, das Urteil des Landgerichts als revisionsbedürftig zu erachten, da es offensichtlich dem vorliegenden Sachverhalt in keiner Weise gerecht wird. Das gleiche Verkennen des Sachverhalts wird ersichtlich, wenn man die gutachtlichen und obergutachtlichen Hinweise auf die Ereignisse in Schweden (Abortierung, Sterilisierung) liest

und sie dann, besonders in dem obergutachtlichen ebenso wie dem landgerichtlichen Urteil, *zuungunsten* der Patientin auslegt, während es doch einwandfrei feststeht, daß diese Ereignisse chronologisch *nach* der Befreiung stattfanden, also zu einer Zeit, als die Patientin schon durch die KZ-Erlebnisse aufs Schwerste traumatisiert war, nach dem Überstehen eines Typhus auf »Haut und Knochen abgemagert« nach Schweden kam, noch immer »die SS-Männer vor den Augen sehend« und in äußerste Furcht geratend, »wenn jemand etwas lauter zu ihr sprach«.

Im Gegensatz zu dem obergutachtlichen Bericht, in dem alle diese Umstände niedergelegt sind, erscheinen mir diese Angaben der Patientin in jeder Weise glaubwürdig und verläßlich. Daß einige ihrer Angaben hinsichtlich der sexuellen Erlebnisse wechselnd sind oder erst bei der zweiten oder dritten Untersuchung gemacht werden, wird ebenfalls gegen sie gehalten, obwohl gerade dieser im wahrsten Sinne »wunde Punkt« auf ihre psychisch mit den sexuellen KZ-Erlebnissen verbundene Traumatisierung aufs eindringlichste hindeutet. Auch wird dabei übersehen, daß sie bei ihrer fortdauernden psychischen Schädigung, nach einem Typhus und nach 20 Elektroschockbehandlungen heute vielleicht doch nicht ganz in der Lage ist, die Fragen des Herrn Obergutachters insbesondere betreffs jener sexuellen Erlebnisse in allem so klar und folgerichtig zu beantworten, wie das Obergutachter und Landgericht nach 15-16 Jahren unverständlicherweise von ihr zu erwarten scheinen.

Zusammenfassend gestatte ich mir, als abschließendes Ergebnis meiner psychiatrischen Untersuchung und Erwägungen auszusagen, daß ich die bei Frau R. seit ihrer Befreiung aus dem KZ bestehenden und nahezu unvermindert fortdauernden schweren psychischen Veränderungen und Störungen mit an Sicherheit grenzender

Wahrscheinlichkeit als *verfolgungsbedingt* erachte; daß ihre psychischen Krankheitszustände (Depressionen, Gemütsschwankungen, Angstzustände, allgemein herabgesetztes Wert- und Sicherheitsgefühl, psychosomatische Manifestationen etc.) in direktem ursächlichen Zusammenhang mit den durchgemachten Verfolgungserlebnissen stehen; und daß ich die hierdurch verfolgungsbedingte Minderung ihrer Erwerbstätigkeit auf 60% schätze.

Herr Dr. U.
(Gutachten vom 25. Mai 1961)

In der obigen Entschädigungssache, in der von seiten des Herrn Regierungspräsidenten in Wiesbaden unter dem 1. 12. 1960 ein Ablehnungsbescheid erlassen wurde, erstatte ich auf Ersuchen von Herrn Rechtsanwalt Dr. S., des Rechtsvertreters der Familie, ein fachärztliches psychiatrisches Gutachten, das sich auf mein Studium des mir von Herrn Dr. S. zugestellten Aktenmaterials, auf meine Sachverständigen-Tätigkeit als Psychiater und Nervenarzt sowie auf meine nun über fünfzehnjährigen fachärztlichen Erfahrungen mit Opfern der nationalsozialistischen Verfolgung (Emigranten, Flüchtlinge, Überlebende aus Konzentrationslagern) stützt. Da der Ablehnungsbescheid des Regierungspräsidenten sich in der Hauptsache auf der amtsärztlichen Begutachtung des Medizinischen Dezernats Wiesbaden vom 1. 8. 1959 gründet und sich die Stellungnahme des letzteren voll zu eigen macht, erscheint es geboten, sich mit diesem für die Rechtsfindung so wesentlichen Vorgutachten wissenschaftlich auseinanderzusetzen.

Beim Studium der amtsärztlichen Begutachtung fällt zunächst auf, daß von den der Inhaftierung und späteren Emigrierung vorausgehenden nazistischen Verfolgungsjahren 1933-1938 überhaupt nicht die Rede ist und die heutzutage wohlbekannten, tiefgehenden medizinisch-psychiatrischen Einwirkungen dieser Jahre mit keinem Worte erwähnt sind. Im amtsärztlichen Gutachten heißt es mit lakonischer Kürze: »Der mit 75 Jahren Verstorbene – Zahnarzt von Beruf – war vom 14. 11. 38

bis 23. 12. 38 im Lager.« Ebenso lakonisch äußert sich der Regierungspräsident in dem Ablehnungsbescheid, wonach »die kurze Zeit von vier Wochen der Inhaftierung im KZ Dachau nicht als Ursache der Erkrankungen anzusehen ist« – was übrigens auch schon rechnerisch unzutreffend ist, da es sich vom 14. 11. bis 23. 12. um mehr als fünf Wochen Haft handelt. Im übrigen kein Wort von den psychischen und körperlichen Auswirkungen der der Inhaftierung vorausgegangenen Verfolgungsepoche, sondern – wiederum im Ablehnungsbescheid – nur der Hinweis, daß »es doch unwahrscheinlich sei, daß die kurze Haft zu den Gesundheitsstörungen des Verfolgten geführt habe«.
Da somit feststeht, daß weder im amtsärztlichen Gutachten des medizinischen Dezernats noch in dem Bescheid des Regierungspräsidenten die medizinischen Auswirkungen und Folgeerscheinungen der Verfolgungszeit 1933-1938 berücksichtigt sind, ja diese Jahre für diese Amtsstellen – wenigstens medizinisch gesehen – nicht zu existieren scheinen; da andererseits die wesentlichen Ursachen oder Mitursachen der Erkrankungen des Verstorbenen m. E. gerade in den Verfolgungsereignissen und Verfolgungserlebnissen jener Jahre zu erblicken sind, erlaube ich mir, mein Gutachten in zwei Teilen zu erstatten. Im ersten Teil werde ich anhand wissenschaftlicher Befunde und klinischer Dokumente die hier einschlägigen Gesundheitsschädigungen besprechen. Im zweiten Teil meines Gutachtens werde ich sodann im einzelnen auf die im vorliegenden Fall gegebenen Krankheitserscheinungen und auf die Frage des von dem Herrn Vorgutachter verneinten ursächlichen Zusammenhangs zwischen Verfolgung und Krankheitszustand eingehen.

I

Aus den eidesstattlichen Angaben der Witwe des Verstorbenen geht hervor, daß die Praxis ihres Mannes ursprünglich »zum großen Teil aus arischen Patienten bestand« und daß die mit dem Beginn der nationalsozialistischen Machtübernahme – 1933! – einsetzenden Bedrohungen und Ängstigungen nicht nur viele Patienten abhielten, weiter den jüdischen Zahnarzt beruflich in Anspruch zu nehmen, sondern daß auch das Zusammenschrumpfen der Praxis ihren Ehemann »tief bedrückte«. Wir werden somit kaum fehlgehen, vom ärztlich-psychiatrischen Standpunkt aus, in dieser tiefen Bedrücktheit – schon 1933 und 1934 einsetzend – den Beginn der schweren reaktiven Depression zu sehen, die den bis dahin gesunden Mann mehr und mehr durchdrang und beeinflußte. Darin liegt an sich nichts Absonderliches. Solche reaktiven Depressionen, tief in das seelische Gefüge der Persönlichkeit eingreifend und im Laufe weniger Jahre zur Invalidität führend, sind häufig genug ärztlich beobachtet und beschrieben worden; sie betrafen besonders deutsche Juden, die innerlich stark im Deutschtum verwurzelt waren und wie Dr. U. einen überwiegend arischen Berufs- und Arbeitskreis hatten und sich mit Beginn der nationalsozialistischen Ära sozusagen über Nacht geächtet, verfemt und ausgestoßen fanden. Dazu kam dann Schlag auf Schlag der Weggang der Kinder, Freunde, Bekannten – wie von der Witwe geschildert – und die dadurch bewirkte Verstärkung und Vertiefung der Depressionen. Auf dem solcher Art seelisch bereits zermürbten, durch Angst, Verfemung und ständige Unsicherheit anfällig gewordenen Boden kam es dann Ende 1938 zur Inhaftierung und damit, bei

aller Kürze der Haftzeit, zum rapiden Totalkollaps der Persönlichkeit, über dessen Erlebnisdynamik und Folgeerscheinungen später zu sprechen sein wird.
Alles dies ist, wie oben bereits gesagt, heute wohlbekannt und in der nervenärztlichen Literatur der zivilisierten Welt eingehend und dokumentarisch niedergelegt. Das Absonderliche und Befremdende hier liegt nur darin, daß von alledem nichts in die Betrachtungsweise der Wiesbadener Amtsstellen gedrungen zu sein scheint. Aus diesem Grunde gestatte ich mir, bevor ich auf die im Falle U. gegebenen psychopathogenetischen und psychodynamischen Zusammenhänge eingehe, einige diesbezügliche ärztliche Beobachtungen anzuführen, die bei aller notwendigen Knappheit der Darstellung nichtsdestoweniger geeignet erscheinen, den Fall U. in einer wesentlich anderen Sicht zu betrachten, als dies von seiten des amtsärztlichen Vorgutachters geschehen ist. Obwohl ich jetzt zahlreiche wissenschaftliche Veröffentlichungen aus der gesamten Weltliteratur heranziehen könnte, beschränke ich mich auf die gutachtlichen Äußerungen namhafter deutscher Gelehrter, da ja für die deutsche Rechtsprechung die Beobachtungen und Forschungsergebnisse, die auf diesem Gebiete im deutschen medizinischen Schrifttum niedergelegt sind, von ganz besonderer Bedeutung sein dürften. Zur Klarstellung dessen, was einem Mann wie Dr. U. von 1933 an in seinem Innenleben geschehen ist, möchte ich zunächst aus der Arbeit eines hervorragenden deutschen Sachkenners auf diesem Gebiet, Universitäts-Professor Dr. med. W. von Baeyer, Direktor der psychiatrischen und neurologischen Universitätsklinik Heidelberg, (Deutsche Medizinische Wochenschrift, 1958, Nr. 52) zitieren:

»Wir müssen uns darüber klar werden, in welchem Umfang die nationalsozialistische Verfolgung ihre Opfer terrorisierte ... (durch die) gleichgültig, ob innerhalb oder außerhalb des Konzentrationslagers ... totale Entrechtung und Entwürdigung, den Entzug jeglicher Achtung, die Gleichsetzung mit lästigem Ungeziefer, eine Diskriminierung, wie sie in der an Diskriminierungen reichen Weltgeschichte nicht vollständiger, systematischer und unmenschlicher gesehen wurde. In dieser Weise etwa kann man in sehr kurzen Worten die *Ausgangslage* umreißen, die für die Verfolgten der Nazizeit in mehr oder minder hohen Graden und mit jeweils verschiedenen Akzenten bestand ...«

Ich habe im vorstehenden Zitat aus der obigen Arbeit die Ausgangslage deshalb hervorgehoben, da ja diese in dem Wiesbadener Gutachten unverständlicherweise außer acht gelassen ist oder zum wenigsten in ihrer Tragweite einfach nicht erkannt ist, obwohl der amtsärztliche Gutachter an einer Stelle selbst von der Wahrscheinlichkeit spricht, daß »U. im Zeitraum vor 1938 schon krank gewesen sein bzw. erhebliche Krankheiten durchgemacht haben dürfte«, nämlich Krankheiten, die m. E. in direktem oder indirektem Kausalzusammenhang mit den durchgemachten Innenerlebnissen der Verfolgungsjahre 1933-1938 bereits vor der Inhaftierung sich entwickelten. Diese Annahme meinerseits stützt sich nicht nur auf meine vielfachen medizinisch-psychiatrischen Erfahrungen mit Emigranten jener Jahre, sondern wird auch in der Arbeit von Prof. Dr. von Baeyer ausführlich und überzeugend anhand klinischer Beispiele bestätigt. Prof. von Baeyer beschreibt nämlich das Entstehen schwerer nervöser Störungen mit ernsten organischen Folgeerscheinungen (an Darm, Herz, anderen Organen) und Depressionen noch im gleichen Zeitraum, von 1933 oder 1934 an, beginnend, wie ich dies in ähnlicher Weise für den vorliegenden Fall des Dr. U. als sehr wahrscheinlich erachte, und zwar bei letzterem noch nachhaltiger und folgenschwerer sich auswirkend. Denn die von Prof. von Baeyer als verfolgungsbedingt

gefundenen Fälle betrafen vorwiegend Halbjuden, die bei allen ihnen entstandenen erheblichen Schwierigkeiten in jenen Jahren doch nicht so unmittelbar bedroht und verfemt waren wie Dr. U. als Volljude.
Als weiteren deutschen Sachkenner dieses tragischen Gebietes darf ich Privatdozent Dr. med. Ulrich Venzlaff, Oberarzt an der Universitätsnervenklinik Göttingen, nennen, der in seiner ebenfalls sehr eingehenden Forschungsarbeit (Monographien aus dem Grenzgebiet der Neurologie und Psychiatrie, Springer-Verlag 1958, Heft 82) von einem »erlebnisbedingten Persönlichkeitswandel« als Folge der nationalsozialistischen Machtübernahme bei von ihm beobachteten Fällen spricht und darüber aussagt:

»Es begann in diesen und zahllosen anderen Fällen mit der brüsken Vernichtung der materiellen Existenz, dem Verlust des Lebensinhaltes und der Unterbrechung der Lebenskontinuität ... Der Lebensinhalt, die Frucht jahrelangen Mühens und die Quelle von Hoffnung und Streben nach Fortschritt versiegten ... Für die meisten bedeutete das Erlebnis jahrelanger Ächtung und Verfolgung oder der Entwurzelung durch Emigration eine einschneidende *Kontinuitätsunterbrechung der Lebenslinie*, einen nachhaltigen Bruch des seelischen Ordnungsgefüges ...«

Ich weise hier wiederum nachdrücklich auf die Venzlaffsche Beschreibung hin, wie es begann, d. h. mit der nazistischen Machtübernahme im Jahre 1933, und welche Folgen dieses Beginnen in jenen Frühjahren des Nationalsozialismus für die Gesundheit der Betroffenen bereits hatte, ganz zu schweigen von den späteren Folgen, auf die ich im zweiten Teile meines Gutachtens näher eingehen werde.
Wohl am klarsten spiegelt sich das, was sich im Innenleben des verstorbenen Dr. U. vollzogen haben mag, in den Krankheitsberichten von Dr. med. H. Bensheim wider, die in der maßgeblichen deutschen Fachzeit-

schrift »Der Nervenarzt« (1960, Heft 10) erschienen sind. Aus der Reihe der darin mitgeteilten Beobachtungen greife ich nur zwei zur knappesten Betrachtung heraus, da sie gewissermaßen Parallelfälle zu den wohl bei Dr. U. vorgelegenen Störungen darstellen. Der erste Fall bezieht sich auf einen 1871 geborenen jüdischen Großkaufmann und Familienvater, der bereits vor 1936 für kurze Zeit in das KZ Dachau kam, auch bald alle seine Posten, seine Ämter und seine Existenz verlor. Bereits im Jahre 1936 bot er »das Bild schwerster Depression, gebrochen an Leib und Seele, ein mageres, zitterndes altes Männchen. Schlaflos wanderte er die Nächte umher, saß brütend in einer Ecke, sprach nicht ... Nur einmal polterte er los: ›Mir, mir muß das passieren, wie ein Aussätziger, was habe ich getan, daß ich Jude bin, ich habe mehr als meine Pflicht getan ...‹ Dann verfällt er wieder in sein Grübeln. Er starb 1942, psychisch bis zu seinem Tode unverändert depressiv, an den Folgen einer Hirnblutung.«

Der zweite Fall, unter den von Dr. Bensheim beschriebenen Kranken, betrifft einen 1893 in einer süddeutschen Stadt geborenen jüdischen Mann, ebenfalls dem Mittelstand und den »Honoratioren« seiner Stadt zugehörend. Auch er kam in den ersten Jahren des Nationalsozialismus für kurze Zeit nach Dachau. »Seitdem ein gebrochener Mann ... erregt, nervös, schlaflos, zeitweise stumpf, depressiv, verwehrt jeden Verkehr. Man bekommt ihn schwer zum Sprechen, dann plötzlich bricht es los ›... Ich kann es nicht erzählen, die Schande, die Schmach. Nie ließ ich mir etwas zuschulden kommen, ja, der Dank des Vaterlandes ...‹ Er hat sich nie erholt, hatte vor einigen Jahren einen Herzinfarkt. Psychisch war er all die Jahre hindurch unverändert, depressiv oder aufbrausend, stets unruhig, grübelnd, zu jeder Arbeit unfähig, ohne Initiative, antriebslos, zerschlagen.«

II

Nach der Wiedergabe der obigen klinischen, dem Falle des Dr. U. in großen Zügen parallel gelagerten Befunde wende ich mich nun der Beurteilung der bei Dr. U. festgestellten Gesundheitsschädigungen zu. Die im Vorstehenden mitgeteilten medizinisch-psychiatrischen Beobachtungen sind nämlich insofern für unseren Fall von Bedeutung, als sie mit aller Klarheit dem objektiven Gutachter zeigen, daß:

1. Erkrankungen und Krankheitssymptome wie die des Dr. U. durchaus verfolgungsbedingt sein können und es in der Tat häufig sind;
2. Schwere, reaktive, oft zur Invalidität führende Depressionszustände, klinisch nicht selten mit Erregungszuständen alternierend, sich schon von den ersten Verfolgungsjahren an entwickeln und dann unverändert oder auch mit zunehmender Intensität fortdauern;
3. Auch eine relativ kurze Inhaftierungsperiode im KZ Dachau einen irreparablen Totalkollaps der Persönlichkeit verursachen kann;
4. Ernste organische Gesundheitsschäden, z. B. Myokardinfarkte, Hirnblutung usw., bei solchen durch jahrelange Angst und Depression gesundheitlich unterminierten Personen nicht selten zu beobachten sind.

Angesichts der Tatsache, daß das medizinische Aktenmaterial im vorliegenden Falle – damit stimme ich mit dem amtsärztlichen Gutachten vom 1. 8. 1959 überein – relativ dürftig ist, kann heute leider nicht mehr mit Sicherheit festgestellt werden, ob alle der von mir unter 1-4 angeführten Punkte bei Dr. U. in vollem Umfang gegeben waren. Auf Grund der zitierten Beobachtungen namhafter Sachverständiger und auf Grund meiner eigenen langjährigen ärztlichen Erfahrungen mit Emigranten hier in New York besteht jedoch ein hoher Grad von Wahrscheinlichkeit, daß dies bei Dr. U. in der Tat der Fall war. Auch ist zuzugeben, daß zur Zeit der amtsärztlichen Begutachtung durch das Medizinische Dezernat in Wiesbaden die erst 1960 in »Der Nervenarzt« erschienene Materialsammlung von Dr. Bensheim (ebenso wie die ebenfalls 1960 unter dem Titel »Verfolgung und Angst« im Klett Verlag, Stuttgart, veröffentlichten Dokumente, die ebenfalls vieles zum Verständnis des Falles des Dr. U. enthalten) noch nicht vorhanden waren. Daher ist es um so wichtiger, für die sachgemäße Beurteilung und die sich darauf gründende Rechtsfindung in eine erneute Prüfung des Falles des Dr. U. einzutreten.

Da ich bereits im ersten Teile meines Gutachtens die für die Beurteilung der Punkte 1 und 2 maßgeblichen Erwägungen dargetan habe, gehe ich nun zur psychiatrischen Beurteilung des dritten Punktes, der Inhaftierungsperiode und deren schwerwiegenden Folgen, über. Dazu zitiere ich die eidesstattliche Aussage der Witwe des verstorbenen Zahnarztes:

»Am 9. November 1938 drangen etwa 50 Leute . . . ein, mißhandelten meinen Ehemann schwer und zerstörten unsere Wohnungseinrichtung. Von diesem Augenblick an war mein Mann völlig fassungslos und nicht mehr imstande, seinem Beruf nachzugehen . . . Einige Tage später wurde mein Ehemann verhaftet und in das KZ Dachau gebracht . . . Bei seiner Rückkehr erschien er völlig verändert, sprach kaum mehr und litt an ständigen Angstzuständen . . . Nach unserer Ankunft in New York änderte sich der Zustand meines Ehemannes nicht. Er ist – obwohl er erst 56 Jahre alt war und immer seinem Beruf mit Freude nachgegangen war – nicht wieder imstande gewesen, eine berufliche Tätigkeit irgendwelcher Art auszuüben . . . Mein Ehemann litt unter ständigen Angstzuständen, verließ die Wohnung kaum je . . . Sein Zustand hat bis zu seinem Tode unverändert fortgedauert.«

Gemäß dieser Schilderung ist also die Inhaftnahme und Einbringung in das KZ Dachau von einem affektiven totalen Kollaps der gesamten Persönlichkeit gefolgt worden, von dem sich der Kranke nicht mehr erholt hat – analog den von Bensheim, v. Baeyer, Venzlaff, Strauss u. a. Autoren beschriebenen Fällen. Das ist ja immer wieder das ungemein Charakteristische bei den *verfolgungsbedingten*, depressiven Gemütsveränderungen, daß bei ihnen mit der Entlassung aus dem Konzentrationslager, der Emigrierung etc. die Krankheitssymptome nicht aufhören, sondern unvermindert weiter existieren, ja oft an Intensität zunehmen und in unaufhaltsamer Weise zur vollen Invalidität führen. Solche Menschen, besonders wenn sie von früher her sensitive, geistig hochstehende Personen waren, können sich eben auch in der Emigration von den innerlich an ihnen nagenden Gefühlen des Verlusts ihrer ganzen Würde, ihrer Ethik und Moral, ihres früher im Deutschtum wurzelnden Bürgerstolzes und Akademikertums, ihres eigentlichen Lebensinhaltes und ihrer materiellen Existenz nicht wieder frei machen. Daher ihre chronische depressive Verstimmung, ihre ausgesprochene Menschenscheu, Apathie, Initiativelosigkeit, Selbstunsicherheit und letztlich auch der Verlust ihres Kommunikationsvermögens mit anderen: Sie sprechen nicht mehr oder eben nur das Allernotwendigste, auch mit den engsten Familienangehörigen.

Da bei diesen Kranken der Zustand der völligen Apathie und Inaktivität durch Perioden der Unruhe (von der dauernden inneren Angst herrührend) und des agitierten Gestörtseins mit Aufregungszuständen, Aufschreien, Weinen und dgl. unterbrochen wird – man vergleiche hierzu das agitierte Aufbrausen und Poltern der von Dr. Bensheim beschriebenen Patienten –, können sie irrigerweise gelegentlich als manisch oder manisch-depressiv diagnostiziert werden. Diese bei Dr. U. auch amtsärztlich angenommene Diagnose ist aber nach meinen Erfahrungen unzutreffend. Ich verweise hierzu ausdrücklich auf den Bericht von Dr. G., vom 16. 6. 54, sowie auf die wichtige Tatsache, daß dieser Bericht im amtsärztlichen Gutachten eigenartigerweise nicht korrekt wiedergegeben ist. Da, wie ich glaube, hier der genaue Wortlaut von erheblicher Wichtigkeit für die Beurteilung ist, erlaube ich mir, zuerst wörtlich aus dem amtsärztlichen Gutachten und dann ebenso wörtlich die gleiche Aussage aus dem Bericht von Dr. G. zu zitieren:

Im amtsärztlichen Gutachten heißt es, nach Dr. G.s Bericht sei Dr. U. »seit mehreren Jahren krank und leidet an *einem nervösen Zustand*, der in fast regelmäßigen Intervallen . . .«.

In der mir vorliegenden Kopie desselben Berichts von Dr. G. lautet aber dieser wichtige Satz: »Dr. U. ist seit mehreren Jahren erkrankt und leidet *an Angstzuständen.* Diese Zustände wiederholen sich in regelmäßigen Abständen . . .«

Das Entscheidende an dieser Unstimmigkeit besteht darin, daß amtsärztlich – mit Berufung auf Dr. G. – ganz allgemein von »einem nervösen Zustand« gesprochen wird, während Dr. G., der den Kranken selbst gesehen und behandelt hat, *Angstzustände* bei Dr. U. diagnostiziert, also ein Fortwirken und Weitergehen jener schweren Ängstigungen und Bedrohungen, denen Dr. U. – wie die meisten Juden jener Zeit – in den Verfolgungsjahren, 1933 beginnend und 1938 mit der Einlieferung in das KZ Dachau kulminierend, ausgesetzt war. Die außerordentliche Wichtigkeit dieses Unterschiedes, daß nämlich in New York 1954 *Angstzustände* (nicht einfach ein allgemeiner nervöser Zustand) bestanden, wird sofort verständlich, wenn man das von allen Sachkennern auf diesem Gebiete heute anerkannte *innere Fortwirken* und *Perseverieren* der ursprünglichen verfolgungsbedingten Ängste in Betracht zieht. So berichtet z. B. Universitätsprofessor Dr. v. Baeyer in seiner bereits erwähnten Arbeit über den Fall einer Verfolgten (Halbjüdin!), daß sie noch während der Anfangsjahre des Nationalsozialismus mit Angstsymptomen erkrankte und dann nach dem Überstehen der Verfolgung – genau wie im vorliegenden Falle und bei mehreren von mir untersuchten Patienten – *noch schwerer* erkrankte, und führt dann weiter aus:

»Es ist nun, wie ich schon sagte, ungemein charakteristisch und den Erfahrungen in anderen Fällen entsprechend, daß bei unserer Patientin *die Angst nach Beendigung des Krieges und dem Zusammenbruch des Regimes nicht aufhörte, sondern stärker wurde* ... Diese Verschlimmerung spielte sich in der ersten Nachkriegszeit ab, als noch keine Entschädigungen gezahlt wurden ...«

Nun ist dies eigentlich die gleiche Entwicklung, und zwar die gleiche, nach Professor v. Baeyer, Privatdozent Dr. Venzlaff und anderen Autoren durchaus verfolgungsbedingte Entwicklung, die mit überwiegender Wahrscheinlichkeit auch bei Dr. U. gegeben ist, bei ihm jedoch folgenschwerer, nachhaltiger und ihn nach der Entlassung aus dem KZ völlig invalidisierend.
Um sich mit der Pathogenese der Erkrankungen des Dr. U. und der ihnen vorausgehenden Erlebnisdynamik bzw. deren psychodynamischem Zusammenhang mit den traumatischen Verfolgungsereignissen vertraut zu machen, möchte ich noch kurz einen weiteren Vorgang psychologisch untersuchen, nämlich den von der Witwe geschilderten Einbruch von ca. 50 Leuten in die U.sche Wohnung am 9. November 1938. Was bedeutet dieser Vorfall, ganz abgesehen von der Terrorisierung der ganzen Familie und der brutalen körperlichen Mißhandlung, für Dr. U. erlebnisdynamisch? Er bedeutet, neben vielem anderen, in psychologischer Sicht

a) das Bewußtwerden und innere Fortwirken des Erlebnisses der völligen Hilflosigkeit und Wehrlosigkeit als Trauma;
b) die mit einem solchen Erlebnis einhergehende persönliche Erniedrigung und die Zerstörung des Selbstwertgefühls vor den Augen der eigenen Familie, der Frau und Kinder.
Wenige Tage danach kam es zur Verhaftung und Überführung in das Konzentrationslager. Etwa zu jener Zeit, darf man wohl annehmen, hätte der geachtete, im besten Mannesalter stehende Zahnarzt, Akademiker und Kunstliebhaber, Familienvater und deutscher Bürger, erwarten dürfen, äußerlich wie innerlich sich der Höhe seines beruflichen und persönlichen Lebens nähern zu können – statt dessen wurde er zum Auswurf der Menschheit gehörig erklärt, zum Verbrecher erniedrigt und in Haft genommen, lästigem und gefährlichem Ungeziefer gleichgesetzt. Als Folge dieser *Verfolgungserlebnisse* sehen wir bei Dr. U., der bis dahin als frei von Krankheiten geschildert wird, spezifische, *verfolgungsbedingte Gemütserkrankungen*, unter denen erfahrungsgemäß die schweren chronischen Depressionen, Angstzustände und oft wiederkehrende Aufregungszustände, ferner auch charakterologische Änderungen das klinische Bild beherrschen.
Damit komme ich zu meinem letzten Punkt, den organischen Veränderungen und insbesondere zu den bei Dr. U. gefundenen Herz- und Kreislaufveränderungen. Ich stimme hier mit dem amtsärztlichen Gutachter des Medizinischen Dezernats Wiesbaden überein, daß eine 1940 oder 1941 festgestellte Herzerkrankung »*nicht* durch eine wie hier aktenkundige Haft von 4 Wochen ausgelöst« wird. Wiederum muß aber mit Nachdruck gefragt werden: Waren nicht der aktenkundigen Haft von über 5 Wochen (nicht 4 Wochen sind »aktenkun-

dig«, sondern nahezu 6 Wochen) lange und schwere Verfolgungsjahre für Dr. U. vorausgegangen?
Gerade weil ich dem amtsärztlichen Gutachter beipflichte, wonach Dr. U. 1940 in die USA kam »und das oben erwähnte Leiden bereits hatte«, d. h. die Herz- und Gefäßschädigungen, ist für mich als Facharzt für Nervenkrankheiten und Psychiater auch die Pathogenese dieser organischen Gesundheitsschäden bei Dr. U. von großem Interesse. Obwohl die Ätiologie solcher Erkrankungen beim gegenwärtigen Stand unseres Wissens noch in vielem ungeklärt ist, steht es doch bei einer großen Anzahl maßgebender Autoritäten heute fest, daß nervöse und seelische Einflüsse eine beträchtliche Rolle in der Genese von Herzkrankheiten spielen können, speziell von Angina pectoris und Myokardinfarkten. Die reiche psychosomatische Literatur der beiden letzten Jahrzehnte enthält viele überzeugende Beispiele, die den engen klinischen Zusammenhang zwischen psychischen Erlebnissen, besonders solchen, die mit starker Angst, Aufregung und Depressionen schwerster Art verbunden sind, und solchen Herzerkrankungen wahrscheinlich machen. Die von Dr. Bensheim beobachteten Verfolgungsfälle, mit Myokardinfarkten einhergehend, habe ich schon im ersten Teile dieses Gutachtens angeführt. Professor Dr. v. Baeyer erwähnt das Entstehen von akuten Herz- und Kreislaufsymptomen in direkter Kausalsequenz mit Angstzuständen bei den von ihm beschriebenen Verfolgten, bei denen er auch andere somatische Prozesse aufgrund von Angstzuständen fand, die sich nach ihm ins Körperinnere schlagen können.
Um aus der Fülle des zu Gebote stehenden wissenschaftlichen Materials nur noch eine weitere, erst vor wenigen Wochen veröffentlichte Arbeit zu nennen, möchte ich zum Schluß Universitätsprofessor Dr. Arthur M. Ma-

ster, Professor der Kardiologie an der Columbia Universität in New York und Verfasser von drei Lehrbüchern über Herzleiden, zitieren (aus »Acute Coronary Deseases« in World-Wide Abstracts of General Medicine, New York, April 1961, Nr. 4) und die folgende von ihm mit EKG und anderen wissenschaftlichen Methoden dokumentierte Aussage zur Kenntnis geben (in Übersetzung):

»Gewöhnlich ist ein spezifischer Faktor für das Entstehen der Angina pectoris verantwortlich. Anstrengung und Aufregung sind ausschlaggebend darunter.«

In dieser neuesten wissenschaftlichen Veröffentlichung wird also konstatiert, was seit geraumer Zeit in der Medizin und speziell in der deutschen Medizin wohlbekannt ist: Schon vor mehr als 30 Jahren hat der Berliner Universitätsprofessor und Internist Dr. Georg Klemperer in seiner Arbeit »Gemütsbewegungen und Herzkrankheit« (in »Therapie der Gegenwart«, 1929, 70, 1-5) eine lange Reihe überzeugender klinischer Belege für die engen Beziehungen zwischen diesen Vorgängen geliefert und dargetan, daß langdauernde Emotionen auch ein vorher gesundes Herz so schwerwiegend beeinflussen können, daß daraus der Herztod resultieren kann. Der Herzspezialist Dr. Karl Fahrenkamp kommt in seinem Buch »Der Herzkranke« (Stuttgart 1931) zu ähnlichen Schlüssen. Gleiche Beobachtungen wurden von Professor Dr. Eduard Weiss, Professor der Inneren und Psychosomatischen Medizin an der University of Pennsylvania, Philadelphia, in seiner Monographie »Emotional Factors in cardiovascular Desease« (1951) mitgeteilt. Dies alles gewissermaßen mit einem Federstrich zu negieren, wie es im Ablehnungsbescheid des Regierungspräsidenten getan wird, heißt, einen großen Teil der in den letzten Jahrzehnten errungenen medizinischen

Kenntnisse auf diesem Gebiete negieren und gleichzeitig auch die bei Dr. U. einwandfrei festgestellte Herzkrankheit verkennen. Denn die bei ihm 1954 fachärztlich erhobene Diagnose besagt klar und deutlich:
»Arteriosklerotisches Herzleiden, Herzerweiterung, alter Myokardinfarkt, Coronarinsuffizienz und Angina pectoris.«
Nun ist ohne weiteres dazu zu sagen, daß die Arteriosklerose eine Abnützungskrankheit ist, der wir alle unterliegen. Aber mit der Angina pectoris und mit Myokardinfarkten verhält es sich wesentlich anders. Bei diesen Herzkrankheiten sind die pathogenetischen Beziehungen zwischen Herzleiden und traumatischen Erlebnissen nicht nur oft genug in der medizinischen Literatur demonstriert worden, sondern auch im Falle des Dr. U. besonders klar erkennbar. In dem auch von dem Medizinischen Dezernat Wiesbaden zitierten Attest des Dr. M. vom 24. 2. 1959 heißt es nämlich, daß Dr. U.s Tod auf eine Kranzgefäßverengung mit nachfolgender Thrombose und Myokardinfarkt zurückzuführen ist und daß Dr. U., wie das medizinische Dezernat anführt – sich auf Dr. M. berufend – das »oben erwähnte Leiden«, d. h. die Kranzgefäßverengung, »bereits hatte, als er 1940 in die USA kam«. Damit wird also von dem Medizinischen Dezernat selbst gesagt, daß die letztlich zum Tode führende Kranzgefäßerkrankung noch in Deutschland selbst, also mit großer Wahrscheinlichkeit während und in Verbindung mit den in Deutschland durchgemachten Verfolgungserlebnissen entstanden ist. Auch wenn man, was an sich wenig wahrscheinlich ist, annehmen würde, daß Dr. U. bereits vor 1933 an einer solchen Krankheit litt, so müßte sie allenfalls ganz milde gewesen sein und erst durch die 6 Verfolgungsjahre so erheblich verschlimmert worden sein, daß ihre ganze Tragweite dann in der Emigration zum Ausbruch kam.

Es wird nämlich in der schon erwähnten wissenschaftlichen Arbeit von Professor Master weiter über das Entstehen von Kranzgefäßerkrankungen und Myokardinfarkten konstatiert, daß sie unter den ursächlichen Faktoren in erster Linie durch »ungewöhnliche emotionelle Belastungen« herbeigeführt werden, wenn natürlich auch andere Faktoren wie Anstrengung, Tachykardie, Ernährung usw. hinzutreten können. Dies sind nämlich nach Professor Master die Hauptfaktoren, die ein Herz unter Stress setzen und damit die Wahrscheinlichkeit zur Entwicklung von Kranzgefäßleiden und Myokardinfarkten erhöhen. Daß Dr. U. solchen ungewöhnlichen emotionellen Belastungen – »unusual emotional stress« – während der Verfolgungsjahre im Nazi-Deutschland ausgesetzt war, bedarf nunmehr keiner weiteren Erläuterung.

Zusammenfassung

Auf Grund des eingehenden Studiums der mir zugänglich gemachten Akten und Daten und auf Grund meiner fachärztlichen Beurteilung der im Falle des Dr. U. mit hoher Wahrscheinlichkeit gegebenen psychopathologischen und pathogenetischen Zusammenhänge komme ich zu dem abschließenden Ergebnis, daß die im vorliegenden Falle festgestellten Gemüts- und nervösen Leidenszustände (schwere rekurrierende Angstzustände, chronisch-reaktive Depressionen mit häufig agitiertem Gestörtsein und totalem reaktivem Persönlichkeitswandel) gänzlich und die Herzkrankheiten (besonders Angina pectoris, Myokardinfarkte) zu beträchtlichem Teile verfolgungsbedingte Leiden sind. Ich halte den Kausalzusammenhang mit an Sicherheit grenzender Wahrscheinlichkeit für erwiesen und die Entschädigungspflicht für die genannten Leidenszustände für gegeben.

Stellungnahme zu den obergutachtlichen Ausführungen des Herrn Dr. X. in der Entschädigungssache Dr. U.

Obwohl ich eine detaillierte Auseinandersetzung mit den Ausführungen des oben genannten Herrn Dr. X. nur für schwer möglich erachte, da dessen Darlegungen sich an einem Schema orientieren, das die Erkenntnisse der psychiatrischen Wissenschaft in den letzten Jahrzehnten völlig außer acht läßt und sogar diese Fortschritte als eine zeitbedingte »Modeströmung allgemeiner vulgärpsychologisch-analytischer Tendenzen« summarisch abtut, erscheint es mir doch im Interesse der Wahrheitsfindung geboten, im folgenden wenigstens zu einigen der befremdlichsten Punkte in den genannten Ausführungen gutachtlich Stellung zu nehmen:

1. Seitens des Herrn Dr. X. wird in längeren Darstellungen immer wieder auf die krankengeschichtlichen Aufzeichnungen des New Yorker Krankenhauses, in dem Dr. U. wiederholt hospitalisiert war, hingewiesen. Nun geht gerade aus diesen Aufzeichnungen mit aller gebotenen Deutlichkeit hervor, daß die Erstmanifestation der Depression bei Dr. U. im Jahre 1933 auftrat, also im ersten Jahre der nazistischen Rassenverfolgung, während dieses Jahres drei bis vier Monate andauerte und so stark war, daß er »continuous assurance and moral support from his family« benötigte. Herr Dr. X. erwähnt zwar selbst in seinen Ausführungen diese grundlegende Tatsache, daß nämlich »bei ihm eine erstmalige Depression für die Dauer von drei bis vier Monaten im Jahre 1933 zur Beobachtung kam«, übersieht es aber völlig, daraus irgendwelche Schlußfolgerungen zu ziehen. Er ergeht sich vielmehr in allgemeinen Betrachtungen, daß

eine Erstmanifestation »sich an die Pubertät anschließen oder auch an die Lebenshöhe gebunden sein« kann und kommt sodann zu dem gänzlich verallgemeinernden Schluß, »daß der Proband zu verschiedenen Zeiten seines Lebens in zeitweilig leichterer und zeitweilig schwererer Form ... zu zeitweiligen Störungen seiner Gemütsbefindlichkeit tributpflichtig gewesen ist«.

Daß mit derartigen Verallgemeinerungen – ein großer deutscher Denker hat einmal gesagt: Alle Verallgemeinerungen sind falsch – der tatsächliche Sachverhalt verschleiert wird, ist offensichtlich. Denn kein Sachverständiger und kein auf Wahrheitsfindung bedachtes Gericht, wie es heute jedes deutsche Gericht unzweifelhaft ist, wird an der Tatsache vorbeigehen können, daß hier eine erhebliche Gemütsstörung – eine Depression – bei einem bis dahin gesunden Menschen erstmalig in direktem zeitlichen und faktischen Zusammenhang mit dem ersten Jahre der Rassenverfolgung aufgetreten ist.

2. Vielleicht darf man Dr. X. zugute halten, daß er damals wegen eigener Jugend oder Unkenntnis nicht viel von den Verhältnissen des Jahres 1933 für die Juden in Deutschland wissen konnte und darüber auch heute noch wenig weiß (obgleich man natürlich von einem gerichtlicherseits bestellten Obergutachter solche Sachkenntnis erwarten müßte). Dr. X. schreibt, daß »damals, 1933, der Nazismus in Deutschland anlief ...«. Dies ist eine sachliche Unwahrheit. Der Nazismus trat am 30. Januar 1933 die Machtübernahme in Deutschland an – das »Anlaufen« erfolgte während der vorausgehenden Jahre – und von diesem Tage an gab es für die meisten Juden in Deutschland kaum mehr einen Tag ohne Angst, ohne Sorge, ohne äußere und innere Bedrücktheit. Da ich nicht daran zweifle, daß Herr Dr. X. mich auf Grund dieser Feststellungen erneut als »Parteigutachter« titulieren und mir die »Optik eines plädierenden

Anwalts« zuschreiben wird, muß ich darauf hinweisen, daß es zum Verständnis der hier gegebenen psychopathologischen Zusammenhänge gerade aus wissenschaftlichen Gründen unumgänglich ist, sich mit dem wahren Sachverhalt der damaligen Verhältnisse vertraut zu machen, nämlich jenem Sachverhalt und jenen Milieueinwirkungen, aus deren Zusammentreffen mit der individuellen Persönlichkeitsstruktur die kausalen oder konkausalen Beziehungen für die spätere Entwicklung zahlreicher psychiatrischer Leidenszustände erst verständlich werden. Da Herr Dr. X. über die Geschehnisse des Jahres 1933 nichts weiter zu sagen weiß, als daß damals »der Nazismus in Deutschland anlief«, darf ich auf zwei in den letzten Jahren erschienene Veröffentlichungen hierüber hinweisen, beide dokumentarisches Material über die seelisch erschütternden Einflüsse des Jahres 1933 enthaltend, nämlich »Das Leben der Juden in Deutschland 1933« von Ball-Kachuri (Frankfurt 1963) und »Wir lebten in Deutschland« von Rahel Straus (München 1962). Die letztere Autorin beschreibt – übrigens selbst eine Ärztin –, wie sie und die Ihren im Jahre 1933 »versteinert« waren, wegen und unter der psychisch überwältigenden Wucht der über sie hereinbrechenden traumatischen Ereignisse.

Da zugegeben werden muß, daß beide Bücher zwar dokumentarischen Inhaltes sind, aber von jüdischen Autoren stammen und daher von Herrn Dr. X. wohl auch als eine Art »Partei«-Autoren angesehen werden könnten, darf ich als weiteren Kronzeugen für die damaligen Vorgänge einen Mann benennen, der Herrn Dr. X. zweifellos besser bekannt sein dürfte, nämlich Hermann Göring, der damals äußerte: »Im übrigen möchte ich sagen, daß ich kein Jude in Deutschland sein möchte.«

3. Unter diesem zwischen 1933 und 1938 ständig ansteigenden Verfolgungsdruck lebte Dr. U. in Nazideutsch-

land über fünfeinhalb Jahre, bis sich dieser Druck zu den Gewaltmaßnahmen der sogenannten »Kristallnacht« und seiner Einbringung in das KZ verdichtete und konkretisierte. Auch hier scheint bei Herrn Dr. X. eine für einen Obergutachter recht befremdliche Unkenntnis vorzuliegen, da er in diesem Zusammenhang von einer »Rüpelinvasion« spricht und in dieser Weise die Wirklichkeit der Terror-Erlebnisse nicht nur verharmlost, sondern auch direkt entstellt. Denn es ist ja allgemein bekannt, daß es sich bei den Ereignissen der »Kristallnacht« keineswegs um relativ harmlose »Rüpel« oder dergleichen handelte, sondern um eine von der damaligen Regierung angeordnete und systematisch durchgeführte Terroraktion von größtem Ausmaße, in deren Gefolge zahlreiche Menschen um Gesundheit und Leben kamen.

Da dies alles allgemein bekannt und historisch dokumentiert ist, sollte es sich eigentlich erübrigen, hierauf überhaupt einzugehen. Leider ist dies jedoch nicht angängig, da seitens des Herrn Dr. X. – anscheinend in einem Ausbruch von wenig angebrachter Witzelsucht – in diesem Zusammenhang gesagt wird, in meiner Interpretation rücke »dieser Vorgang ... in den Rang eines seelischen Großereignisses von dramatischstem Gewicht«. Ich kann hierauf nur erwidern, ich wünschte, daß ich darin unrecht und Herr Dr. X. recht hätte. Dr. X. scheint selbst noch im Jahre 1964 in Unkenntnis darüber zu sein, daß nicht ich oder die damals in Furcht und Terror lebenden deutschen Juden jene Vorgänge zu »seelischen Großereignissen« machten, sondern die Brutalität und Bestialität der Verfolger. Denn mit jenem von Dr. X. zynisch bespöttelten »Großereignis« kam in der Tat, nach dem Wort des jüdisch-deutschen Theologen und Historikers Leo Baeck, »die tausendjährige Geschichte des deutschen Judentums zu Ende« und, um auf den uns hier beschäftigenden Einzelfall zurückzukehren, auch die Existenz und die frühere Wohlfahrt des Dr. U. fanden damit ihr endgültiges Ende, insofern er über das KZ und den bekannten Leidensweg über das Exil wie so viele seiner Leidensgenossen Deutschland und damit ein Stück seiner selbst für immer verlor.

4. Da nicht erwartet werden kann, daß Herr Dr. X. für solche tiefenpsychologischen Prozesse Verständnis haben dürfte, wende ich mich nunmehr seiner eigenen Diagnosenstellung zu. Wie er ausführt, ist nichts in dem Gemütsleiden des Dr. U. den Verfolgungserlebnissen zuzuschreiben, und »für keine der stärker oder leichter beschatteten krankhaften Zeitphasen von Gemütsverstimmtheit ist eine wesentliche Teil- oder Mitverursachung durch erlebte Widerfahrnisse und Beeinträchtigungen der Verfolgungszeit glaubhaft zu machen«. Diese Schlußfolgerung steht im direkten Widerspruch, wie bereits dargetan, zu der Entstehungsgeschichte der Gemütsverstimmtheit, deren erste und m. E. entscheidende Zeitphase zum mindesten im Sinne eines dann einsetzenden psychopathogenen Entwicklungsprozesses nachweislich in das erste Verfolgungsjahr fällt. Daß hierbei wohl auch Anlagefaktoren mitspielten, sei unbestritten, um so mehr, als es nach geltender psychiatrisch-forensischer Auffassung belanglos sein würde, ob sich das Gemütsleiden im Zuge der Verfolgung mit oder ohne eine allenfalls vorhandene, jedoch vorher klinisch nicht manifest gewordene Veranlagung entwickelt hätte. Da ich glaube, daß der fachärztlich tätige Sachverständige die Pflicht hat, sich mit geltenden forensisch-psychiatrischen Prinzipien vertraut zu machen, darf ich unbeschadet des zu erwartenden obergutachtlichen Einwands den Bundesrichter H. Wilden aus dessen einschlägiger Schrift »Die Entschädigung wegen Schadens an Körper und Gesundheit nach den Vorschriften des BEG« zitieren:

»Denn ohne die Verfolgung wäre trotz der labilen psychischen Veranlagung die Störung bei dem Verfolgten während dieser Zeit nicht entstanden. Die Verfolgung hat daher auch für die Zeit der Aktivierung der Veranlagung den Charakter einer unersetzlichen Bedingung. *Danach besteht bei anlagebedingten Leiden nur dann kein Anspruch auf Entschädigung, wenn die Verfolgung auf die Manifestation der Anlage überhaupt keinen Einfluß gehabt hat.*« (»Der Nervenarzt«, 1963, Nr. 2, S. 70-73)

Ich habe im vorstehenden bundesrichterlichen Zitat das hier Einschlägige hervorgehoben. Denn es dürfte wohl außer Herrn Dr. X. kaum einen Sachverständigen geben, der ernstlich die Ansicht vertreten könnte, daß »die Verfolgung auf die Manifestation der Anlage überhaupt keinen Einfluß gehabt hat«, nachdem erwiesenermaßen die Erstmanifestation des Gemütsleidens im ersten Verfolgungsjahr zur Beobachtung gekommen ist, demnach die Aktivierung der Veranlagung im bundesrichterlichen Sinne während der Verfolgungszeit geschehen ist.

5. Solche Erwägungen finden in der Begutachtung durch Herrn Dr. X. keinen Raum. Für ihn ist das Leiden eine »endogene Gemütskrankheit«, die »für den Betroffenen das unerbittliche Gesetz einer Erbfügung schafft«, und in längeren, textbuchartigen Schilderungen wird dieses Thema der endogenen Gemütserkrankung manisch-depressiver Form abgewandelt. Im wesentlichen stützt sich diese Auffassung auf die schon erwähnten krankengeschichtlichen Aufzeichnungen und den Verlauf. Nun ist hierzu zu bemerken, daß diese Aufzeichnungen zu einer Zeit abgefaßt wurden, als von psychischen Verfolgungsschäden nur sehr wenig bekannt war und insbesondere von Anstaltsärzten bei ihrer Diagnosenstellung derartige Gemütsveränderungen kaum beachtet wurden, sondern in die schon lange bestehenden Kategorien mehr oder weniger schematisch eingereiht wurden. Erst das wachsende und überzeugende

Beobachtungsgut der letzten Jahre – Kolle (1957), von Baeyer (1958, 1961), Bensheim (1960), Venzlaff (1958, 1963), Trautmann (1961), Matussek (1961), Niederland (1961), Paul und Herberg (1963) und andere – hat die fachärztliche Welt mit der Frequenz, Schwere und Vielgestaltigkeit psychischer Verfolgungsschäden bekannt gemacht. So etwa wird es verständlich, daß die krankengeschichtlichen Aufzeichnungen, diagnostisch meist zwischen 1953 und 1956/57 abgefaßt, von einem etwaigen Zusammenhang mit den Verfolgungen kaum sprechen, obgleich die erste Seite der allerersten Hospitalisierung in South Oaks (19. November 1948) klar die Erstmanifestation des Leidens auf das Jahr 1933 zurückführt und ferner besagt: »Es besteht keine Evidenz von Geistes- oder Nervenkrankheiten in der Familie.«

Nachdem die ausschlaggebenden wissenschaftlichen Beobachtungen und Beschreibungen von psychischen Dauerschäden und vielgestaltigen, mit der Verfolgung kausal oder conkausal zusammenhängenden Persönlichkeits- und Gemütsveränderungen im wesentlichen erst seit 1957/58 (Kolle, von Baeyer, Venzlaff) datieren, ist es natürlich ohne weiteres begreiflich, daß Ärzte, die vor diesem Zeitpunkt ihre krankengeschichtlichen Journale und Notierungen abfaßten, darüber nichts aussagten noch aussagen konnten. Dagegen sollte man erwarten, daß ein Sachverständiger, der sich im Jahre 1963/64 mit der Beurteilung psychischer Verfolgungsschäden befaßt, sich auch mit der wissenschaftlichen Literatur seit 1957 auf diesem Spezialgebiete vertraut machen würde und sich nicht mit allgemeinen Hinweisen auf »ein Jahrhundert objektiver Wissenschaftlichkeit« oder unzutreffenden Kommentaren, daß es sich »um Extremfälle in einer im Ganzen winzigen Minorität« handele, begnügen würde. Auch die so freigiebig im Obergutachten erscheinenden »Spitzen der deutschen Universitäten«

haben, soweit sie sich mit Opfern der Rassenverfolgung beruflich und eingehend befaßt haben, wesentlich anderes als das von Dr. X. Gesagte berichtet, und ich habe darüber Ausreichendes und Einschlägiges in meinem Gutachten vom 25. Mai 1961 mitgeteilt. Es erübrigt sich, aus dem inzwischen weiter angewachsenen Schrifttum Zusätzliches zu bringen, da es Herrn Dr. X. kaum überzeugen wird, selbst nicht eine Feststellung wie die aus der Deutschen Forschungsanstalt für Psychiatrie, Max-Planck-Institut München (P. Matussek in »Der Nervenarzt« 1961, Nr. 12):

»Auf einen Befund möchte ich aber aufmerksam machen ... Es ist die Tatsache, daß unter den bisher untersuchten Fällen kein einziger ist, der die KZ-Zeit ohne Dauerstörung überwunden hat.«

Solche oder ähnliche Beobachtungen werden im Obergutachten mit Kommentaren über »die mitunter verhängnisvolle Breitenwirkung medizinischer Veröffentlichungen« oder mit offenen und versteckten Angriffen auf die psychosomatische Richtung in der modernen Psychiatrie abgetan. Daß damit der nahezu gesamte wissenschaftliche Fortschritt fast eines halben Jahrhunderts auf dem Gebiete der Psychiatrie und Psychologie, ja großer Zweige der Medizin als solcher weitgehend verneint wird und die psychiatrische Wissenschaft etwa beim Stand um das Jahr 1912 gehalten wird, bleibt von Dr. X. unbeachtet.

6. Selbst wenn man aber Herrn Dr. X. bei seiner Diagnosenstellung einer endogenen Gemütskrankheit im Sinne eines manisch-depressiven Leidens in jeder Hinsicht folgen würde – wie verhält sich hier das »unerbittliche Gesetz einer Erbfügung« für den Betroffenen in Wirklichkeit? Merkwürdigerweise finden sich darüber in der Begutachtung des Herrn Dr. X. bei aller textbuch-

mäßigen Beschreibung nur spärliche wissenschaftliche Angaben. Die Arbeiten des als internationale Autorität anerkannten deutsch-amerikanischen Forschers Kallmann auf dem Gebiete der modernen Zwillingsforschung sind hier von grundlegender Bedeutung. Nach den Studien von Kallmann besteht eine Wahrscheinlichkeit von 66%-96%, daß der zweite Zwilling an einem manisch-depressiven Irresein erkrankt, wenn dies beim ersten der Fall war. Diese Wahrscheinlichkeits-Koordination bezieht sich aber keineswegs auf: a) den Zeitpunkt der Erkrankung; b) die Häufigkeit der Krankheitsepisoden und der freien Intervalle; c) die Intensität der Episoden.

Wenn wir die genetischen Grundlagen derartiger Erkrankungen untersuchen, so muß auf Grund der Kallmannschen Forschungen und Konzeptformulierungen vorausgesetzt werden, daß sich die genetische Grundlage durch eine Kombination von physiologischen Reaktionen bzw. Reaktionsweisen auf gewisse Reiz-(»Stress«-)situationen kundgeben muß, wobei es derzeit unbekannt ist, ob die physiologische Grundlage auf endokrinem, neurovegetativem oder enzym-chemischem Wege oder durch eine Kombination solcher Faktoren in der Veranlagung begründet ist. Hinsichtlich der Psychosen bemühen sich heute die meisten bedeutenden Forschungsinstitute der Welt, weitere Klarheit in diese Situation zu bringen. Die derzeit überwiegende Auffassung ist diejenige, daß bei der Mehrzahl solcher Erkrankungen eine angeborene Tendenz besteht, auf gewisse Umwelteinflüsse (insbesondere traumatischer Art) in einer abnormalen Weise zu reagieren.

Hinsichtlich der manisch-depressiven Psychose können wir nach dem heutigen Wissensstand etwa folgende pathogenetische Ergänzungsreihe aufstellen: es wird an dem einen Ende der Reihe Individuen geben – besonders bei manifester Erkrankung beider Elternteile oder ähnlich nahen pathogenen Beziehungen in der Aszendenz –, bei denen die Krankheit in einem hohen Prozentsatz der Fälle wie ein unaufhaltbares Schicksal in dem Sinne einer unerbittlichen Erbfügung auftreten wird. In anderen Fällen, d. h. am anderen Ende der genannten Ergänzungsreihe sowie bei günstigen Umwelteinflüssen, wird sich die Anlage überhaupt nicht auswirken oder sich nur in gewissen Charakterzügen, Neigung zum Stimmungswechsel, zum Pessimismus und dergleichen auswirken. Nach allen maßgeblichen Forschern auf genetischem Gebiete, insbesondere Kallmann und seinen Mitarbeitern, ist die genetische Veranlagung keineswegs als eine Art mystische Uhr zu betrachten, die den Ablauf des Lebens reguliert. (So nämlich scheint Dr. X. hier die Dinge darzustellen, wenn er äußert: »Die Erkrankung bricht zu der ihr vorbestimmten Stunde aus, völlig unabhängig von den äußeren Verhältnissen des Betroffenen, von Armut oder Wohlstand und auch unabhängig von persönlicher Erlebniszufügung des eigenen Geschicks . . .«.) Eine derart mystisch-vitalistische Meinung muß als unwissenschaftlich zurückgewiesen werden, da sie selbst bei Annahme einer endogenen Gemütskrankheit den komplizierten Vorgängen in keiner Weise gerecht wird.

Auch Kallmann sieht in der genetischen Veranlagung keinesfalls eine mystische Uhr, die die Entstehung und den Verlauf endogener Krankheitsprozesse gewissermaßen automatisch lenkt oder gar vorausbestimmt. Er schließt durchaus nicht Umwelteinflüsse aus, wenn er sagt: »Das Potential für eine zyklische Psychose scheint genotypisch spezifisch und mit einer Störung des neurohormonalen Kontrollmechanismus verknüpft zu sein, der normalerweise eine Person vor schädigenden Extremen emotionaler Reaktionen beschützt.« (Vergleiche

»The genetics of mental illness« von Franz J. Kallmann in: »American Handbook of Psychiatry«, 1959, Bd. 1, S. 190 ff.) In einer anderen maßgeblichen Publikation führt Prof. Kallmann über die genetischen Grundlagen der manisch-depressiven Psychose aus: »Diese Auffassung ist nicht unvereinbar mit den derzeitigen Konzeptualisierungen hinsichtlich erlebnisdynamischer Phänomene, die bei potentiell empfindlichen Personen beobachtet werden« (»Heredity in Health and Mental Disorders«, New York 1953).

Was hier von genetisch-erbwissenschaftlicher Forschung vertreten wird, nähert sich demnach in erheblichem Maße unserer eigenen Auffassung über den Einfluß erlebnisbedingter Geschehnisse und ist jedenfalls meilenweit von den oberflächlichen, überspitzten Formulierungen im obergutachtlichen Text (von »der vorbestimmten Stunde« »völlig unabhängig« und dergleichen mehr) entfernt.

7. Mit Bezug auf die Dr. X.schen Ausführungen zu der Gefäß- und Herzerkrankung des Dr. U. kann ich mich kurz fassen. Herr Dr. X. ebenso wie das Wiesbadener Medizinaldezernat sagen selbst wiederholt, daß diese Erkrankung schon vor 1941 eingesetzt haben muß, womit also nach deren eigener Chronologie die Wahrscheinlichkeit besteht, daß diese Veränderungen sich im Zeitraum zwischen 1933 und 1938/39, somit innerhalb der Verfolgungsjahre selbst, entwickelt bzw. verschlimmert haben. Da aber Dr. X sich nicht scheut, im übelsten Goebbels-Stile von mir und meiner »Zitierung einer Reihe sogenannter psychosomatischer Meinungshelfer in den USA« zu sprechen – bei den nazistischen Propagandareden des weiland Goebbels hieß es gewöhnlich »die Juden und ihre Helfershelfer« oder »Meinungshelfer in den USA« –, so gestatte ich mir, auf das erst nach meiner Begutachtung vom 25. 5. 1961 in Deutschland

erschienene Werk von Prof. Dr. Gothard Schettler »Arteriosklerose – Ätiologie, Pathologie, Klinik und Therapie«, Stuttgart 1961, hinzuweisen. In diesem jüngsten und sehr gründlichen Werk über solche Erkrankungen heißt es ausdrücklich:

»Es kann kein Zweifel sein, daß psychosomatischen Faktoren eine große Bedeutung für Entwicklung und Verlauf der koronaren, vermutlich auch der cerebralen degenerativen (d. h. arteriosklerotischen) Gefäßkrankheiten zukommt. Sie können im Einzelfall sogar ausschlaggebend sein. Man sollte aber andere ätiologische Möglichkeiten der Arteriosklerose im allgemeinen und der koronaren und cerebralen Gefäßsklerose im speziellen nicht außer acht lassen. Es muß immer wieder betont werden, daß viele Ursachen den degenerativen Gefäßkrankheiten zugrunde liegen und daß ihre Differenzierung im Einzelfall sehr schwierig ist.«

Hier wird somit in wohl abgewogener Weise die Bedeutung, ja die »große Bedeutung« psychosomatischer Faktoren – neben anderen – für die Entwicklung und den Verlauf solcher Krankheitsprozesse gewürdigt. (Fast hätte ich gezögert, den prominenten deutschen Autor dieses Werkes namhaft zu machen, da er von jetzt an vermutlich auch unter die »Reihe meiner psychosomatischen Meinungshelfer« obergutachtlicherseits eingereiht werden wird.)

8. Womit ich jedoch aus berufsethischen, medizinischen, psychologischen und moralischen Gründen nicht zögern kann noch darf, ist meine mir nicht leicht gewordene Aufgabe, zum Schluß meiner Stellungnahme einige überaus befremdliche Besonderheiten im Obergutachten darzutun und die spezielle Aufmerksamkeit des Landgerichts auf diese – gelinde gesagt – Auffälligkeiten in den obergutachtlichen Ausführungen zu lenken. Daß darin ich als »Parteigutachter« und Wissenschaftler von Weltruf als meine »Meinungshelfer« tituliert werden;

daß darin immer wieder offene oder versteckte Insinuationen auch gegen deutsche Autoren figurieren, die anders geartete Meinungen als Dr. X. vertreten; daß das ganze Obergutachten, von längeren lehrbuchmäßigen und mit dem Verfolgungssachverhalt nur lose verknüpften Beschreibungen abgesehen, eher einer ärgerlichen Tirade als einer wissenschaftlich-akademischen Problemerörterung gleicht – alles dies mag einer mit Übereifer durchgeführten Verteidigung der »organischen Dignität« gegen mich als Vertreter psychodynamischer und psychosomatischer Betrachtungsweise zuzuschreiben sein. Jedenfalls stehe ich nicht an, Herrn Dr. X. eine derartige Möglichkeit, wenn auch der von ihm angewandte Ton m. E. den Rahmen zulässiger wissenschaftlich geführter Auseinandersetzung überschreitet, zuzubilligen.

Daß aber dieser von einem Landgericht als Obergutachter herangezogene Arzt den toten Dr. U. dadurch zu diskreditieren versucht, daß er den Verstorbenen der unrechtmäßigen Führung des Doktortitels bezichtigt, ja, mit dieser ebenso falschen wie schweren Bezichtigung seine Begutachtung eröffnet, das allerdings ist mir in meiner 35jährigen Erfahrung als Gutachter und Obergutachter im Inland wie im Ausland noch nicht vorgekommen. Es waren die Nazis, die zwischen 1933 und 1939 den *lebenden* Dr. U. des Wertgefühls, der Sicherheit, des Rechtsschutzes, der Existenz, der Selbstachtung, der menschlichen Würde, schließlich auch der Freiheit und der Heimat beraubten. Es blieb einem gerichtlich bestellten, sogenannten Sachverständigen vorbehalten, den Versuch zu machen, den *toten* Dr. U. im Jahre 1964 seines rechtmäßig erworbenen Doktortitels zu berauben. In einem Punkte allerdings waren die sadistischen Verfolger dem gerichtsbeauftragten Gutachter weit voraus: Dadurch, daß sie den damals noch lebenden Verfolgten zum Untermenschen erklärten, ihm das Gefühl der Sicherheit und der Geborgenheit entzogen, ihn der bürgerlichen Rechte beraubten, ihn sodann noch wochenlang in die halbtierische Existenz eines KZ-Häftlings zwangen und in die Emigration trieben, haben sie m. E. in wesentlichem Maße seine psychische Gesundheit und teilweise wohl auch seine physische Gesundheit nachhaltig geschädigt. An diesem durch nunmehr nahezu 18jährige Erfahrungen mit Opfern der nazistischen Rassenverfolgung erhärteten Befund muß ich festhalten, auch wenn der gerichtsbeauftragte sogenannte Sachverständige den Fall Dr. U. als einen »Alltagsfall völlig durchschnittlichen Profils« offensichtlich gegen Ende seiner Begutachtung in ähnlicher Weise zu diskreditieren versucht wie bei deren Beginn mit seinem Versuch der posthumen Doktortitel-Beraubung.

Daß ein solches Vorgehen zu den ernstesten Bedenken gegen die Objektivität des gerichtsbeauftragten Gutachters Anlaß bietet, glaube ich im Obigen mit eindeutiger Klarheit dargetan zu haben.

Seelenmord

Den Ausdruck »Seelenmord« entlehne ich den wirkungsmächtigen Schriften Anselm Feuerbachs über *Kaspar Hauser**, August Strindbergs *Själamord* und Daniel Paul Schrebers *Denkwürdigkeiten eines Nervenkranken.***

Seelenmord ist zweifelsohne eine starkes Wort. Aber bezeichnet es nicht zutreffend das in diesem Band dokumentierte Geschehen? Die Schwierigkeit, die dokumentierten Fälle voll zu verstehen, ist sicher nicht gering, nicht zuletzt wegen der in den abgedruckten Gutachten gebrauchten medizinischen Fachausdrücke. Die Dokumente vermögen dennoch, wie ich glaube, die Reichweite und die Folgen des den Betroffenen widerfahrenen Unglücks deutlich zu machen, auch dem medizinischen Laien.

Die Dokumente zeigen ferner die Hauptursache der vielfältigen seelischen Störungsbilder bei ehemals Verfolgten auf: die Erschütterung und die Tatsache, daß ihre frühere Lebenslinie durch die Verfolgung abgeschnitten wurde – vollständig und oft in grausamster Weise. So entstand ein zumeist unheilbarer *Knick in der Lebenslinie.*

Beim Knick in der Lebenslinie blieb es nur selten. Hinzu kamen die eingangs erwähnten Depressionen und die Angst. Noch blieb es bei der bloßen Angst. Sie schlug bei vielen, die die Verfolgung überlebten, charakteristische Wege ein: in die quälende Empfindung des ständigen Sich-fürchten-Müssens; in die begleitenden körper-

* Vgl. Jochen Hörisch (Hg.), *Ich möchte ein solcher werden wie ... Materialien zur Sprachlosigkeit des Kaspar Hauser*, Ffm. 1979, S. 119ff.

** Wiesbaden 1973, S. 21ff. Vgl. auch William G. Niederland, *Der Fall Schreber. Das psychoanalytische Profil einer paranoiden Persönlichkeit*, Ffm. 1978.

lichen Zustandsänderungen (Herzklopfen, Atemnot, Händezittern, Schwäche); seelische Störungsbilder in der Form des ängstlichen Erregtseins, der inneren Spannung und nervösen Unruhe, der mit Angst- und Alpträumen einhergehenden Schlafstörungen; und ausgesprochen phobischen Erscheinungen wie plötzliches Zusammenschrecken beim Hören der Türklingel oder beim Anblick von uniformierten Menschen auf der Straße, in denen die ehemals Verfolgten SS-Männer zu sehen glaubten. Mißtrauen, Furcht und Argwohn beherrschten die gesamte Gefühls- und Gedankenwelt der so Geschädigten. Das Verbrechen am Seelenleben dieser Menschen hält an.

Mehrfach ist behauptet worden, daß die subjektiven Angaben der Überlebenden fragwürdig seien und dem wahren Sachverhalt nicht entsprächen. Bei meinen Untersuchungen habe ich immer wieder beobachtet, daß Überlebende bei ihren Schilderungen nicht übertreiben, sondern viel eher untertreiben. Diese Tendenz zum Untertreiben hat mit der Angst der Verfolgungsopfer zu tun, daß sie bei der Exploration ihrer Erlebnisse die Selbstkontrolle verlieren und seelisch unter der Wucht der aufkommenden Erinnerungen an den Terror zusammenbrechen könnten. Dies ist bei meinen Untersuchungen tatsächlich wiederholt vorgekommen.

Von großer medizinischer und zeitgeschichtlicher Bedeutung ist in diesem Zusammenhang die sog. *Hypermnesie*, d. h. das überscharfe und mit starkem Affekt geladene Erinnerungsvermögen an die traumatischen Verfolgungserlebnisse und die damit verbundene seelische Erschütterung. Die hypermnestisch festgehaltenen Terrorereignisse neigen dazu – gleichgültig ob innerhalb oder außerhalb des KZ geschehen – besonders vor dem Einschlafen oder bei der ärztlichen Befragung – mit qualvoller Gedächtnis- und Bildschärfe zurückzukehren und die damals Verfolgten erneut zu erschüttern. Daher hassen sie es, befragt zu werden oder auf Fragen zu antworten. Daß sie sich dann gelegentlich in zeitliche Widersprüche verwickeln (was ihnen amtsgutachterlich und strikt entgegengehalten wird), hat ebenfalls mit dem Verfolgungsgeschehen zu tun. Unter den vielfältigen Schädigungen des Ich-Gefüges durch die Verfolgung steht die Beeinträchtigung des Zeitsinns nicht an letzter Stelle; deshalb kommen die Betroffenen entweder zu spät oder zu früh in die Sprechstunde des Vertrauensarztes, verhaspeln sich bei der Angabe, ob ihre Einlieferung ins KZ im Jahre 1942 oder 1943 erfolgt sei und dergleichen mehr. Im Wiedergutmachungsverfahren wirken sich solche Fehlleistungen gewöhnlich zum Nachteil der Antragsteller aus.

Zur Lösung der Schwierigkeiten, die sich in diesem Zusammenhang aus der Vielfalt der in der Medizin gebräuchlichen Begriffe (traumatische Neurose, Dystonie, chronisch-reaktive Depression usw.) ergeben, habe ich vor Jahren den Begriff »Überlebenden-Syndrom« (survivor syndrome) in die medizinische und psychiatrische Wissenschaft eingeführt. Kurz umrissen sind die Hauptmerkmale dieses Syndroms, das ich bei vielen Hunderten der von mir untersuchten und behandelten Verfolgungsopfer gefunden habe:

1. Schwere, oft ganz plötzlich einsetzende Erregungs- und Angstzustände, die das Personenganze des geschädigten Menschen erfassen und ihn in eine psychisch unkontrollierte Verfassung zu stürzen vermögen.

2. Ein meist unartikuliertes Gefühl des »Anders-als-die-anderen-Seins«, nämlich anders zu sein als die, die nicht durch die Hölle von KZ, Ghetto und Arbeitslager

oder durch ein oft jahrelanges Leben in Verstecken (Kellern, Viehställen, Dachböden usw.) gegangen sind. Dieses – meines Erachtens unauslöschliche – Gefühl des Andersseins kann sich durch das Auftreten plötzlicher Erregungszustände – mit und ohne äußeren Anlaß –, durch innere Spannung, Verstimmung, Mißtrauen, Unlust, Störung im Sozialverhalten manifestieren.

3. Eine tiefe *Überlebensschuld*, die sich um die Frage zentriert: Warum habe ich das Unheil überlebt, während die anderen – die Eltern, Kinder, Geschwister, Freunde – daran zugrunde gingen? In dieser unbeantwortbaren Frage liegt wahrscheinlich die stärkste psychische Belastung des Überlebenden und zugleich die makabre Ironie, daß weniger die Täter und Vollstrecker der nazistischen Verbrechen als vielmehr deren Opfer an einer Überlebensschuld zu leiden scheinen.

4. Ein Zustand des seelischen Überwältigt- und Verringertseins, das nur schwer in Worten ausdrückbar ist, sich aber in persönlichem Unbehagen, Depressionszuständen, apathischer Zurückgezogenheit, Kontaktmangel, Unfähigkeit zum Frohsinn und Genuß äußert. In schweren Fällen kann dieser Zustand des Überwältigtseins dem der Starre derartig sich nähern, daß der ehemals Verfolgte geradezu geistig abgestumpft und gelähmt erscheint.

5. Bei denen, die eine KZ-Haft überlebt haben, findet man darüber hinaus nicht selten eine besondere psychische Tiefenspur, die von der *Begegnung mit dem Tod* in dessen furchtbarsten Formen herrührt. Diese Spur wird nur dem erfahrenen Beobachter durch das schattenhafte, »nicht-existente«, halb furchtsame, halb gedrückte Verhalten des betreffenden Menschen, durch dessen geisterhafte Blässe (Todesprägung) und durch weitere Merkmale eines chronifizierten *Todesengramms* sichtbar.

6. Das Zusammentreffen dieser Zustände beherrscht

bewußt oder unbewußt die innere Vorstellungs- und Gedankenwelt des Überlebenden der Verfolgung sowie seinen Umweltbezug. Daraus ergeben sich psychosoziale Konsequenzen insbesondere für die nächste Generation.

7. Die nach der Befreiung geborenen Kinder werden in das Verfolgungsschicksal der Eltern vielfach miteinbezogen und beginnen Symptome aufzuweisen, die teilweise denen der psychisch gestörten Eltern ähneln, teilweise auch ihnen entgegengesetzt sind. Manche dieser Kinder spüren, daß sie eine »Mission« zu erfüllen haben oder daß sie in einer bedrohlichen Welt leben, der einst die Eltern zum Opfer fielen.

8. Das allgemeine Beschwerdebild der am Überlebenden-Syndrom leidenden Menschen setzt sich demnach zusammen aus:

- Auftreten von Ermüdung und leichter Erschöpfbarkeit;
- Konzentrationsschwierigkeiten und Leistungsmängeln;
- nervöser Reizbarkeit und Ruhelosigkeit;
- Verstimmtheit mit Neigung zu Erregung und Jähzornsausbrüchen;
- emotionaler Unausgeglichenheit und Labilität;
- Verlust persönlicher Initiative, Energie und Antriebskraft;
- Gemütsschwankungen und Affektstörungen;
- Schwindelgefühlen;
- Kopf-, Rücken- und Magenschmerzen;
- Schlafstörungen und plötzlichem Erwachen aus einem Angst- oder Alptraum;
- allgemeiner Schwäche mit Ausfällen im Aufmerksamkeits- und Denkvermögen;
- Unfähigkeit zur Anpassung an alltägliche Belastungssituationen.

Zahl und Intensität der genannten Störungen stehen meist in ursächlichem Zusammenhang mit der Schwere der durchstandenen Verfolgungserlebnisse, ferner mit Dauer und Zeitpunkt, zu dem sie einsetzten.

Diejenigen, die seelische Zustandsbilder solcher Art aufweisen, sind durch weit schwierigere und kompliziertere Lebenssituationen gegangen als sie hier darstellbar waren – und überhaupt darstellbar sind. Von ihren körperlichen Krankheiten, der vorzeitigen Vergreisung, den organischen Hirnschäden, Herz-, Kreislauf-, Magenkrankheiten und der Verminderung der gesamten Vitalität ganz zu schweigen.

Als Psychiater kam es mir auf die Darlegung der seelischen Verfolgungsschäden an. Die schauerlich-grotesken Formen, die der nationalsozialistische Terror annahm, hatte ebenso schauerlich-groteske Folgen für die Gesundheit der Verfolgten. An Millionen Menschen wurde, wie wir heute wissen, tatsächlicher Mord verübt. An den meisten derjenigen, die entkamen und überlebten, war es Seelenmord.

Wenn auch zugegeben werden muß, daß selbst jetzt noch manches an dem zeitgeschichtlichen Geschehen jener Jahre unerklärbar, unermeßlich und unübersehbar erscheint, die *gesundheitsschädigenden Folgen der Verfolgung* – schlimmstenfalls zerstörend, bestenfalls beeinträchtigend im seelischen Bereich – sind, so hoffe ich, deutlich geworden. Auch glaube ich, daß man diesen Band nicht ohne einen Ausdruck des Schmerzes und der Trauer abschließen kann. Gleichzeitig sei jedoch der Hoffnung Ausdruck gegeben, daß gerade die Kenntnis des von der Gewaltherrschaft Angerichteten mehr als die sachliche und rechtsfindende Beurteilung der bleibenden Schäden auf meinem Fachgebiet zu vermitteln vermag.

Weit darüber hinaus mag solche *Kenntnis und Erkenntnis*, wie ich anzunehmen wage, dazu beitragen, die über

unserer Gegenwart lastenden Schatten neonazistischer und ähnlicher Art klarer zu sehen und ihrer Weiterverbreitung entgegenzutreten.
Meine Begutachtungen haben vielen Überlebenden zu etwas Geld und Rente verholfen. Als einstiger Flüchtling im Ausland lebend habe ich mich dieser mühseligen und geistig aufreibenden Arbeit aus vollem Herzen hingegeben. Denn für die überlebenden Opfer des nationalsozialistischen Regimes, die Entschädigung erhielten, war es nicht eine bestimmte Summe (oft klein genug) in Geld, die am meisten zählte, sondern die ihnen damit zugebilligte Anerkennung ihres Leids. – Und darin liegt wohl der tiefste Sinn der Wiedergutmachung für das ihnen angetane Unrecht.
Nicht unerwähnt darf dabei bleiben, daß die vorgelegte Dokumentation alles andere als vollständig ist. Sie liefert nur einen sehr kleinen Ausschnitt aus der Welt des im Dritten Reich auf der Opferseite erlittenen und weiterwirkenden Leids. Bei der großen Mehrzahl der Überlebenden und ihrer Kinder – heute über alle Weltteile zerstreut – ist der Daseinsablauf seelisch ebenso wie sozial empfindlich gestört. Viele der noch im letzten Moment aus den Klauen der SS Geretteten sind heute lebende Tote.

Erklärung medizinischer Begriffe

Achilles-Sehne: sich zum Fußhacken erstreckender Sehnenstrang
Adynamie: Kraftlosigkeit
Ätiologie: medizinische Ursache
affektiv: den Gemütszustand betreffend
Affektstörung: Gefühls- und Gemütsstörung
aggravierend: verschlimmernd
Amnesie: Gedächtnisschwund
Anamnese: Vorgeschichte
anamnestisch: vorgeschichtlich
Angina Pectoris: heftige, plötzlich eintretende Schmerzanfälle in der Herzgegend
Arteriosklerose: Arterienverkalkung
Arthritis: Gelenkkrankheit
Arthrose: chronische Gelenkveränderungen
asthenisch: schwach, hinfällig
bilateral: beiderseitig
Captatio Benevolentiae: Streben nach menschlichem Wohlwollen
cardio-vasculär: das Herz und den Blutkreislauf betreffend
cerebral: das Gehirn betreffend
Cerebralsklerose: Verkalkung der Hirngefäße
Colitis: Dickdarmentzündung
Debilisierung: Schwächung
Dermographismus: Auftreten von Hautrötung an Körperflächen
Dystonie: unausgeglichener Zustand
emotionell: gemütsbewegt
endogen: eigengesetzlich bedingt
endokrin: Drüsen mit innerer Sekretion betreffend
Exazerbation: Verschlimmerung eines Krankheitszustands
exogen: durch Umwelteinflüsse bedingt
Exophthalmus: Glotzauge

Frustration: Gefühl der Enttäuschung und Ausweglosigkeit
gastrisch: den Magen betreffend
Gastritis: Entzündung der Magenschleimhaut
Genese: Entstehung, Ursache
Haemorrhagie: Blutung
Hormon: durch endokrine Drüsen erzeugte Substanz
Hungerdystrophie: körperlich-geistige Zermürbung durch Nahrungsentzug
Hypermnesie: überscharfes, stark ausgeprägtes Erinnerungsvermögen
hypermnestisch: überscharf im Gedächtnis festgehaltenes Erinnerungsbild
hypomnestisch: verschwommen und unscharf im Gedächtnis bestehend
Hypertonie: erhöhter Blutdruck (Hochdruck)
Infarkt: plötzlicher Verschluß einer Arterie
Involution: altersbedingter Abbauprozess
irreversibel: nicht besserungsfähig
Koronargefäße: den Herzmuskel versorgende Blutgefäße
Koronarinsuffizienz: Verminderung der Funktion der vorgenannten Gefäße
Lasèguesches Zeichen: Anzeichen einer Erkrankung des Ischiasnerven
Manisch-depressives Irresein: Form von Geisteskrankheit
MdE: Minderung der Erwerbsfähigkeit
morbid: krankhaft
moros: bedrückt, niedergeschlagen
Myocard: Herzmuskel
Myxödem: Anzeichen einer Schilddrüsenerkrankung
Neuralgie: Nervenschmerz
Neurasthenie: Nervenschwäche
Neuritis: Nervenentzündung
Neurose: seelisch-nervlich gestörter Zustand
neuro-vegetative Dystonie: Zustand seelisch-nervös-körperlicher Unausgeglichenheit und Labilität
Nomenklatur: medizinische Benennung

Nystagmus: abnormale, unwillkürliche Bewegungen des Augapfels
Remission: Besserung des Befindens
paranoid: von Verfolgungsgedanken besetzt
Patellarreflex: Kniescheibenreflex
pathogen: krankheitserzeugend
Pathologie: wissenschaftliche Erkenntnis von Krankheitszuständen und Krankheitsursachen
phänomenologisch: äußerliches Verhalten, äußerlich in Erscheinung tretend
prodromal: vorgänglich, vorausgehend
Prognose: Heilungsaussicht
Provenienz: Herkunft
posttraumatisch: auf ein schädigendes Ereignis folgend
psychoasthenisch: psychisch geschwächt
psychodynamisch: psychisch bewegend und fortwirkend
psychogen: seelisch bedingt
psychopathogenetisch: ursächlich durch eine psychische Störung im krankheitserzeugenden Sinne bedingt
psychopathologisch: psychisch erkrankt oder verformt
psychoreaktiv: psychisch gestört reagierend
Psychose: Geisteskrankheit
psychosomatisch: leiblich-seelisch krank aufgrund überwiegend psychischer Veränderungen oder Störungen
reaktive Depression: durch schädigende Umwelteinflüsse zustande gekommener Depressionszustand
Schizophrenie: Form von Geisteskrankheit
Skoliose: Verkrümmung der Wirbelsäule
somatische Äquivalente: körperliche Begleiterscheinungen
Spondylose: Wirbelsäulenerkrankung
Status psychicus: seelischer Zustand
sui generis: spezifischer Art und Herkunft
Syndrom: Gruppe von Symptomen und durch Krankheit entstandenen Veränderungen
Tachycardie: beschleunigte Herztätigkeit
Thyreodektomie: chirurgische Entfernung der Schilddrüse

Thyreotoxicose: krankhafte Steigerung der Schilddrüsenfunktion
Trauma: körperliche oder seelische Verwundung
Tremor: Zittern
Ulnarnerv: Nervenstrang im Vorderarm- und Handbereich
Vasolabilität: Unausgeglichenheit im Kreislaufsystem
vegetativ: vgl. neuro-vegetativ
Vertebra: Wirbel (in der Wirbelsäule)
Vertigo: Schwindelanfall, Schwindelgefühle
visceral: die leiblich inneren Organe betreffend

Literaturhinweise

Adelsberger, L.: Medical Observations in Auschwitz Concentration Camp, *Lancet* 2, London 1946.
Ammermüller, H. u. Wilden, H.: Gesundheitliche Schäden in der Wiedergutmachung, Stuttgart und Köln 1953.
Baeyer, W. von: Erlebnisreaktive Störungen und ihre Bedeutung für die Begutachtung. *Deutsch. Med. Wochenschr.* 83, 1958.
–: Erlebnisbedingte Verfolgungsschäden. *Nervenarzt* 32, 1961.
–, Häfner, H. u. Kisker, K.P.: Psychiatrie der Verfolgten. Berlin – Göttingen – Heidelberg 1964.
Ball-Kaduri: Das Leben der Juden in Deutschland 1933. Frankfurt 1963.
Bastiaans, J.: Psychosomatische Gevolgen van Onderdrukkung en Verzet. Amsterdam 1957.
Bensheim, H.: Die KZ-Neurose rassisch Verfolgter. *Nervenarzt* 31, 1960.
Chodoff, P.: Late Effects of the Concentration Camp Syndrome. *Arch. Gen. Psych.* 8, 1963.
Danieli, Y.: Families of Survivors of the Nazi-Holocaust, New York 1979.
Dickenson, J.K.: German and Jew. Chicago 1967.
Donat, A.: The Holocaust Kingdom – a Memoir. New York – Chicago 1965.
Eissler, K.R.: Die Ermordung wievieler seiner Kinder muß ein Mensch symptomfrei ertragen, um eine normale Konstitution zu haben? *Psyche* 17, 1963.
–: Pervertierte Psychiatrie? *Psyche* 21, 1967.
Eitinger, L.: Concentration Camp Survivors in Norway and Israel. London 1964.
Epstein, H.: Children of the Holocaust. New York 1979.
Frank, A.: Geschichten und Ereignisse aus dem Hinterhaus. Frankfurt 1960.
Herberg, H.J.: Spätschäden nach Extrembelastungen. Herford 1971.

– u. Paul, H.: Psychische Spätschäden nach politischer Verfolgung. 2. Auflage. Basel – New York 1967.
Herberg, H.J. und Paul, H.: Neue Ergebnisse von Untersuchungen über psychische Spätschäden. *Freiheit und Recht*. Bonn 1977.
Hoppe, K.D.: Verfolgung, Aggression und Depression. *Psyche* 16, 1962.
–: Verfolgung und Gewissen. *Psyche* 18, 1964.
Kogon, E.: Der SS-Staat. Das System der deutschen Konzentrationslager. 5. Auflage, Berlin 1955.
Kolle, K.: Die Opfer der nationalsozialistischen Verfolgung in psychiatrischer Sicht. *Nervenarzt* 29, 1958.
Krystal, H.: Massive psychic Trauma. New York 1968.
– u. Niederland, W.G.: Psychic Traumatization. Boston 1971.
Levi, P.: Survival in Auschwitz – The Nazi Assault on Humanity. New York 1961.
Matussek, P.: Die Konzentrationslagerhaft und ihre Folgen. Berlin – Heidelberg 1961.
Med. Kommission der FIR Paris: Ermüdung und vorzeitiges Altern – Folge von Extrembelastungen. Leipzig 1973.
Miale R.F. u. Selzer, M.: The Nuremberg Mind. New York 1975.
Michel, M.: Gesundheitsschäden durch Verfolgung und Gefangenschaft und ihre Spätfolgen. Frankfurt 1955.
March, H.: Ein Beitrag zum Problem psychoreaktiver Faktoren bei der Entstehung paranoider Zustandsbilder. *Nervenarzt* 38, 1967.
Mitscherlich, A.: Bemerkungen zur vorzeitigen Entpflichtung Verfolgter des Naziregimes. *VVN*. Frankfurt 1965.
– u. Mitscherlich, M.: Die Unfähigkeit zu trauern. München 1967.
Nadel, C. u. Volhardt, B.: Coping with Illness by a Concentration Camp Survivor. *General Hospital Psychiatry* 2, 1979.
Niederland, W.G.: The Problem of the Survivor. *J. Hillside Hospital*. New York 1961.
–: Psychiatric Disorders among Persecution Victims. *J. Nervous and Mental Disease*. Baltimore 1964.

–: Psychische Spätschäden nach politischer Verfolgung. *Psyche* 12, 1964/65. S. 888-895.
–: Die unbewältigte Vergangenheit – ein Blick in die Tiefen der Vergangenheit und Gegenwart. *Psyche* 6, 1966, S. 466 bis 476.
–: Clinical Observations on the Survivor Syndrome. *Internat. J. of Psychoanalysis*. London 1968.
–: Überlebenssyndrom – ich hätte lieber sterben sollen. Vortragsbericht von K. Zimmer in »Die Zeit«. Hamburg 1975.
–: Das Überlebenden-Syndrom in klinischer und gutachterlicher Sicht. *Freiheit und Recht*. Bonn 1977.
–: Die Folgen der Kristallnacht. *Der Aufbau*. New York 1978.
–: Life Events and the Onset of Serious Illness. *Current Concepts in Psychiatry* 1979 (im Druck).
–: Psychiatrie der Verfolgungsschäden. In Bd. X, *Psychologie des XX. Jahrhunderts,* 1979/80 herausgegeben von W.H. Peters.
Rosenkötter, L.: Schatten der Zeitgeschichte auf psychoanalytischen Behandlungen. *Psyche* 11, 1979, S. 1024-1038.
Paul, H.: Erfahrungen bei der Begutachtung psychischer Leistungsminderung. *Zeitschr. f. Arbeitswissenschaft,* Beiheft 1963.
–: Die psychische Voralterung infolge Lebens unter extremen Bedingungen. *Mitt. österreich. Sanitätsverwaltung* 65, 1964.
–: Psychobiologie der Voralterung. *Gesundheitsfürsorge* 16, 1966.
Schenk, E. G.: Das menschliche Elend im XX. Jahrhundert. Herford 1965.
Tuttle, A.: The Journal of Andrew Bihaly. New York 1973.
Venzlaff, U.: Die psychoreaktiven Störungen nach entschädigungspflichtigen Ereignissen. Berlin – Göttingen-Heidelberg, 1958.
–: Grundsätzliche Betrachtungen über die Begutachtung erlebnisbedingter seelischer Störungen nach rassischer und politischer Verfolgung. *Beil. z. N. Jur. Wochenschr.* 10, 1959.
–: Schizophrenie und Verfolgung. *Beil. z. N. Jur. Wochenschr.* 12, 1961.
–: Erlebnishintergrund und Dynamik seelischer Verfolgungsschäden. in: *Vita Humana*. Basel – New York, 1963.

–: Das akute und das chronische Belastungssyndrom. *Med. Welt* 17, 1966.
Vertrauensärztliche Gutachtertätigkeit im Rahmen des Bundesgesetzes zur Entschädigung für Opfer der nationalsozialistischen Verfolgung. München 1960.
Weiss, P.: Fluchtpunkt in Germany. Frankfurt 1962.
Wilden, H.: Die Entschädigung wegen Schadens an Gesundheit nach den Vorschriften des Bundesentschädigungsgesetzes. *Der Nervenarzt* 34, 1963.
Wind, E. de: Begegnung mit dem Tod. *Psyche* 22, 1968.
Wittenberg, C.: Children of Nazi Victims. *Psychiatric News*, Washington 1979.
Zuckmayer, C.: Als wär's ein Stück von mir – Erinnerungen. Frankfurt 1973.

Als „nicht wegzudenkender Bestandteil des geistigen Lebens der Bundesrepublik Deutschland" wurde die edition suhrkamp bezeichnet. Diese Funktion möchte auch die Neue Folge übernehmen. Auch sie möchte Strömungen widerspiegeln und Impulse für neue Entwicklungen geben, Chronik und Anregung sein, Widersprüche zeigen und Widersprüche provozieren. Sie möchte eine Reihe sein, in der der Alltag differenziert betrachtet wird, in der der Mensch der Gegenwart sich erkennt, in seinen Problemen und Ängsten, in seinen Möglichkeiten und seiner Hoffnung. Die edition suhrkamp möchte, mit einem Wort, Forum sein für eine lebendige Literatur.

1
Gertrud Leutenegger: Lebewohl, Gute Reise
Ein dramatisches Poem

2
Hans Georg Bulla: Weitergehen
Gedichte

3
Von nun an: Neue deutsche Erzähler
Herausgegeben von Hans-Ulrich Müller-Schwefe

4
Franz Böni: Hospiz
Erzählung

5
Bodo Kirchhoff: Body-Building
Erzählung, Schauspiel, Essay

6
Thomas Bernhard: Die Billigesser

7
Sinclair: Der Fremde
Erzählung

8
Octavio Paz: Suche nach einer Mitte
Die großen Gedichte. Spanisch und Deutsch

9
Tove Ditlevsen: Sucht
Erinnerungen

edition suhrkamp. Neue Folge.

10
Hoffnung auf Frühling
Moderne chinesische Erzählungen
Band 1: 1919–1949
Hundert Blumen
Moderne chinesische Erzählungen
Band 2: 1949–1979

11
Paul Feyerabend: Erkenntnis für freie Menschen
Revidierte Ausgabe

12
Norbert Elias:
Der bürgerliche Künstler in der höfischen Gesellschaft
Am Beispiel Mozart

13
Stanisław Lem: Dialoge

14
Leo Löwenthal
Mitmachen wollte ich nie
Ein autobiographisches Gespräch
mit Helmut Dubiel

15
William G. Niederland:
Folgen der Verfolgung: Das Überlebenden-Syndrom

16
Politik der inneren Sicherheit
Hrsg.: Erhard Blankenburg

17
Der gerechte Krieg. *Christentum, Islam, Marxismus*

18
Darcy Ribeiro: Unterentwicklung, Kultur, Zivilisation
Essays

19
Uwe Johnson: Begleitumstände
Frankfurter Vorlesungen

20
Walter Benjamin: Moskauer Tagebuch
Vorwort von Gershom Scholem